U0500515

图片模糊环境下群体决策方法研究

RESEARCH ON GROUP DECISION-MAKING METHODS WITHIN PICTURE FUZZY ENVIRONMENT

张雪扬◎著

知识产权出版社
全国百佳图书出版单位
—北京—

图书在版编目（CIP）数据

图片模糊环境下群体决策方法研究/张雪扬著. —北京：知识产权出版社，2023.5
ISBN 978-7-5130-8736-0

Ⅰ.①图…　Ⅱ.①张…　Ⅲ.①群体决策—决策方法—研究　Ⅳ.①C934

中国国家版本馆 CIP 数据核字（2023）第 070323 号

内容提要

图片模糊集是利用隶属度、中立度、非隶属度和拒绝程度对现实决策信息进行全面刻画的一种模糊集合形式，能够有效克服直觉模糊集非此非彼的限制，有助于精确反映实际决策情境。本书通过系统分析现有图片模糊集运算规则、比较规则及测度的局限性，提出新的图片模糊集的基础理论体系。基于此，考虑图片模糊集描述决策信息时所采用的不同矩阵形式，开展基于图片模糊偏好关系的多准则决策方法和群体共识决策方法，以及基于图片模糊决策矩阵的多准则决策方法和群体共识决策方法等研究，并将所构建的模型与方法应用于解决实际问题。

本书的研究内容能够进一步发展和完善图片模糊群体决策理论与方法，积极推动其在运筹学、信息学、计算机学、模糊数学等学科及相关领域的应用研究。

责任编辑：韩　冰　　　　**责任校对**：王　岩
封面设计：邵建文　马倬麟　　　　**责任印制**：孙婷婷

图片模糊环境下群体决策方法研究

张雪扬　著

出版发行：	知识产权出版社有限责任公司	**网　　址**：	http://www.ipph.cn
社　　址：	北京市海淀区气象路 50 号院	**邮　　编**：	100081
责编电话：	010-82000860 转 8126	**责编邮箱**：	hanbing@cnipr.com
发行电话：	010-82000860 转 8101/8102	**发行传真**：	010-82000893/82005070/82000270
印　　刷：	北京中献拓方科技发展有限公司	**经　　销**：	新华书店、各大网上书店及相关专业书店
开　　本：	720mm×1000mm　1/16	**印　　张**：	13.5
版　　次：	2023 年 5 月第 1 版	**印　　次**：	2023 年 5 月第 1 次印刷
字　　数：	203 千字	**定　　价**：	89.00 元

ISBN 978-7-5130-8736-0

出版权专有　侵权必究
如有印装质量问题，本社负责调换。

前言 FOREWORD

在现实生活的决策过程中，人们往往采用投票表决的方式来表达多数人的意愿。投票表决是一种古老的群体决策方法，也是当今社会常用的表达民意的决策方式。然而，决策环境往往具有一定的复杂性和不确定性，因此决策者常常利用模糊理论及其决策方法描述并处理各种不确定信息。自20世纪下半叶以来，模糊群体决策一直是研究人员重点研究的热点问题之一。

作为模糊集的一种扩展形式，图片模糊集由积极隶属度、中立度、消极隶属度和拒绝度四部分构成，可以完整地描述群体决策过程中投票者主观提供的四种投票结果：赞成、中立、反对和弃权，适用于刻画群体决策过程中信息的不确定性。本书作者依托图片模糊集能够完整且有效地表征互相冲突信息的优势，从常见的两种决策信息表达方式（偏好关系和决策矩阵）出发，对图片模糊环境下群体决策方法展开深入研究。其中，图片模糊环境指的是利用图片模糊集充分记录并刻画实际群体决策过程中不同决策者主观提供的互相矛盾的决策信息，以避免决策者因其主观意见被忽略而产生不满的现象。

综上，本书主要对近年来国内外学者（特别是作者本人）在以图片模糊集为表达形式的群体决策理论与方法方面的研究进行系统介绍。具体研究内容和创新点如下。

（1）总结并指出现有图片模糊集运算规则、比较规则以及测度的缺陷，通过结合图片模糊集的特性，重新定义图片模糊集的加法运算、比较规则及投影测度，以完善图片模糊集的基础理论研究。

(2) 定义图片模糊偏好关系，探讨图片模糊偏好关系的传递性、加型一致性及次序一致性；充分利用层次分析法能够通过构建层次结构以分解复杂决策问题的优势，展开基于图片模糊偏好关系一致性的多准则决策方法的研究。

(3) 借鉴经典多准则决策方法，基于图片模糊集的距离测度、累积期望函数、记分函数和积极隶属度，构建一系列基于图片模糊决策矩阵的多准则决策方法，以丰富现有图片模糊多准则决策方法研究。

(4) 构建基于图片模糊偏好关系的群体共识决策框架，结合图片模糊偏好关系的一致性研究，构建基于图片模糊偏好关系加型一致性指数的决策群体权重确定模型和集结算子；进一步地，基于层次分析法，设计不同层次的群体共识达成过程，提出决策者和准则权重信息完全未知情形下基于图片模糊偏好关系的群体共识决策方法，并将其应用于求解可再生能源领域中的相关群体决策问题，验证所提方法的可行性。

(5) 构建基于图片模糊决策矩阵的群体共识决策框架，定义图片模糊决策矩阵的相似度测度和共识度测度，建立决策群体权重求解模型，给出个体信息融合方法，设计不同视角下基于图片模糊决策矩阵的群体共识达成过程，提出基于图片模糊决策矩阵的群体共识决策方法；在此基础上，对所提方法进行算例分析和比较分析，以说明其有效性和优势。

本书内容涉及运筹学、信息学、计算机技术、模糊数学等多学科交叉的决策基础应用型研究，可作为高等院校模糊数学、管理科学、运筹学等专业的高年级本科生和研究生参考用书。同时，将部分理论研究成果作为经济、科技等管理决策科学化中的一项创新性方法，对企业管理中利用基于模糊数学的群体决策理论与方法解决实际决策问题有一定的借鉴意义。

在本书出版之际，作者由衷感谢中南大学商学院王坚强教授、浙江财经大学信息管理与人工智能学院王周敬教授、湖南师范大学王晶副教授、深圳大学于素敏副教授等给予的热情支持和热心帮助。此外，本书的有关研究得到了广东省基础与应用基础研究基金区域联合基金项目（2020A1515110576）、国家自然科学基金重大项目子课题（71991461）和深圳大学青年教师科研启动项目（000002110715）等的资助，在此特向国家自然科学基金委员会、广东省自然科学基金委员会和深圳大学表示感谢！

目 录

CONTENTS

第1章 绪论

1.1 引言

1.1.1 研究背景

在现实生活中，实际决策环境往往具有复杂性和不确定性。与此同时，决策者自身所掌握的专业知识亦存在一定的局限性。那么，决策者通过对决策对象进行初步评价后，常常难以用精确的数值表示评价结果。由于模糊集能够有效地刻画不确定信息，因此模糊集理论已被普遍应用于实际决策过程，以辅助决策者描述并处理各种不确定信息，进而形成一系列模糊决策理论与方法。这些决策理论与方法已在经济、管理、军事等领域得到广泛应用。例如，供应链管理中合作伙伴的选择、企业内部各部门的考核与排序、人才综合素质的评估、武器系统整体性能的评定等。由此可见，模糊理论在解决实际决策问题的过程中起着至关重要的作用，研究模糊集理论及其决策方法可为实现日常决策问题的快速高效求解提供强大的理论支撑。

自模糊数学之父——Zadeh 教授引入模糊集[1] 的概念以来，不同领域的专家学者对模糊集的相关理论及其扩展形式进行了进一步研究。其中，最直观的模糊集扩展形式是由保加利亚学者 Atanassov 于 1986 年提出的直觉模糊集[2]，该集合由隶属度、非隶属度和犹豫度三部分构成，用来模拟人类的决策过程并反映经验和知识的行为。但是，由于直觉模糊集包含的三种隶属度分别表示决策者赞成、反对以及其他态度的程度，因此其表现形式只能明确表示赞成和反对的意见，将中立者和弃权者的意见等量齐观。由此可见，该集合在描述现实生活中常见的群体决策问题（如投票）时存在缺陷。为了克服这一缺陷，越南学者 Cuong 和美国学者 Kreinovich 提出了图片模糊集（Picture Fuzzy Sets）[3]，以刻画决策过程中决策者的四种态度：赞成、中立、反对和弃权。如在招聘员工时，五位管理者受邀对某一应聘者进行投票，若有两位管理者认为可以录用该应聘者，一位管理者给出录用或不录用该应聘者均可的意见，一位管理者认为不应录用该应聘者，最后一位管理者不能确定是否应该录用该应聘者，那么，由这五位管理者所组成的决策群体给出的综合决策结果可直接表示为图片模糊数$(0.4, 0.2, 0.2, 0.2)$。然而，用直觉模糊数描述该决策问题时，只能表示决策结果中的赞成和反对意见，即$(0.4, 0.2)$，忽略了中立者和弃权者的差异。相比之下，图片模糊数能够更全面地刻画互相矛盾的实际群体的决策信息。

现阶段，基于图片模糊集的群体决策研究仍处于起步阶段，相关理论及决策方法亟须完善。因此，有必要对图片模糊集的相关理论及其群体决策方法开展系统且深入的研究，以进一步发展和丰富基于图片模糊信息的群体决策理论及方法。

1.1.2　研究目的及意义

（1）完善图片模糊集的基础理论。利用图片模糊集的数据特点，定义适用于图片模糊环境下极端情况的算术运算规则、比较规则、累积期望函数、记分函数和测度，为基于图片模糊信息的群体决策研究奠定基础。

（2）构建基于图片模糊偏好关系的多准则决策方法和群体共识决策方法。结合图片模糊集的特点，构建基于图片模糊偏好关系的多准则决策框架和群体共识决策框架。通过研究图片模糊偏好关系及其一致性，提出基于图片模糊偏好关系的多准则决策方法。借鉴传统层次分析法，给出图片模糊层次分析法，设计不同层次的群体共识达成过程；在此基础上，结合基于图片模糊决策矩阵的多准则决策方法，构建基于图片模糊偏好关系的群体共识决策方法。进一步地，将所提方法应用于求解可再生能源领域的相关群体决策问题，以验证所提方法的科学性和有效性。

（3）丰富基于图片模糊决策矩阵的多准则决策方法和群体共识决策方法。结合图片模糊集的特点，构建基于图片模糊决策矩阵的多准则决策框架和群体共识决策框架。通过研究图片模糊决策矩阵的距离测度、投影测度以及优序关系，提出基于图片模糊决策矩阵的多准则决策方法。基于图片模糊决策矩阵的投影模型，定义图片模糊决策矩阵的相似度和共识度，设计不同视角下的群体共识达成过程；在此基础上，结合基于图片模糊决策矩阵的多准则决策方法，构建基于图片模糊决策矩阵的群体共识决策方法。进一步地，将所提方法应用于处理可再生能源领域所涉及的相关群体决策问题，以验证所提模型和方法的优势和可行性。

决策的本质是一个价值发现、价值判断的过程。个体的决策是不稳定和有风险的，群体决策可以减少决策所带来的风险。然而，在现实生活中，鉴于各个决策者的社会经历、文化背景以及社会地位等方面的差异，不同决策者对同一问题难免表现出不同的理解和看法，这些看法有时甚至是完全相反的。因此，如何协调各种意见以形成能够使每个决策者均满意的群体意见是实际决策过程中常见的问题，即群体共识达成问题。目前，群体共识已成为群体决策理论与方法研究的重要内容之一。然而，基于图片模糊集的群体决策方法研究暂时处于起步阶段，相关研究亟待完善。因此，本书拟对图片模糊环境下的群体决策方法进行研究。一方面，分析图片模糊集的特性，完善相关基础理论，并在此基础上构建基于图片模糊信息的群体决策方法。另一方面，将所提方法应用于可再生能源领域涉及的实际决策问题。由此可知，本研究不仅能进一步丰富不确定群体决策理论体系，而且能为解决现实决策问题提供理论支撑，具有重要的理论价值和现实意义。

1.2 国内外研究现状

自 Zadeh[1] 提出模糊集的概念以来，关于模糊集及其扩展形式的研究引起了众多领域学者的广泛关注。其中，直觉模糊集[2] 是在模糊集的基础上引入各元素的非隶属度，是模糊集的各种扩展形式中最直观的一种集合。Cuong 和 Kreinovich[3] 将直觉模糊集扩展为图片模糊集。现阶段，基于图片模糊集的研究仍处于起步阶段，因此，现有关于直觉模糊决策理论及方法的研究成果可以为改进或提出基于图片模糊决策信息的群体决策方法提供理论借鉴。

考虑到本研究主要涉及以下几类问题：如何充分利用图片模糊集刻画现实决策问题，如何将现有模糊集理论与群体决策方法扩展至图片模糊环境，如何在权重信息不完全的情形下达成群体共识，以及如何将这些方法合理地应用于求解实际决策问题，以下将分别依次从基于直觉模糊集的多准则决策方法、基于图片模糊集的多准则决策方法以及基于模糊信息的群体共识决策方法三个方面对国内外研究现状进行综述。

1.2.1 基于直觉模糊集的多准则决策方法

1986 年，保加利亚学者 Atanassov 对经典模糊集进行了扩展，用隶属度、非隶属度和犹豫度三个指标共同刻画一个元素与特定集合的关系，引入了直觉模糊集的概念[2]。相比于模糊集，直觉模糊集可以更加全面地刻画不确定信息。这是因为，在任一模糊集中，隶属度与非隶属度之间存在互补关系；而在任一直觉模糊集中，隶属度与非隶属度是完全独立的。已有众多国内外学者对直觉模糊决策方法[4-6] 进行了系统的研究。根据本书的研究目标，下文基于两种常见的直觉模糊决策信息表达方式（直觉偏好关系和直觉模糊决策矩阵)，从两个方面分别阐述直觉模糊多准则决策方法的研究现状和发展动态。

一方面是基于直觉偏好关系的多准则决策方法。众所周知，一致性问题是偏好关系决策理论中至关重要的话题。偏好关系的一致性通常包括两种[7]：第一种往往需要计算方案之间的偏好程度，称为基数一致性（Cardinal Consistency)，通常包括加型一致性（Additive Consistency)[8]、积型一致性（Multiplicative Consistency)[8] 和几何一致性（Geometric Consistency)[9]；第二种主要判断方案间的优先顺序，不需要考虑方案之间的具体优先程度，称为次序一致性（Ordinal Consistency)[10]。现阶段，在基于直觉偏好关系的多准则决策方法方面，以基于直觉偏好关系一致性的研究为主。例如，Xu[11] 首次提出了直觉偏好关系的概念，定义了加型一致性直觉偏好关系和可接受的直觉偏好关系，给出了基于直觉模糊算术平均算子的决策方法。随后，Xu[12] 和 Gong 等[13] 基于直觉偏好关系和与其相应的区间互补偏好关系间的转换规则定义了直觉偏好关系的加型一致性，而 Wang[14] 直接根据直觉模糊数的隶属度和非隶属度引入了加型一致性直觉偏好关系。相比之下，后者避免了决策信息的扭曲和丢失。与此同时，Xu[11] 和 Gong 等[15] 根据直觉偏好关系和区间模糊偏好关系的转换规则给出了直觉偏好关系的加型一致性定义，并构建了求解方案排序权重的目标规划模型。但是，Xu[11] 给出的加型一致性定义并不适用于所有的直觉偏好关系。基于以上一致性定义，Xu 等[16] 提出了获取方案排序权重的目标规划模型。Gong 等[15] 提出了求解方案优先权的目标规划方法。此外，Xu 等[17] 和 Liao 等[18] 分别定义了直觉偏好关系的一致性指数，对直觉偏好关系的非一致性修正方法以及图片模糊层次分析法进行了研究。Behret[19] 基于直觉偏好关系与区间模糊偏好关系之间的联系，分别构建了检验直觉偏好关系加型一致性和积型一致性的优化模型，并在此基础上建立了获取方案优先权重的数学规划模型。由此可见，基于直觉偏好关系的决策方法大多是在其一致性的基础上提出的，旨在获取方案的排序权重，以对方案进行择优。基于直觉模糊关系的决策方法已被广泛应用于处理各个领域的决策问题，如供应商选择[17]、博士生国家奖学金的评选[18]、供应链管理问题[20]、柔性制造系统的选择[21]、电子化学习效率主要影响因素的评估和排序[22]、市民文化中心选址问题[23] 等。

另一方面是基于直觉模糊决策矩阵的多准则决策方法。现有基于直觉模糊决策矩阵的多准则决策方法的研究主要集中于基于直觉模糊集集结算子的决策方法、基于直觉模糊集测度的决策方法，以及将经典多准则决策方法拓展至直觉模糊环境而形成的决策方法。基于集结算子的决策方法即对方案的准则值进行集结，得到方案的综合值。现有基于直觉模糊集的集结算子主要有直觉模糊加权平均算子和直觉模糊有序加权平均算子[24]、直觉模糊加权几何算子和直觉模糊有序加权几何算子[25]、诱导直觉模糊有序加权平均算子[26]、诱导直觉模糊有序加权几何算子[27]、直觉模糊有序加权距离算子[28]、广义直觉模糊加权 Bonferroni 算子[29]、广义直觉模糊几何加权 Bonferroni 算子[30]、直觉模糊交互加权平均算子和直觉模糊交互有序加权平均算子[31] 等。但是，每个集结算子有一定的适用范围，不同的集结算子适用于不同的决策环境。在直觉模糊集的测度方面，也有很多学者展开了深入研究。如 Chen 等[32] 定义了直觉模糊集相似度测度，并将其应用于解决模式识别问题。Zeng[33] 在有序加权距离算法的基础上，提出了其在直觉模糊环境下的新算法。Szmidt 等[34] 提出了针对直觉模糊集传递信息量的测量方法。除了基于直觉模糊集集结算子的决策方法和基于直觉模糊集测度的决策方法，一些学者将经典多准则决策方法扩展至直觉模糊决策环境。如 Devi 等[35] 结合 ELECTRE 法[36]，提出了直觉模糊多准则群决策方法，并将该方法应用于电站选址。Krishankumar 等[37] 将经典 PROMETHEE 法[38] 扩展到直觉模糊决策环境，给出了直觉模糊 PROMETHEE 法，并将其应用于解决供应商选择问题。Yue 等[39] 提出了基于扩展 TOPSIS 法的直觉模糊群决策方法。Lourenzutti 等[40] 运用模糊 TODIM 法处理直觉模糊信息。此外，有些学者对准则权重信息不完全情形下基于直觉模糊集的多准则决策方法进行了研究[41]。直觉模糊多准则决策方法已在实际决策问题中得到广泛应用，如故障树分析[42]、政府电子招投标[43]、供应商评估[44]、汽车购买决策[45]、建筑业承包商评估[46]、项目经理选择[47]、可持续能源评估[48] 等。

总的来说，围绕直觉模糊集的研究已取得了不少成果。其中，基于直觉模糊集的多准则决策方法研究也逐渐趋于成熟。由于图片模糊集是直觉模糊集的扩展形式，因而可以考虑结合图片模糊集的特点，将现有与本研究相关的直觉模糊决策研究成果扩展至图片模糊环境。

1.2.2 基于图片模糊集的多准则决策方法

基于图片模糊集的研究主要集中在图片模糊集的扩展形式、图片模糊集的应用、图片模糊聚类和图片模糊多准则决策方法及其应用等方面。其中，在图片模糊集的扩展形式方面，现有研究主要包括图片模糊语言集[49]、图片二元语义集[50]、二元语义图片模糊数[51]、图片模糊软集[52]等。图片模糊集应用方面的研究较少，如 Son 等[53] 将模糊推理系统扩展到图片模糊环境，开发了图片推理系统。在图片模糊聚类方面，主要有学者 Son[54-55] 和 Thong 等[56] 分别提出了不同的图片模糊集的距离测度，为图片模糊聚类提供了测量工具，并将其用于求解现实生活中涉及的相关聚类问题。考虑到本书的研究目标，下文主要对图片模糊多准则决策方法及其应用的相关研究进行系统的阐述和分析。

基于不同的图片模糊数运算规则，不同学者对基于图片模糊集的多准则决策问题进行了研究，分别给出了基于图片模糊集集结算子的多准则决策方法。2013 年，Cuong 和 Kreinovich[3] 首次提出了图片模糊集的概念，并对其运算规则和相关性质进行了研究。随后，Wang 等[57] 和 Ju 等[58] 分别从不同的角度定义了图片模糊数的乘法运算和指数运算；Wei[59] 基于广义的 t 模和 s 模定义[60]，重新定义了图片模糊数的运算规则。Wei[61] 基于直觉模糊集的运算规则[25]，定义了图片模糊集的运算规则，提出了图片模糊加权平均算子、图片模糊加权几何算子、图片模糊有序加权平均算子、图片模糊有序加权几何算子、图片模糊混合平均算子和图片模糊混合几何算子，给出了基于图片模糊集的多准则决策方法。Garg[62] 提出了图片模糊加权平均算子和图片模糊混合平均算子，研究了所提算子的相关性质。Jana 等[63] 基于 t 模和 s 模的相关基础理论[64]，定义了图片模糊 Dombi 加权平均算子、图片模糊 Dombi 有序加权平均算子、图片模糊 Dombi 混合加权平均算子、图片模糊 Dombi 加权几何算子、图片模糊 Dombi 有序加权几何算子和图片模糊 Dombi 混合加权几何算子。与此同时，王春勇[65] 对基于图片模糊决策矩阵的几何集结算子进行了研究。然而，现有图片模糊集运算规则的定义均存在缺陷[66]：一方面，在对两个极端值进行加法运算时，其结果不能反映出二者可以互相弥补的效果；另一方面，现有乘法运算无法满足运算的封闭性，即由两个图片模糊数相乘所得的结果不满足图片模糊数的基本性质。由于图片模糊集的集结算子是在图片模糊集运算规则的基础上定义的，因此基于图片模糊集集结算子的决策方法亦存在局限性。

与此同时，有学者定义了图片模糊集的测度，并对基于图片模糊集测度的多准则决策方法进行了研究。例如，Wei 对图片模糊集的余弦相似度测度[67] 和交叉熵[68] 进行了研究，并分别应用于求解战略决策问题和新兴技术商业化问题。Singh[69] 定义了图片模糊集的相关系数，并将其应用于双向近似推理系统。Wei 和 Gao[70] 将 Dice 相似度测度[71] 扩展至图片模糊环境，并在此基础上提出模式识别方法。Wang 等[72] 指出 Wei 等[73] 所构建的图片模糊投影模型具有局限性，并重新建立了图片模糊集的投影模型，提出了基于图片模糊集的多属性优化与妥协求解（VIKOR）法。实际上，与距离测度相比，投影测度能够更好地反映两个目标的差异，但是直接将投影模型扩展至图片模糊环境略有不妥。这是因为，“投影值越大，两个目标的差异越小”的理念在投影值大于 1 时是不成立的。因此，Zhang 等[74] 通过分析现有图片模糊投影模型的缺陷，构建了图片模糊集的相对投影模型、图片模糊决策矩阵的相对投影模型，并在此基础上提出了图片模糊 TOPSIS 法。

由上述分析可知，现有文献关于图片模糊集的基础理论及其决策方法的研究相对较少，且存在不足。与此同时，现有图片模糊决策方法仅仅是在图片模糊集集结算子和测度的基础上构建的，不足以用于求解各种类型的决策问题，因此可以考虑将图片模糊集与其他决策方法进行结合，以处理现实环境中常见的决策问题。此外，基于图片模糊集的群体决策研究仍处于起步阶段，而且现有研究并未考虑到群体决策中常常存在个体意见冲突的情况，因此亟须对图片模糊环境下的群体决策及共识问题进行探讨。

1.2.3　基于模糊信息的群体共识决策方法

社会经济环境日趋复杂多变，单一决策者很难考虑到决策问题的方方面面。为了得到合理的决策结果，组建由不同领域专家构成的团队，如公司董事会、决策委员会等，已成为管理实践中的通行做法。由此可见，群体决策问题来源于现实生活[75]，并广泛存在于各个领域中。经典的群体决策问题通常包括一个方案集和一个决策群体，该决策群体中决策者们的观念、态度、动机以及学识各不相同，要求每个决策者分别表达自己对不同方案的意见，最终形成一个共同的决定。事实上，由于决策者具有不同的知识背景、个人经历和主观偏好，不同决策者提供的评价信息不尽相同。然而，上述群体决策过程并未考虑到不同决策者对方案的评价结果之间的冲突[76]，因而可能存在决策者认为其个人意见被忽略的情形，进而难以形成令每个决策者均满意的决策结果。为此，有必要在经典群体决策过程中增添群体共识达成过程。显然，对于同一类决策问题，不同的评价信息之间必然存在某种程度上的相似性，如何确定这种相似程度对达成群体共识具有重大影响[77]。因此，如何测度群体共识度是群体决策过程的核心问题[78]。

群体共识决策已成为近年来基于模糊信息的群体决策研究的一个重要

方向。通常情况下，达成群体共识和选择最优方案是求解群体共识决策问题必不可少的两个过程。其中，共识达成过程是一个动态和迭代的交互式群体讨论过程，包括决策者表达、讨论和修改决策信息等子过程，以确定所有决策者均认可的最终解决方案。方案择优过程则是利用由决策个体提供的决策信息集结得到的群体决策信息对备选方案进行排序[79]。显然，在进行方案择优前，需要决策者们达成较高水平的群体共识[80]，且共识程度越高越好。为了获取较高的共识度，有必要设计一个较合理且可以应用于求解实际群体共识决策问题的共识达成过程。该过程通常包括衡量每个决策个体与整个决策委员会的共识度、选取对决策个体与决策委员会的共识度贡献较小的个体决策信息，以及制定偏离群体决策信息的个体决策信息的修正策略等子过程。

当前，基于模糊信息的群体共识决策方法仍是研究热点，研究成果亦是数不胜数。在基于偏好关系的群体共识决策方法研究方面，不同的学者根据集合的特点，分别提出了适用于不同偏好关系或决策矩阵的群体共识决策方法[81-92]。Herrera-Viedma 等[93] 回顾了模糊环境下的共识模型，并对共识的含义进行了总结：首先，共识与某个群体中每个决策者面对同一问题的状态相关，从这个角度看，共识即群体中每个个体一致认同的观点[94-95]；其次，共识的第二层意思是达成共识的一种方式[96]；最后，共识代表的是在多人场景中，决策存在的一种方式[97]。与此同时，不同学者从不同的角度对群体共识决策方法进行了分类。根据指标的不同，可将共识方法分为四类。第一类是参考点，包括以专家集为焦点的共识测度[98-101] 和以方案集为中心的共识测度[102-107]；第二类是一致性的概念，以衡量共识水平[108-112]；第三类是共识达成方法，以提升群体共识水平[113-116]；第四类是引导规则，旨在引导群体共识达成过程[111,117]。根据共识度测度和是否存在反馈机制，Palomares 等[118] 将群体共识达成方法分为四个方面：含有反馈机制的基于个体偏好与群体偏好的距离的共识方法[119]，含有反馈机制的基于个体决策信息间差异的共识方法[120-122]，无反馈机制的基于个体偏好与群体偏好的距离的共识方法[123-124]，无反馈机制的基于个体决策信息间差异的共识方法[125-126]。一般情况下，含有反馈机制的群体共识决策方法要求决策者主观修改自己的初始决策意见；无反馈机制的群体共识方法通过构建模型，对没有达成群体共识的个体决策意见进行修正，以达到可接受的群体共识度。基于个体与群体偏好的距离度量相对宽松，基于个体偏好间的距离度量较为严格。此外，鉴于群体共识决策方法与日常决策问题息息相关，基于模糊信息的群体共识决策方法已在实际决策问题中得到广泛应用，如虚拟现实技术公司选择[127]、婴幼儿配方奶粉品牌评估[128]、供应商选择[129]、供应商协作开发能力评估[130]、施工方案评价[131]、宽带选择[132]、员工满意度影响因素评估[133]、急救防震棚建筑材料选择[134]、社交网络中群体决策[135]、投资组合选择[136]、绿色企业评价[137] 等问题。

群体共识决策本质上是一种交互式决策，参与群体决策的个体可根据决策规则选择与实际贴切的形式表达或修改其偏好。考虑到图片模糊集的四种元素与现实生活中投票问题的四种结果一一对应，而且投票问题必然涉及群体决策，利用图片模糊集描述群体决策信息能够使每个决策者的意见均得到较为合理的考虑，有必要对基于图片模糊集的群体共识决策问题展开研究。此外，由于本研究拟利用图片模糊偏好关系和图片模糊决策矩阵对决策信息进行刻画，因而如何针对不同类型的群体共识决策问题，设计反馈机制和群体共识达成算法亟待研究人员进一步探讨。

1.2.4　需要进一步研究的问题

依据上述研究现状可知，关于图片模糊多准则决策问题和图片模糊群体共识决策问题的研究仍在起步阶段，相关理论和决策方法亟须进一步充实和完善。

（1）图片模糊集的基础理论。现有关于图片模糊集的基础理论研究存在一定的局限性。首先，现有图片模糊集的运算规则并未考虑图片模糊环境下的特殊情形。其次，现有图片模糊数的比较规则不足以处理图片模糊环境下可能出现的各种对比情况。与此同时，现有基于图片模糊集的投影模型是基于“投影越大，差异越小”的原理构造的，不能够合理地衡量任意两个图片模糊集之间的差异。因此，有必要对图片模糊集的运算规则、比较规则以及投影模型进行改进。

(2) 图片模糊偏好关系的一致性及其多准则决策方法。图片模糊集可以用于表示决策者对备选方案的偏好态度，如积极、中立、消极以及拒绝，比较适用于完整地刻画决策者对方案的两两对比结果。然而，现有图片模糊集的相关研究并未考虑利用图片模糊集表示决策者的偏好信息。因此，需要结合图片模糊集的特性以及模糊偏好关系的优势，探讨如何定义图片模糊偏好关系及其一致性，并在此基础上研究基于图片模糊偏好关系一致性的多准则决策方法。

(3) 基于图片模糊决策矩阵的多准则决策方法。已有图片模糊决策方法研究主要为基于集结算子的多准则决策方法，不适用于求解所有不确定决策问题。为此，有必要进一步研究基于图片模糊决策矩阵测度的多准则决策方法以及基于图片模糊决策矩阵优序关系的多准则决策方法。

(4) 基于图片模糊集的群体共识决策方法。现有图片模糊集理论研究并未考虑基于图片模糊信息的群体共识问题。然而，在实际决策中，达成群体共识是获取决策者满意的方案排序结果的重要前提。因此，亟须对基于图片模糊偏好关系的群体共识决策方法以及基于图片模糊决策矩阵的群体共识决策方法展开深入和系统的研究。

1.3　研究思路、内容及创新点

1.3.1　研究思路

本书以图片模糊集为研究对象，利用图片模糊集刻画现实生活中的群体决策信息。首先，分析并总结现有图片模糊集运算规则、比较规则以及测度的缺陷，定义新的图片模糊数的运算规则和比较规则。其次，根据常见的两种决策信息表达形式，拟从图片模糊偏好关系和图片模糊决策矩阵两个方向展开图片模糊环境下的群体决策方法研究。一方面，针对基于图片模糊偏好关系的多准则决策问题，结合层次分析法，提出基于图片模糊一致性的多准则决策方法。另一方面，针对基于图片模糊决策矩阵的多准则决策问题，遵循对权重敏感性低、获取排序结果的方式简单易懂以及计算过程简便且结果容易理解的原则，提出三种基于图片模糊决策矩阵的多准则决策方法。所提出的四种方法相辅相成，以期为构建图片模糊环境下群体共识决策方法中的方案排序过程奠定基础。进一步地，基于图片模糊偏好关系和图片模糊决策矩阵，分别设计信息融合方法、权重确定方法以及群体共识达成算法，提出基于图片模糊偏好关系的群体共识决策方法和基于图片模糊决策矩阵的群体共识决策方法，并对其进行算例分析和对比分析，验证所提方法的有效性和可行性，旨在为处理实际决策问题提供理论依据和实践指导。

1.3.2　研究内容

本书以决策理论为基础，拟对基于图片模糊信息的群体决策方法展开研究，具体研究内容简述如下。

（1）图片模糊集的运算规则、比较规则及测度。分析并总结现有图片模糊集运算规则、比较规则以及测度的局限性，结合图片模糊集的特性，提出新的图片模糊集的运算规则、比较规则以及相对投影模型，以期为本书的研究提供理论基础。

（2）基于图片模糊偏好关系的多准则决策方法。针对决策群体需要对方案进行两两比较的决策问题，拟采用图片模糊偏好关系刻画两两比较结果。根据图片模糊集的特点，拟定义图片模糊偏好关系及其传递性性质，进一步地，引入图片模糊偏好关系的加型一致性、次序一致性和有向图等定义。针对基于图片模糊偏好关系的多准则决策问题，给出图片模糊偏好关系加型一致性检验及非一致性修正方法，以及图片模糊偏好关系次序一致性检验及非一致性修正方法；在此基础上，根据方案的排序结果是否需要反映方案间的具体优劣程度，拟构建基于图片模糊偏好关系次序一致性的多准则决策方法和基于图片模糊偏好关系加型一致性的多准则决策方法，以分别应用于求解需要进行快速决策和精准决策的实际问题。

（3）基于图片模糊决策矩阵的多准则决策方法。针对决策群体需要给出方案在不同准则下评价信息的决策问题，拟采用图片模糊决策矩阵表示其评价信息。本书拟从测度和优序关系两个方向，构建基于图片模糊决策矩阵的多准则决策方法。一方面，基于图片模糊数的广义图片模糊距离测度，拟提出基于图片模糊决策矩阵的 TOPSIS 法。另一方面，基于图片模糊数的累积期望函数、记分函数以及积极隶属度，拟定义基于图片模糊决策矩阵的优序关系以及基于图片模糊决策矩阵的优先函数；基于此，借鉴传统 ELECTRE 法和 PROMETHEE 法的思想，提出基于图片模糊决策矩阵的 ELECTRE 法和基于图片模糊决策矩阵的 PROMETHEE 法。

（4）基于图片模糊偏好关系的群体共识决策方法。针对涉及多个准则和多个决策群体的复杂群体决策问题，拟采用多个图片模糊偏好关系表示各个决策群体对方案在不同准则下的两两比较结果。在个体图片模糊偏好关系（刻画每个准则下每个决策群体对方案的偏好信息）满足加型一致性的前提下，基于加型一致性指数确定每个决策群体的权重，提出基于图片模糊偏好关系加型一致性指数的集结算子，集成准则层群体图片模糊偏好关系（刻画每个准则下所有决策群体对方案的偏好信息）。在此基础上，拟定义个体图片模糊偏好关系在每个准则下的群体共识指数，检验每个决策群体的偏好信息是否与群体偏好信息达到可接受的群体共识程度，给出准则层群体共识达成过程。进一步地，基于每个准则下的群体图片模糊偏好关系，确定准则的权重系数，定义目标层群体共识指数，给出目标层群体共识达成过程。最后，基于上述图片模糊偏好关系的一致性研究和群体共识研究，拟构建决策群体重要性程度和准则权重均未知情形下基于图片模糊偏好关系的群体共识决策方法，并将其应用于可再生能源领域的相关实际决策问题，以验证所提方法的有效性和可行性。

（5）基于图片模糊决策矩阵的群体共识决策方法。针对涉及多个准则和多个决策群体的决策问题，拟采用多个图片模糊决策矩阵表示各个决策群体对各方案在不同准则下的评价结果。为了衡量各个决策群体所提供的评价信息的差异，拟构建图片模糊决策矩阵的相对投影模型，并据此定义个体图片模糊决策矩阵（刻画每个决策群体对方案在不同准则下的评价信息）的相似度测度；基于个体图片模糊决策矩阵的相似度，计算每个决策群体的权重，提出基于相似度的集结算子，将个体图片模糊决策矩阵集成为群体图片模糊决策矩阵（刻画所有决策群体对方案在不同准则下的评价信息）。进一步地，一方面从“个体—个体”视角出发，拟利用个体图片模糊决策矩阵的相似度，提出群体共识达成方法；另一方面从“个体—群体”视角出发，拟定义图片模糊决策矩阵的共识度，度量个体图片模糊决策矩阵与群体图片模糊决策矩阵的偏差，设计反馈机制，给出群体共识达成方法。最终，通过实例计算与对比分析，验证所提群体共识达成方法的可操作性和优势。

1.3.3　创新点

本书对基于图片模糊决策信息的群体决策方法进行了系统的分析和研究，创新点具体表现在以下几个方面。

（1）现有图片模糊集的运算规则、比较规则和投影测度均存在一定的局限性。为了克服这些缺陷，本书定义了新的图片模糊集的运算规则、比较规则及相对投影测度。

（2）在实际决策过程中，决策者常常对方案进行两两对比，并用偏好关系表示两两对比的结果。但是，现有基于图片模糊集的多准则决策方法并未考虑到这一情况。本书根据实际群体决策问题的需要，结合图片模糊集的特点，定义了图片模糊偏好关系，对图片模糊偏好关系的有向图、传递性、次序一致性和加型一致性展开研究，并在此基础上提出了基于图片模糊偏好关系一致性的多准则决策方法，为进一步研究基于图片模糊偏好关系的群体决策问题奠定了基础。

（3）结合图片模糊集的特性，借鉴经典多准则决策方法，如 TOPSIS 法、ELECTRE 法和 PROMETHEE 法，本书提出了基于图片模糊决策矩阵的 TOPSIS 法、基于图片模糊决策矩阵的 ELECTRE 法以及基于图片模糊决策矩阵的 PROMETHEE 法，进一步丰富了图片模糊多准则决策方法的研究。

（4）针对基于图片模糊偏好关系的群体共识决策问题，本书根据所定义的一致性确定决策群体的权重，给出集结个体图片模糊偏好关系的集结算子。在实际群体决策问题中，最大化群体共识度是判断群体决策问题的最终解是否具有稳定性的关键指标。为了扩展基于图片模糊偏好关系的决策方法研究，本书提出了准则层群体共识达成算法和目标层群体共识达成算法，首次探讨了基于图片模糊偏好关系的群体决策方法。

（5）现有对图片模糊数测度的研究仅限于距离测度，对于投影测度的研究极少。本书构建了图片模糊数的相对投影模型，并据此定义了图片模糊决策矩阵的相似度和共识度测度。此外，本书从不同的视角研究了基于图片模糊决策矩阵的群体共识达成方法，进一步完善了基于模糊理论的群体共识决策方法的研究。

1.4　本书框架

基于作者的研究思路，本书分为以下七个部分。

第 1 章是绪论，主要介绍本书的研究背景、目的及意义，对基于直觉模糊集的多准则决策方法、基于图片模糊集的多准则决策方法以及基于模糊信息的群体共识决策方法进行了概述，并简要说明了本书的研究思路、内容及创新点。

第 2 章是图片模糊群体决策相关基础理论，对常见的两种决策信息表达形式、图片模糊集、集结算子及多准则决策方法进行了介绍，指出了现有图片模糊集的运算规则、比较规则以及测度的不足之处。

第 3 章研究图片模糊偏好关系的一致性及其多准则决策方法。首先，根据图片模糊数的特性，定义新的图片模糊数的运算规则和比较规则。其次，结合模糊偏好关系的概念，定义图片模糊偏好关系，探讨图片模糊偏好关系的传递性、加型一致性及次序一致性，并在此基础上提出基于图片模糊偏好关系加型一致性的多准则决策方法和基于图片模糊偏好关系次序一致性的多准则决策方法，旨在为第 5 章研究基于图片模糊偏好关系的群体共识决策问题提供方案排序方法。

第 4 章研究基于图片模糊决策矩阵的多准则决策方法。基于三种经典多准则决策方法，即 TOPSIS 法、ELECTRE 法和 PROMETHEE 法，提出基于图片模糊决策矩阵的 TOPSIS 法、基于图片模糊决策矩阵的 ELECTRE-Ⅱ法，以及基于图片模糊决策矩阵的 PROMETHEE-Ⅱ法，旨在为第 6 章研究基于图片模糊决策矩阵的群体共识决策问题奠定基础。

第 5 章研究基于图片模糊偏好关系的群体共识决策方法。从准则层和目标层出发，分别研究每个准则下个体图片模糊偏好关系的差异和不同准则下群体图片模糊偏好关系的差距，设计准则层群体共识达成过程和目标层群体共识达成过程。进一步地，利用第 3 章的研究成果，提出基于图片模糊偏好关系的群体共识决策方法。最后，针对可再生能源领域中储能技术的选择问题，对本章所提方法进行算例分析，归纳其优势与不足之处。

第 6 章研究基于图片模糊决策矩阵的群体共识决策方法。通过构建基于图片模糊决策矩阵的相对投影模型，定义图片模糊决策矩阵的相似度和共识度测度，设计不同视角下基于图片模糊评价信息的群体共识达成过程。进一步地，利用第 4 章的研究成果，提出基于图片模糊决策矩阵的群体共识决策方法。最后，将所提方法应用于求解可再生能源领域中的实际决策问题——海上风电场场址的选择；并通过对比分析，说明所提方法的可行性和优势。

第 7 章对本书主要研究内容及取得的科研成果进行总结，并展望未来可进行进一步研究的科学问题。

综上，本书框架如图 1-1 所示。

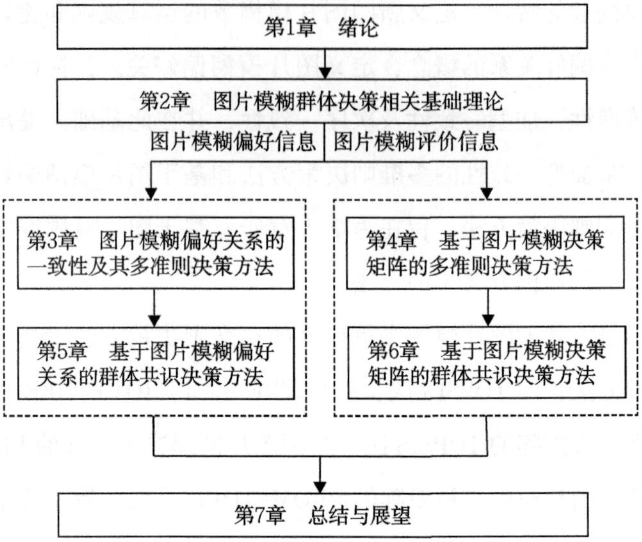

图 1-1 本书框架

第2章　图片模糊群体决策相关基础理论

本章旨在从四个方面回顾并分析与本研究相关的基础理论，为构建图片模糊环境下群体决策方法提供理论支持。

2.1　决策信息表达

偏好关系（或称为判断矩阵）和决策矩阵是两种最常见的决策信息表达形式。其中，偏好关系可以用来刻画决策过程中决策者主观给出的对目标（方案或准则）的两两对比结果。与此同时，决策矩阵主要用于描述多准则决策过程中决策者主观提供或者通过统计方法客观获取的不同方案在各准则下的评价信息。下文旨在阐述与分析这两种矩阵的含义及表现形式。

2.1.1　偏好关系

偏好关系是指由决策者个体通过对目标进行两两对比而构建的用来表示其偏好信息的矩阵。由此可知，偏好关系为行列数均等于方案或准则个数的方阵。根据偏好关系中元素的表现形式（用不同类型的模糊数表征方案或准则间两两对比结果），可将偏好关系分为多种类型：模糊偏好关系[8]、积性偏好关系[138]、区间模糊偏好关系[139]、区间积性偏好关系[140]、三角模糊偏好关系[141]、三角模糊积性偏好关系[142-143]、直觉偏好关系[11]、语言偏好关系[144] 等。其中，大多数偏好关系的定义及其相关性质是在模糊偏好关系和积性偏好关系的基础上提出的。因此，可大致将偏好关系分为两类：①模糊偏好关系及其扩展形式，该类偏好关系中关于主对角线对称的任意一对元素存在互补关系；②积性偏好关系及其扩展形式，该类偏好关系中关于主对角线对称的任意一对元素互为倒数。鉴于图片模糊集是由直觉模糊集扩展而来的，本小节主要回顾模糊偏好关系、积性偏好关系以及直觉偏好关系的概念。

定义 2-1[145]　假设 $X=\{x_1,x_2,\cdots,x_n\}$ 为一方案集，X 上的模糊偏好关系表现为一个互反判断矩阵 $\boldsymbol{A}=(a_{ii'})_{n\times n}$，其中，元素 $a_{ii'}$ 表示方案 x_i 优先于方案 $x_{i'}$ 的程度，且满足：

$$0\leqslant a_{ii'}\leqslant 1,\ a_{ii'}+a_{i'i}=1,\ a_{ii}=0.5,\ \forall i,i'=1,2,\cdots,n \tag{2-1}$$

在模糊偏好关系 $\boldsymbol{A}=(a_{ii'})_{n\times n}$ 中，若 $a_{ii'}=0.5$，则说明方案 x_i 与方案 $x_{i'}$ 无差异；若 $a_{ii'}<0.5$，则说明方案 $x_{i'}$ 优先于方案 x_i，且 $a_{ii'}$ 越小，方案 $x_{i'}$ 优先于方案 x_i 的程度越大；相反，若 $a_{ii'}>0.5$，则说明方案 x_i 优先于方案 $x_{i'}$，且 $a_{ii'}$ 越大，方案 x_i 优先于方案 $x_{i'}$ 的程度越大。

定义 2-2[138]　方案集 $X=\{x_1,x_2,\cdots,x_n\}$ 上的积性偏好关系可由一个互反判断矩阵表示，记为 $\boldsymbol{B}=(b_{ii'})_{n\times n}$。其中，元素 $b_{ii'}$ 表示方案 x_i 相对于方案 $x_{i'}$ 的优先程度，且满足：

$$1/9\leqslant b_{ii'}\leqslant 9,\ b_{ii'}\cdot b_{i'i}=1,\ b_{ii}=1,\ \forall i,i'=1,2,\cdots,n \tag{2-2}$$

显然，积性偏好关系中的所有元素均为精确值。然而，鉴于现实生活中决策问题的复杂性和不确定性、信息的不完备性以及决策者专业知识的有限性，决策者难以用精确值给出其对任意两个方案的偏好信息。与此同时，模糊偏好关系中的元素是由取值为闭区间的模糊数来表示的。因此，针对复杂的决策问题，模糊偏好关系比积性偏好关系更适合表达方案集中任意两个方案的相对重要性。

然而，鉴于现实决策问题复杂多变，决策者因其学识有限而难以直接利用模糊数刻画决策问题中不同类型的偏好信息。为此，考虑到直觉模糊集可以同时表征决策过程中的正面信息（隶属度）、负面信息（非隶属度）和不确定信息（犹豫度），Xu[11] 将模糊偏好关系拓展至直觉模糊环境，给出了直觉偏好关系的定义，具体如下。

定义 2-3[11]　方案集 $X = \{x_1, x_2, \cdots, x_n\}$ 上的直觉偏好关系是一个判断矩阵 $\boldsymbol{C} = (c_{ii'})_{n\times n}$，其中，元素 $c_{ii'}$ 是直觉模糊数，即 $c_{ii'} = (\mu_{ii'}, \nu_{ii'})$，且满足：

$$0 \leqslant \mu_{ii'} + \nu_{ii'} \leqslant 1, \mu_{ii'} = \nu_{i'i}, \nu_{ii'} = \mu_{i'i}, \mu_{ii} = \nu_{ii} = 0.5, \ \forall i, i' = 1, 2, \cdots, n \tag{2-3}$$

其中，$\mu_{ii'}$ 指的是方案 x_i 相对于方案 $x_{i'}$ 的偏好程度，$\nu_{ii'}$ 指的是方案 $x_{i'}$ 相对于方案 x_i 的偏好程度。此外，对于直觉偏好关系中的任意一个元素，$\pi_{ii'} = 1 - \mu_{ii'} - \nu_{ii'}$ 表示方案 x_i 偏好于方案 $x_{i'}$ 的不确定程度。

通过对比定义 2-1 和定义 2-3 可知，直觉偏好关系是在模糊偏好关系的基础上结合直觉模糊集进行定义的，因此，二者在某种程度上具有相似性。但是，模糊偏好关系和直觉偏好关系均需要决策者主观提供方案 x_i 偏好于方案 $x_{i'}$ 的隶属度和非隶属度，这对决策者的专业性要求比较高。考虑到决策者对方案的偏好取决于个人经验、学历背景、心态等方面，在某些现实生活决策问题中，决策者可能无法准确判断方案 x_i 偏好于方案 $x_{i'}$ 的具体程度，即其不具备直接利用模糊数或直觉模糊数刻画方案 x_i 相对于方案 $x_{i'}$ 的偏好程度的能力。因此，本书将借鉴现有模糊偏好关系以及直觉偏好关系的相关研究成果，结合图片模糊集的特点（同时描述四种表决结果），提出图片模糊偏好关系的概念。进一步地，开展图片模糊偏好关系的基础理论及其决策方法的研究。

2.1.2　决策矩阵

不同于偏好关系，决策矩阵主要用来刻画多准则决策问题中的评价信息。决策者通过判断各个方案在不同准则下的表现给出其对方案的评价值，并以矩阵的形式呈现评价结果。

考虑一个需要对有限个备选方案进行排序的多准则决策问题，该问题涉及一个由 q 位决策者组成的决策者集，记为 $D=\{d^1,d^2,\cdots,d^q\}$，存在 n 个备选方案和 m 个准则，分别记为 $X=\{x_1,x_2,\cdots,x_n\}$ 和 $C=\{c_1,c_2,\cdots,c_m\}$。那么，可将表示决策者评价结果的决策矩阵记为 $\boldsymbol{T}=(t_{ij})_{n\times m}$，其行数等于方案的个数，列数等于准则的个数。其中，对所有的 $i=1,2,\cdots,n$ 和 $j=1,2,\cdots,m$，决策矩阵中的元素 t_{ij} 表示决策者给出的方案 x_i 在准则 c_j 下的评价结果。根据元素 t_{ij} 表现形式的不同，决策矩阵可用来描述不同模糊环境下多准则决策问题中的评价信息。一方面，t_{ij} 可以是决策者直接给出的评价值，如模糊数[1]、直觉模糊数[2]、区间数[146]、语言值[147] 等，这些不同类型的评价值对应的矩阵分别为模糊决策矩阵[148]、直觉模糊决策矩阵[26]、区间数决策矩阵[149]、语言决策矩阵[150] 等。另一方面，基于多个决策者的评价信息，可以通过统计方法间接获取 t_{ij} 的值，这些值可由概率语言值[151]、图片模糊数[3] 等表示，进而构成概率语言决策矩阵[152]、图片模糊决策矩阵[73] 等。

2.2 图片模糊集

2.2.1 图片模糊集的定义

图片模糊集是由 Cuong 和 Kreinovich 于 2013 年提出的一种新的模糊集合，该集合是从维度的角度对直觉模糊集进行扩展的结果。其定义如下。

定义 2-4[3] 假设 U 是一个非空集合，定义集合 U 上的图片模糊集 P 为

$$P=\{\langle u,\mu_P(u),\eta_P(u),\nu_P(u)\rangle \mid u\in U\} \tag{2-4}$$

$\mu_P(u)$、$\eta_P(u)$、$\nu_P(u)$ 和 $\pi_P(u)$ 分别表示 U 中元素 u 属于 U 的子集

P 的积极隶属度、中立度、消极隶属度和拒绝度。此外，$\mu_P(u)$、$\eta_P(u)$、$\nu_P(u)$ 和 $\pi_P(u)$ 满足以下约束条件：

$$\pi_P(u) = 1 - (\mu_P(u) + \eta_P(u) + \nu_P(u)) \tag{2-5}$$

$$\mu_P(u) \in [0,1], \eta_P(u) \in [0,1], \nu_P(u) \in [0,1],$$
$$0 \leqslant \mu_P(u) + \eta_P(u) + \nu_P(u) \leqslant 1 \tag{2-6}$$

为方便起见，称 $p = (\mu,\eta,\nu,\pi)$ 为图片模糊数（Picture Fuzzy Number）[57]，其中，μ、η、ν 和 π 需满足：$0 \leqslant \mu \leqslant 1$、$0 \leqslant \eta \leqslant 1$、$0 \leqslant \nu \leqslant 1$ 和 $\mu + \eta + \nu + \pi = 1$。通常情况下，可将图片模糊数简记为 $p = (\mu,\eta,\nu)$。

2.2.2　图片模糊集的运算规则

鉴于图片模糊集是在直觉模糊集的基础上提出的，一些学者将直觉模糊集的运算规则直接拓展至图片模糊环境。具体定义如下。

定义 2-5[65]　令 $p_l = (\mu_l,\eta_l,\nu_l)$（$l = 1,2$）表示任意两个图片模糊数，且 $\lambda > 0$，那么，定义 p_1 与 p_2 的运算规则如下：

(1) $p_1 \oplus p_2 = \begin{pmatrix} 1 - (1-\mu_1)(1-\mu_2), \eta_1\eta_2, \\ (\eta_1 + \nu_1)(\eta_2 + \nu_2) - \eta_1\eta_2 \end{pmatrix}$；

(2) $p_1 \otimes p_2 = \begin{pmatrix} (\mu_1 + \eta_1)(\mu_2 + \eta_2) - \eta_1\eta_2, \eta_1\eta_2, \\ 1 - (1-\nu_1)(1-\nu_2) \end{pmatrix}$；

(3) $\lambda p_l = (1 - (1-\mu_l)^\lambda, \eta_l^\lambda, (\eta_l + \nu_l)^\lambda - \eta_l^\lambda), \lambda > 0$；

(4) $p_l^\lambda = ((\mu_l + \eta_l)^\lambda - \eta_l^\lambda, \eta_l^\lambda, 1 - (1-\nu_l)^\lambda), \lambda > 0$。

定义 2-6[61]　令 $p_l = (\mu_l,\eta_l,\nu_l)$（$l = 1,2$）表示任意两个图片模糊数，且 $\lambda > 0$，那么，定义 p_1 与 p_2 的运算规则如下：

(1) $p_1 \oplus p_2 = (\mu_1 + \mu_2 - \mu_1\mu_2, \eta_1\eta_2, \nu_1\nu_2)$；

(2) $p_1 \otimes p_2 = (\mu_1\mu_2, \eta_1 + \eta_2 - \eta_1\eta_2, \nu_1 + \nu_2 - \nu_1\nu_2)$；

(3) $\lambda p_l = (1 - (1-\mu_l)^\lambda, \eta_l^\lambda, \nu_l^\lambda)$；

(4) $p_l^\lambda = (\mu_l^\lambda, 1 - (1-\eta_l)^\lambda, 1 - (1-\nu_l)^\lambda)$。

定义 2-7[62] 令 $p_l=(\mu_l,\eta_l,\nu_l)$（$l=1,2$）表示任意两个图片模糊数，且 $\lambda>0$，那么，定义 p_1 与 p_2 的运算规则如下：

(1) $p_1\oplus p_2=\begin{pmatrix}h^{-1}(h(\mu_1)+h(\mu_2)),g^{-1}(g(\eta_1)+g(\eta_2)),\\ g^{-1}(g(\nu_1)+g(\nu_2))\end{pmatrix}$；

(2) $p_1\otimes p_2=\begin{pmatrix}g^{-1}(g(\mu_1)+g(\mu_2)),h^{-1}(h(\eta_1)+h(\eta_2)),\\ h^{-1}(h(\nu_1)+h(\nu_2))\end{pmatrix}$；

(3) $\lambda p_l=(h^{-1}(\lambda h(\mu_l)),g^{-1}(\lambda g(\eta_l)),g^{-1}(\lambda g(\nu_l)))$；

(4) $p_l^{\lambda}=(g^{-1}(\lambda g(\mu_l)),h^{-1}(\lambda h(\eta_l)),h^{-1}(\lambda h(\nu_l)))$。

定义 2-8[58] 假设 $p_l=(\mu_l,\eta_l,\nu_l)$（$l=1,2$）表示任意两个图片模糊数，且 $\lambda>0$，那么，定义 p_1 与 p_2 的乘法运算及幂运算规则如下：

(1) $p_1\otimes p_2=\begin{pmatrix}(1-\nu_1-\eta_1)(1-\nu_2-\eta_2)-\\ (1-\nu_1-\eta_1-\mu_1)(1-\nu_2-\eta_2-\mu_2),\\ (1-\nu_1)(1-\nu_2)-(1-\nu_1-\eta_1)(1-\nu_2-\eta_2),\\ 1-(1-\nu_1)(1-\nu_2)\end{pmatrix}$；

(2) $p_l^{\lambda}=\begin{pmatrix}(1-\nu_l-\eta_l)^{\lambda}-(1-\nu_l-\eta_l-\mu_l)^{\lambda},\\ (1-\nu_l)^{\lambda}-(1-\nu_l-\eta_l)^{\lambda},1-(1-\nu_l)^{\lambda}\end{pmatrix}$。

一般而言，运算规则需要同时满足交换律［对于任意两个图片模糊数 $p_l=(\mu_l,\eta_l,\nu_l)$（$l=1,2$），$p_1\oplus p_2=p_2\oplus p_1$ 和 $p_1\otimes p_2=p_2\otimes p_1$ 自然成立］和结合律［$(p_1\oplus p_2)\oplus p_3=p_1\oplus(p_2\oplus p_3)$ 和 $(p_1\otimes p_2)\otimes p_3=p_1\otimes(p_2\otimes p_3)$ 自然成立］。显而易见，定义 2-5~定义 2-8 给出的加法和乘法运算规则均满足交换律。然而，只有定义 2-5、定义 2-6 和定义 2-8 中的加法和乘法运算规则满足结合律，定义 2-7 中的加法和乘法运算规则并不符合运算定律中结合律的要求。鉴于此，下文将进一步分析现有图片模糊数运算规则的不足，不再对定义 2-7 中的运算规则展开讨论。

虽然定义 2-5、定义 2-6 和定义 2-8 中的运算规则满足运算定律，但是这些运算规则仍存在一些缺陷。以下将从加法运算和乘法运算两个方面阐述现有图片模糊数运算规则的不足之处。

一方面，现有加法运算中存在一个共同的缺陷：定义 2-5 与定义 2-6 中的加法运算具有片面性。在某些极端情况下，这两种加法运算均不能反映出加法对极端值的补偿和削弱效果。极端情况如下：

（1）$p_1=(1,0,0)$ 和 $p_2=(0,0,1)$；

（2）$p_1=(1,0,0)$ 和 $p_2=(0,1,0)$；

（3）$p_1=(0,1,0)$ 和 $p_2=(0,0,1)$。

显然，在以上三种情况中，任意一种情况下给定的图片模糊数是由图片模糊环境中三个极值（积极隶属度等于 1、中立度等于 1 和消极隶属度等于 1）中的任意两个构成的。在现实生活中，三种情况分别代表的是两位决策者或两个决策群体在对某一方案或准则进行评价时分别持有的态度：①完全赞成和完全反对；②完全赞成和完全中立；③完全中立和完全反对。若利用定义 2-5 与定义 2-6 中的加法运算规则将这三种情况中的两个图片模糊数相加，所得结果依次分别为 (1,0,0)、(1,0,0) 和 (0,0,0)。鉴于每种情况下两个图片模糊数所代表的实际意义完全不同，合理的加法运算结果应分别依次位于 (1,0,0) 和 (0,0,1) 之间、(1,0,0) 和 (0,1,0) 之间，以及 (0,1,0) 和 (0,0,1) 之间。可见，所得结果不符合人们对加法运算结果的认知。

另一方面，定义 2-5、定义 2-6 和定义 2-8 给出的三种乘法运算规则均存在不足。首先，利用现有乘法运算规则将所列出的三种极端情况中的图片模糊数相乘，所得运算结果不太合理，不能够用符合人类认知的语言对其进行解释。例如，在第一种情况下，根据定义 2-5、定义 2-6 和定义 2-8 的乘法运算规则可得两个图片模糊数的乘积均为 (0,0,1)。也就是说，如果两位决策者在评价某一目标时持有完全相反的态度，即完全支持和完全反对，那么，表示他们意见的两个图片模糊数的乘积将呈现出完全反对的结果。这意味着，在利用所提乘法运算规则将图片模糊数的任意两种极端值相乘的过程中，乘法运算间接客观地决定了决策者在面对风险时是持厌恶态度的。然而，这种结果不一定符合决策者的主观意识，可能会引起决策者的强烈反对，造成决策结果的不准确。

其次，定义 2-6 的乘法运算规则不满足运算的封闭性，即由该乘法运算所得到的结果不是图片模糊数。这是因为所得乘积不满足图片模糊数的基本条件之一：$0 \leqslant \mu + \eta + \nu \leqslant 1$。此结论的证明过程如下。

由定义 2-4 可知，任意两个图片模糊数 $p_l = (\mu_l, \eta_l, \nu_l)$ $(l = 1,2)$ 中的积极隶属度、中立度和消极隶属度需同时满足：$0 \leqslant \mu_l \leqslant 1$、$0 \leqslant \eta_l \leqslant 1$、$0 \leqslant \nu_l \leqslant 1$ 和 $0 \leqslant \mu_l + \eta_l + \nu_1 \leqslant 1$。由此可得：$0 \leqslant \mu_1\mu_2 \leqslant (1 - \eta_1 - \nu_1)(1 - \eta_2 - \nu_2)$，将该不等式的右边展开，可得 $0 \leqslant \mu_1\mu_2 \leqslant 1 - \eta_2 - \nu_2 - \eta_1 + \eta_1\eta_2 + \eta_1\nu_2 - \nu_1 + \eta_2\nu_1 + \nu_1\nu_2$。然后，对展开后的不等式进行进一步变换，可得

$$0 \leqslant \mu_1\mu_2 + \eta_2 + \nu_2 + \eta_1 - \eta_1\eta_2 - \eta_1\nu_2 + \nu_1 - \eta_2\nu_1 - \nu_1\nu_2 \leqslant 1$$

与此同时，根据图片模糊集的定义可知，由定义 2-6 中乘法运算所得乘积需满足：

$$0 \leqslant \mu_1\mu_2 + (\eta_1 + \eta_2 - \eta_1\eta_2) + (\nu_1 + \nu_2 - \nu_1\nu_2) \leqslant 1$$

但是，由于 $\mu_1\mu_2 + (\eta_1 + \eta_2 - \eta_1\eta_2) + (\nu_1 + \nu_2 - \nu_1\nu_2) \geqslant \mu_1\mu_2 + \eta_2 + \nu_2 + \eta_1 - \eta_1\eta_2 - \eta_1\nu_2 + \nu_1 - \eta_2\nu_1 - \nu_1\nu_2$，因此，存在 $\mu_1\mu_2 + (\eta_1 + \eta_2 - \eta_1\eta_2) + (\nu_1 + \nu_2 - \nu_1\nu_2) > 1$ 的可能性。综上，定义 2-6 中乘法运算规则不满足运算封闭性的结论得证。

2.2.3　图片模糊数的比较规则

本小节对现有图片模糊数的比较规则进行了回顾，并分析其中存在的不足之处。

定义 2-9[57,61]　设 $p_l = (\mu_l, \eta_l, \nu_l)$ $(l = 1,2)$ 是任意两个图片模糊数，且令 $S(p_l) = \mu_l - \nu_l$ 和 $H(p_l) = \mu_l + \eta_l + \nu_l$ 分别表示 p_l 的记分函数和精确函数，则有：

(1) 如果 $S(p_1) > S(p_2)$，那么 $p_1 \succ p_2$，表示 p_1 优于 p_2；

（2）如果 $S(p_1) < S(p_2)$，那么 $p_2 \succ p_1$，表示 p_2 优于 p_1；

（3）如果 $S(p_1) = S(p_2)$，那么存在以下三种情况：

1）当 $H(p_1) > H(p_2)$ 时，有 $p_1 \succ p_2$，表示 p_1 优于 p_2；

2）当 $H(p_1) < H(p_2)$ 时，有 $p_2 \succ p_1$，表示 p_2 优于 p_1；

3）当 $H(p_1) = H(p_2)$ 时，有 $p_1 \sim p_2$，表示 p_1 与 p_2 无差异。

然而，在某些情况下，定义 2-9 给出的比较规则并不能合理地区分两个图片模糊数的大小。例如，若用定义 2-9 对 $p_1 = (0.6, 0.2, 0.2)$ 和 $p_2 = (0.7, 0, 0.3)$ 进行比较，可得：$S(p_1) = S(p_2)$ 且 $H(p_1) = H(p_2)$，即 p_1 与 p_2 相等。实际上，从这两个图片模糊数表征的现实意义来讲，p_1 并不等同于 p_2。但是，利用定义 2-9 无法对 p_1 和 p_2 进行进一步对比。

定义 2-10[62]　设 $p_l = (\mu_l, \eta_l, \nu_l)$（$l = 1,2$）是任意两个图片模糊数，且令 $S(p_l) = \mu_l - \eta_l - \nu_l$ 和 $H(p_l) = \mu_l + \eta_l + \nu_l$ 分别表示 p_l 的记分函数和精确函数，则有：

（1）如果 $S(p_1) > S(p_2)$，那么 $p_1 \succ p_2$，表示 p_1 优于 p_2；

（2）如果 $S(p_1) < S(p_2)$，那么 $p_2 \succ p_1$，表示 p_2 优于 p_1；

（3）如果 $S(p_1) = S(p_2)$，那么存在以下三种情况：

1）当 $H(p_1) > H(p_2)$ 时，有 $p_1 \succ p_2$，表示 p_1 优于 p_2；

2）当 $H(p_1) < H(p_2)$ 时，有 $p_2 \succ p_1$，表示 p_2 优于 p_1；

3）当 $H(p_1) = H(p_2)$ 时，有 $p_1 \sim p_2$，表示 p_1 与 p_2 相等。

显然，定义 2-10 给出的比较规则亦不能适用于图片模糊环境下的所有情形。例如，令两个图片模糊数分别为 $p_1 = (0,1,0)$ 和 $p_2 = (0,0,1)$，那么由定义 2-10 可知，p_1 和 p_2 的记分函数和精确函数分别为：$S(p_1) = S(p_2) = -1$ 和 $H(p_1) = H(p_2) = 1$，表明 p_1 和 p_2 无差异。事实上，p_1 和 p_2 表征的实际意义之间存在较大差异。

综上，现有图片模糊数的比较规则均存在局限性。因此，本书将于第 3 章给出新的图片模糊数比较规则的定义。

2.2.4 图片模糊集的测度

在求解实际决策问题的过程中，常常面临如何衡量两个不同目标之间差异的问题。测度是最常见的衡量目标差异的有效工具，包括计算两个目标的相似度、距离、交叉熵以及投影等。根据本书的研究内容，本小节旨在回顾和总结基于图片模糊集的距离测度和投影模型。

定义 2-11[153] 假设 $U = \{u_1, u_2, \cdots, u_n\}$ 是一个非空集合，记集合 U 上的两个图片模糊集为 $P_l = \{\langle u_i, \mu_{P_l}(u_i), \eta_{P_l}(u_i), \nu_{P_l}(u_i) \rangle \mid u_i \in U\}\ (l = 1,2)$，那么 P_1 与 P_2 之间的距离测度可定义如下。

（1）规范化 Hamming 距离

$$d_H(P_1, P_2) = \frac{1}{n}\sum_{i=1}^{n}\begin{pmatrix} |\mu_{P_1}(u_i) - \mu_{P_2}(u_i)| + \\ |\eta_{P_1}(u_i) - \eta_{P_2}(u_i)| + \\ |\nu_{P_1}(u_i) - \nu_{P_2}(u_i)| \end{pmatrix} \tag{2-7}$$

（2）规范化欧氏距离

$$d_E(P_1, P_2) = \sqrt{\frac{1}{n}\sum_{i=1}^{n}\begin{pmatrix} (\mu_{P_1}(u_i) - \mu_{P_2}(u_i))^2 + \\ (\eta_{P_1}(u_i) - \eta_{P_2}(u_i))^2 + \\ (\nu_{P_1}(u_i) - \nu_{P_2}(u_i))^2 \end{pmatrix}} \tag{2-8}$$

注意到，定义 2-11 不适用于非球面数据集。因此，Son[54] 定义了广义图片距离测度。

定义 2-12[54] 两个图片模糊集 $P_l = \{\langle u_i,\ \mu_{P_l}(u_i),\ \eta_{P_l}(u_i),\ \nu_{P_l}(u_i) \rangle \mid u_i \in U\}\ (l = 1,2)$ 的广义图片距离测度可定义为

$$d_G(P_1,P_2)=\frac{\left\{\frac{1}{n}\sum_{i=1}^{n}\left[\frac{(\Delta\mu_i)^\alpha+(\Delta\eta_i)^\alpha+(\Delta\nu_i)^\alpha}{3}+\max\{(\Delta\mu_i)^\alpha,(\Delta\eta_i)^\alpha,(\Delta\nu_i)^\alpha\}\right]\right\}^{\frac{1}{\alpha}}}{\left\{\frac{1}{n}\sum_{i=1}^{n}\left[\frac{(\Delta\mu_i)^\alpha+(\Delta\eta_i)^\alpha+(\Delta\nu_i)^\alpha}{3}+\max\{(\Delta\mu_i)^\alpha,(\Delta\eta_i)^\alpha,(\Delta\nu_i)^\alpha\}\right]\right\}^{\frac{1}{\alpha}}+\left(\max\{\Phi_i^{P_1},\Phi_i^{P_2}\}+\frac{1}{n}\sum_{i=1}^{n}|\Phi_i^{P_1}-\Phi_i^{P_2}|^\alpha\right)^{\frac{1}{\alpha}}+1} \tag{2-9}$$

其中，对于 $i=1,2,\cdots,n$，有 $\Delta\mu_i=|\mu_{P_1}(u_i)-\mu_{P_2}(u_i)|$、$\Delta\eta_i=|\eta_{P_1}(u_i)-\eta_{P_2}(u_i)|$、$\Delta\nu_i=|\nu_{P_1}(u_i)-\nu_{P_2}(u_i)|$、$\Phi_i^{P_1}=|\mu_{P_1}(u_i)+\eta_{P_1}(u_i)+\nu_{P_1}(u_i)|$ 和 $\Phi_i^{P_2}=|\mu_{P_2}(u_i)+\eta_{P_2}(u_i)+\nu_{P_2}(u_i)|$。

显然，$d_G(P_1,P_2)$ 是基于 Hamming 距离、欧氏距离及 Hausdorff 距离三种距离测度而定义的混合测度。通过对参数 α 设定不同的数值，可将式（2-9）转换为不同的图片距离测度。

（1）当 $\alpha=1$ 时，可将 $d_G(P_1,P_2)$ 简化为基于 Hausdorff 距离和 Hamming 距离的混合距离测度，即

$$d_G^1(P_1,P_2)=\frac{\frac{1}{n}\sum_{i=1}^{n}\left(\frac{\Delta\mu_i+\Delta\eta_i+\Delta\nu_i}{3}+\max\{\Delta\mu_i,\Delta\eta_i,\Delta\nu_i\}\right)}{\frac{1}{n}\sum_{i=1}^{n}\left(\frac{\Delta\mu_i+\Delta\eta_i+\Delta\nu_i}{3}+\max\{\Delta\mu_i,\Delta\eta_i,\Delta\nu_i\}\right)+\left(\max\{\Phi_i^{P_1},\Phi_i^{P_2}\}+\frac{1}{n}\sum_{i=1}^{n}|\Phi_i^{P_1}-\Phi_i^{P_2}|\right)+1} \tag{2-10}$$

（2）当 $\alpha=2$ 时，可将 $d_G(P_1,P_2)$ 简化为基于 Hausdorff 距离和 Hamming 距离的混合距离测度，即

$$d_G^2(P_1,P_2)=\frac{\sqrt{\frac{1}{n}\sum_{i=1}^{n}\left[\frac{(\Delta\mu_i)^2+(\Delta\eta_i)^2+(\Delta\nu_i)^2}{3}+\max\{(\Delta\mu_i)^2,(\Delta\eta_i)^2,(\Delta\nu_i)^2\}\right]}}{\sqrt{\frac{1}{n}\sum_{i=1}^{n}\left[\frac{(\Delta\mu_i)^2+(\Delta\eta_i)^2+(\Delta\nu_i)^2}{3}+\max\{(\Delta\mu_i)^2,(\Delta\eta_i)^2,(\Delta\nu_i)^2\}\right]}+\sqrt{\left(\max\{\Phi_i^{P_1},\Phi_i^{P_2}\}+\frac{1}{n}\sum_{i=1}^{n}|\Phi_i^{P_1}-\Phi_i^{P_2}|^2\right)}+1} \tag{2-11}$$

定义 2-13[73]　假设 $U=\{u_1,u_2,\cdots,u_n\}$ 是一个非空集合，记集合 U 上的两个图片模糊集为 $P_l=\{\langle u_i,\mu_{P_l}(u_i),\eta_{P_l}(u_i),\nu_{P_l}(u_i)\rangle\,|\,u_i\in U\}$ $(l=1,2)$，定义

$$\begin{aligned}Prj_{P_2}(P_1)&=|P_1|\cdot\cos(P_1,P_2)\\&=|P_1|\cdot\frac{\sum_{i=1}^{n}\left[\mu_{P_1}(u_i)\cdot\mu_{P_2}(u_i)+\eta_{P_1}(u_i)\cdot\eta_{P_2}(u_i)+\nu_{P_1}(u_i)\cdot\nu_{P_2}(u_i)+\pi_{P_1}(u_i)\cdot\pi_{P_2}(u_i)\right]}{|P_1|\cdot|P_2|}\\&=\frac{\sum_{i=1}^{n}\left[\mu_{P_1}(u_i)\cdot\mu_{P_2}(u_i)+\eta_{P_1}(u_i)\cdot\eta_{P_2}(u_i)+\nu_{P_1}(u_i)\cdot\nu_{P_2}(u_i)+\pi_{P_1}(u_i)\cdot\pi_{P_2}(u_i)\right]}{|P_2|}\end{aligned} \tag{2-12}$$

为图片模糊集 P_1 在图片模糊集 P_2 上的投影。其中，$\cos(P_1,P_2)$ 为 P_1 和 P_2 的夹角余弦值；$|P_1|$ 和 $|P_2|$ 分别为图片模糊集 P_1 和 P_2 的模，计算公式为

$$|P_1|=\sqrt{\sum_{i=1}^{n}[(\mu_{P_1}(u_i))^2+(\eta_{P_1}(u_i))^2+(\nu_{P_1}(u_i))^2+(\pi_{P_1}(u_i))^2]}$$

$$|P_2|=\sqrt{\sum_{i=1}^{n}[(\mu_{P_2}(u_i))^2+(\eta_{P_2}(u_i))^2+(\nu_{P_2}(u_i))^2+(\pi_{P_2}(u_i))^2]}$$

一般情况下，$Prj_{P_2}(P_1)$ 的值越大，表示 P_1 与 P_2 越接近。

然而，式（2-12）并不适用于图片模糊环境下的所有情形[72]。

定义 2-14[72]　设 $P_l = \{\langle u_i, \mu_{P_l}(u_i), \eta_{P_l}(u_i), \nu_{P_l}(u_i)\rangle | u_i \in U\}$ $(l = 1,2)$ 是集合 U 上的任意两个图片模糊集，P_1 在 P_2 上的投影可定义为

$$\begin{aligned} Proj_{P_2}(P_1) &= |P_1| \cdot \cos(P_1, P_2) \\ &= |P_1| \cdot \frac{\sum_{i=1}^{n}\begin{bmatrix}\mu_{P_1}(u_i) \cdot \mu_{P_2}(u_i) + \eta_{P_1}(u_i) \cdot \eta_{P_2}(u_i) + \\ (1 - \nu_{P_1}(u_i))(1 - \nu_{P_2}(u_i))\end{bmatrix}}{|P_1| \cdot |P_2|} \\ &= \frac{\sum_{i=1}^{n}\begin{bmatrix}\mu_{P_1}(u_i) \cdot \mu_{P_2}(u_i) + \eta_{P_1}(u_i) \cdot \eta_{P_2}(u_i) + \\ (1 - \nu_{P_1}(u_i))(1 - \nu_{P_2}(u_i))\end{bmatrix}}{|P_2|} \end{aligned} \tag{2-13}$$

其中，P_1 和 P_2 的模的计算公式为

$$|P_1| = \sqrt{\sum_{i=1}^{n}[(\mu_{P_1}(u_i))^2 + (\eta_{P_1}(u_i))^2 + (1 - \nu_{P_1}(u_i))^2]}$$

$$|P_2| = \sqrt{\sum_{i=1}^{n}[(\mu_{P_2}(u_i))^2 + (\eta_{P_2}(u_i))^2 + (1 - \nu_{P_2}(u_i))^2]}$$

与定义 2-13 类似，$Proj_{P_2}(P_1)$ 的值越大，意味着 P_1 与 P_2 越接近。

但是，定义 2-13 和定义 2-14 均根据 P_1 在 P_2 上投影的值的大小判断二者的接近程度，这种规则并不能适用于图片模糊环境下的所有情形。当 P_1 的模小于 P_2 的模时，定义 2-13 和定义 2-14 中的判断规则是可行的。然而，当 P_1 的模大于 P_2 的模时，“$Prj_{P_2}(P_1)$［或 $Proj_{P_2}(P_1)$］的值越大，表示 P_1 与 P_2 越接近”的结论不合理。例如，对于三个图片模糊集 $P_1 = \{(0.8,0,0),(0.4,0,0)\}$、$P_2 = \{(0.4,0,0),(0.2,0,0)\}$ 和 $P_3 = \{(0.4,0,0),(0.2,0,0)\}$，根据式（2-12）和式（2-13）可得到：$Prj_{P_2}(P_1) = 0.98$，$Prj_{P_2}(P_3) = 0.45$，$Proj_{P_2}(P_1) = 1.65$，$Proj_{P_2}(P_3) = 1.48$。那么，根据定义 2-13 和定义 2-14，均可得出结论：相比之下，P_1 比 P_3 更接近 P_2。事实上，由于 $P_2 = P_3$，易知 P_3 比 P_1 更接近 P_2。

为了弥补现有图片模糊投影模型的不足，本书将在第 6 章定义图片模糊环境下的相对投影模型，以便衡量各种情形下两个图片模糊集的差异。

2.3 集结算子

在群体决策过程中，最重要的环节之一是采取合理有效的集结方法获取群体决策信息。因此，本节旨在回顾与本研究相关的一些集结算子。一方面，基于有序加权平均（Ordered Weighted Averaging，OWA）算子[154]，Yager 和 Filev 于 1999 年提出了 OWA 算子的一种广义形式——诱导有序加权平均（Induced Ordered Weighted Averaging，IOWA）算子[155]。在利用该算子对决策信息进行集成的过程中，首先需要依据序诱导变量的值的大小对决策变量进行重新排序，然后对决策信息进行加权集结，决策变量被赋予的权重与其重排后的位置有关。另一方面，Chiclana 等学者基于 OWA 算子和几何平均法，引入了有序加权几何平均（Ordered Weighted Geometric，OWG）算子[156]，并在 IOWA 算子的基础上提出了 OWG 算子的一种广义形式——诱导有序加权几何平均（Induced Ordered Weighted Geometric，IO-WG）算子[157]。以上两类算子的定义如下。

定义 2-15[155] 设 $\langle \varepsilon_l, r_l \rangle (l=1,2,\cdots,n)$ 为 n 个二元组，定义 IOWA 算子为一个函数，记为 $IOWA$：$r^n \to r$，且

$$IOWA(\langle \varepsilon_1, r_1 \rangle, \langle \varepsilon_2, r_2 \rangle, \cdots, \langle \varepsilon_n, r_n \rangle) = \sum_{l'=1}^{n} \omega_{l'} \cdot r_{o(l')} \tag{2-14}$$

其中，$\boldsymbol{\omega} = (\omega_1, \omega_2, \cdots, \omega_n)$ 为与函数 $IOWA$ 相关联的加权向量，且满足 $\sum_{l'=1}^{n} \omega_{l'} = 1$ 和 $\omega_{l'} \in [0,1]$；$o:\{1,2,\cdots,n\} \to \{1,2,\cdots,n\}$ 表示一个置换，使得 $\varepsilon_{o(l')} \geqslant \varepsilon_{o(l'+1)}$。此外，$\varepsilon_l$ 是序诱导变量（Order Inducing Variable），r_l 是决策变量（Arguement Variable）。对于所有的 $l=1,2,\cdots,n$，称 $\langle \varepsilon_l, r_l \rangle$ 为 OWA 对（OWA Pair）。

IOWA 算子的特点主要在于其根据序诱导变量 ε_l 的降序排列结果，对决策变量组 $(r_1, r_2, \cdots, r_n)$ 进行重新排序，得到有序决策变量组 $(r_{o(1)}$，

$r_{o(2)},\cdots,r_{o(n)}$)，再对重新排序后的决策变量进行集结。其中，$r_{o(l')}$ 对应的是序诱导变量的值按照从大到小的顺序位于第 l' 位的 OWA 对中的决策变量。

定义 2-16[157]　设 $\langle\varepsilon_l,r_l\rangle(l=1,2,\cdots,n)$ 为 n 个二元组，定义 IOWG 算子为一个函数，记为 $IOWG$：$r^n\rightarrow r$，且

$$IOWG(\langle\varepsilon_1,r_1\rangle,\langle\varepsilon_2,r_2\rangle,\cdots,\langle\varepsilon_n,r_n\rangle)=\prod_{l'=1}^{n}(r_{o(l')})^{\omega_{l'}} \tag{2-15}$$

其中，$\boldsymbol{\omega}=(\omega_1,\omega_2,\cdots,\omega_n)$ 为与函数 $IOWG$ 相关联的加权向量，且满足 $\sum_{l'=1}^{n}\omega_{l'}=1$ 和 $\omega_{l'}\in[0,\ 1]$；o：$\{1,2,\cdots,n\}\rightarrow\{1,2,\cdots,n\}$ 表示一个置换，使得对于 $l'=1,2,\cdots,n-1$，存在 $\varepsilon_{o(l')}\geqslant\varepsilon_{o(l'+1)}$。也就是说，按照从大到小的顺序对序诱导变量 $\varepsilon_l(l=1,2,\cdots,n)$ 进行排序，$\langle\varepsilon_{o(l')},r_{o(l')}\rangle$ 对应的是其序诱导变量排在第 l' 位的二元组。

2.4　多准则决策方法

多准则决策方法是以选出最优方案为最终目的，利用不同手段获取备选方案优劣次序的决策方法。根据本书的研究目的，本节旨在回顾层次分析法（Analysis Hierarchy Process，AHP）、TOPSIS 法以及基于优序关系（Outranking Relationship）的多准则决策方法这三类经典多准则决策方法。

2.4.1　层次分析法

层次分析法是美国运筹学家 Saaty 于 20 世纪 70 年代初提出的一种层次权重决策分析方法[138]。该方法将与决策有关的元素分解成目标、准则、方案等层次，结合定量分析与定性分析，用决策者的经验判断各衡量目标能否实现的标准之间的相对重要程度，并合理地给出每个决策方案的每个标准的权数，利用权数求出各方案的优劣次序，比较有效地应用于那些难

以用定量方法解决的问题。因此，AHP 的基本步骤归纳如下。

步骤 1　建立层次结构模型。

该结构图包括目标层（最高层）、准则层（中间层）和方案层（最低层）。

步骤 2　构造成对比较矩阵（偏好关系）。

从结构图的第二层开始，用成对比较矩阵刻画不同准则或者方案的两两比较结果。

步骤 3　计算单排序权向量并做一致性检验。

对每个成对比较矩阵计算最大特征值及其对应的特征向量，利用一致性指标、随机一致性指标和一致性比率做一致性检验。若检验通过，特征向量（归一化后）即为权向量；若不通过，则需要重新构造成对比较矩阵。

步骤 4　计算总排序权向量并做一致性检验。

计算最低层对最高层总排序的权向量，利用总排序一致性比率进行检验。若通过检验，则可按照总排序权向量表示的结果进行决策，否则需要重新考虑模型或重新构造一致性比率较大的偏好关系。

AHP 以其能够在处理各种决策因素时将定性与定量分析相结合的特点以及其系统、灵活、简洁的优点，迅速地在社会经济、教育、政治、制造业、工程等各个领域得到了广泛的重视和应用[158]。例如，利用 AHP 解决资源分配、政策制定、冲突问题、能源系统分析、科研评价等决策问题。为了合理有效地将 AHP 应用于求解图片模糊环境下的决策问题，需要了解 AHP 的优点和局限性。

（1）优点。系统性：将对象视作系统，按照分解、比较、判断、综合的思维方式进行决策；实用性（灵活性）：定性与定量相结合，能处理许多用传统的最优化技术无法着手的实际问题，应用范围很广；简洁性：计算简便，结果明确，便于决策者直接了解和掌握。

（2）局限性。囿旧：只能从原有的方案中优选一个，无法得出更好的新方案；粗略：比较、判断以及结果的计算过程都是粗糙的，不适用于精度较高的问题；主观性：从建立层次结构模型到给出成对比较矩阵，决策者的主观因素对整个过程的影响很大，这就使得结果难以令所有的决策者接受。

2.4.2　基于距离测度的 TOPSIS 法

TOPSIS 法是由 Hwang 等学者[159] 于 1981 年首次提出的，是一种根据备选方案与正理想解的接近程度和负理想解的远离程度对方案进行相对优劣评价的方法。TOPSIS 法的具体步骤如下。

步骤 1　确定正理想解和负理想解。

步骤 2　确定测度方法，计算各备选方案与正理想解以及负理想解的距离，得到靠近正理想解以及远离负理想解的程度。

步骤 3　根据各备选方案与正、负理想解的距离，计算各方案与正、负理想解的相对贴近度，其值在 0 和 1 之间。方案的相对贴近度的值越接近于 1，该方案的排名就越靠前。

步骤 4　依据方案相对贴近度的值的大小，对备选方案进行排序和择优。

由上可知，TOPSIS 法简单、易懂，且易操作，已被广泛扩展并应用于各个领域[160]。

2.4.3　基于优序关系的多准则决策方法

基于优序关系的决策方法主要包括两种：ELECTRE 法和 PROMETHEE 法。

ELECTRE 法[36] 是由法国学者 Roy 于 1968 年正式提出的多准则决策方法。近 50 年以来，关于该方法的研究一直是多准则决策方法中的热门话题[161]。该方法通过构建一种较弱的次序关系（优序关系）对方案进行比较。将优序关系定义为一个二元关系，即对于方案集中的任意两个方案，在已知决策者偏好和决策问题特性的基础上，如果存在足够的证据证明备

选方案 x_i 至少和备选方案 $x_{i'}$ 一样好，同时没有强烈的理由反驳这一观点，则认为备选方案 x_i 优于备选方案 $x_{i'}$。ELECTRE 法的优点是其原理容易理解，并且计算较为简便，只需根据问题本身的特点和决策矩阵中的数据设定权重和各种阈值，即可利用编程软件获得计算结果。ELECTRE 法的缺点是其不能够对决策矩阵所提供的信息进行充分利用。已有众多国内外学者对 ELECTRE 法开展了进一步研究，并分别对 ELECTRE 法进行了扩展，如 ELECTRE-Ⅱ法[162]、ELECTRE-Ⅲ法[163]、ELECTRE-Ⅳ法[164]、ELECTRE-TRE 法[165-168] 以及 ELECTRE-IS 法[169] 等。显然，ELECTRE 法及其扩展形式可分别用于求解四类问题[161]。首先，ELECTRE 法和 ELECTRE-IS 法旨在求解决策分析中的选择问题，用于选取最小的最佳方案集。其次，ELECTRE-Ⅱ法、ELECTRE-Ⅲ法和 ELECTRE-Ⅳ法旨在求解决策分析中的排序问题，遵循从最优到最劣的排列原则，构建备选方案的排序结果。但是，这三种方法之间存在较大区别。其中，ELECTRE-Ⅱ法是基于真实的准则构建的，需要获取准则的权重信息；而 ELECTRE-Ⅲ法和 ELECTRE-Ⅳ法与其完全相反，它们采用伪准则（Pseudo-criteria）且不需要准则的权重值。最后，ELECTRE-TRE 法旨在求解决策分析中的分类问题，将备选方案分配至预先定义的不同类别。因此，针对不同类型的现实决策问题，有必要根据问题的类型和 ELECTRE 法及其扩展形式的特性，选择合适的 ELECTRE 法。

PROMETHEE 法是由学者 Brans 于 1982 年提出的多准则决策方法，包括 PROMETHEE-Ⅰ法（用于获得备选方案集上的偏序）和 PROMETHEE-Ⅱ法（用于获得备选方案集上的完全序）[170]。类似于 ELECTRE 法，PROMETHEE 法亦是建立在优序关系上的一种决策方法，其关键在于确定目标的优先函数的类型及参数，对于实际的决策问题，其经济意义比较明确，所以其类型及参数的确定并不困难，但对于不同的决策者，由于其价值观不同，即使是同一个决策问题，优先函数的类型及参数的确定也会不同，其结果亦会有差别。因此，PROMETHEE 法的主观性较强，但正是因为这种主观性，可以让决策者根据具体的问题按照自己的价值观决定评价准则的类型及其参数，所得结果更能体现决策者的主观意愿。已有众多国内外学者对 PROMETHEE 法进行了扩展，如 PROMETHEE-Ⅲ法（用于获得基于区间的排序结果）[171]、PROMETHEE-Ⅳ法（用于获得连续可行方案的偏序或全序）、PROMETHEE-Ⅴ法（用于求解具有分割约束条件的问题）[172]、PROMETHEE-Ⅵ法（针对人脑表征问题）[173] 等。虽然 PROMETHEE 法有多种扩展形式，但是这一系列方法中应用最广泛的仍是 PROMETHEE-Ⅰ法和 PROMETHEE-Ⅱ法。

2.5　本章小结

本章对本书所涉及的相关基础知识进行了详细的介绍。第 2.1 节阐述了常用的两种决策信息表达形式，并分析了二者之间的联系与区别。第 2.2 节回顾了图片模糊集的定义、运算规则及比较规则，指出了现有图片模糊数加法运算、乘法运算以及比较规则的局限性；还罗列了现有基于图片模糊集的距离测度和投影模型，说明了现有图片模糊投影模型的不足之处。第 2.3 节描述了与本书相关的两类集结算子：IOWA 算子和 IOWG 算子，旨在为提出基于图片模糊决策信息的集结算子提供理论支撑。第 2.4 节描述了 AHP 的基本原理和优缺点、TOPSIS 法的具体步骤，以及 ELECTRE 法和 PROMETHEE 法的含义与优缺点，可为提出基于图片模糊偏好关系的多准则决策方法奠定基础。

第3章　图片模糊偏好关系的一致性及其多准则决策方法

在现实决策问题中，偏好关系是描述决策者主观提供的任意一组方案或准则的偏好信息的有效工具。不同学者通过结合模糊集及其扩展形式的相关概念，定义了各种不同类型的偏好关系，如模糊偏好关系、积性偏好关系，以及这两类偏好关系的扩展形式。然而，现有不同类型的偏好关系不能够完整地表示决策者对于两个目标的各种偏好态度。考虑以下两种情况：①若决策者认为两个目标之间不存在优劣关系，则其可能对二者之间的偏好结果持中立态度；②若决策者认为两个目标完全不同，即二者之间不存在可比性，则该决策者可能会拒绝提供其对两个目标的比较结果。显然，现有各种类型的偏好关系无法刻画决策者的这两类偏好态度。

此外，若采用现有各种数值型的偏好关系刻画决策者对两个目标的对比结果，则要求每个决策者提供具体的数值以表示目标间的偏好程度。与此同时，一个偏好关系只能代表一个决策者对目标的两两对比结果，这就使得在求解基于偏好关系的决策问题时，其计算过程会随着决策者人数的增多而变得愈加烦琐，进而导致决策效率下降。鉴于图片模糊数由积极隶属度、中立度、消极隶属度和拒绝度四种隶属度构成，且这四种隶属度之和为 1，具有完备性，因而图片模糊数能够真实、完整地记录不同决策者提供的相互矛盾的四种偏好态度。为此，本章通过将模糊偏好关系与图片模糊集结合，引入图片模糊偏好关系的概念，探讨图片模糊偏好关系的一些特性，如传递性、加型一致性和次序一致性等。在此基础上，提出两种基于图片模糊偏好关系一致性的多准则决策方法，以期为本书第 5 章研究基于图片模糊偏好关系的群体共识决策方法奠定基础。

3.1　基于图片模糊偏好关系的多准则决策框架

考虑如下描述的决策问题。假设 $D = \{d^{(1)}, d^{(2)}, \cdots, d^{(q)}\}$ 表示由 q 位受邀对 n 个不同备选方案进行评价的决策者组成的决策者集，其中，由不同备选方案构成的方案集记为 $X = \{x_1, x_2, \cdots, x_n\}$。要求每位决策者对每对备选方案进行比较，通过判断“方案 x_i 是否偏好于方案 $x_{i'}$”给出其对每对方案的偏好态度，并将结果记录在表 3-1 中。通过对不同决策者的偏好信息进行收集和统计，计算每对方案的四种对比结果的数量各自所占决策者总人数的比例，将所得比例用图片模糊数的形式表现出来，即为表征该决策者集对每对方案的偏好态度的图片模糊偏好关系中的每个元素。

表 3-1　不同方案间的偏好信息

<table>
<tr><th rowspan="2">方案</th><th rowspan="2">偏好信息</th><th colspan="4">方案</th></tr>
<tr><th>x_1</th><th>x_2</th><th>……</th><th>x_n</th></tr>
<tr><td rowspan="4">x_1</td><td>是</td><td rowspan="4">—</td><td></td><td></td><td></td></tr>
<tr><td>中立</td><td></td><td></td><td></td></tr>
<tr><td>否</td><td></td><td></td><td></td></tr>
<tr><td>拒绝</td><td></td><td></td><td></td></tr>
<tr><td rowspan="4">x_2</td><td>是</td><td rowspan="4"></td><td rowspan="4">—</td><td></td><td></td></tr>
<tr><td>中立</td><td></td><td></td></tr>
<tr><td>否</td><td></td><td></td></tr>
<tr><td>拒绝</td><td></td><td></td></tr>
<tr><td>……</td><td>……</td><td>……</td><td>……</td><td>……</td><td>……</td></tr>
<tr><td rowspan="4">x_n</td><td>是</td><td rowspan="4" colspan="3"></td><td rowspan="4">—</td></tr>
<tr><td>中立</td></tr>
<tr><td>否</td></tr>
<tr><td>拒绝</td></tr>
</table>

需要说明的是，表 3-1 中所展现的四种结果“是”“中立”“否”和“拒绝”对应的实际意义分别是：“方案 x_i 偏好于方案 $x_{i'}$”“方案 x_i 与方案 $x_{i'}$ 无差异”“方案 $x_{i'}$ 偏好于方案 x_i”和“决策者无法给出方案 x_i 与方案 $x_{i'}$ 间的偏好信息”。这四种情况可以较完整地刻画实际决策问题中决策者给出的各种原始偏好信息，且与图片模糊数的四个组成部分一一对应。通过计算所有决策者提供的四种备选方案的两两对比结果各自所占决策者总数的比例，可以求得相应的图片模糊数的四个组成部分。由此可见，基于图片模糊偏好关系的多准则决策并不要求每位决策者给出表示方案间优劣程度的隶属度，而是通过充分利用图片模糊集的优势，将所有决策者提供的相互矛盾的偏好信息完整、有效地记录下来，避免产生决策者个人意见被忽略的现象。

鉴于图片模糊多准则决策研究仍在起步阶段，且现有文献尚未开展对图片模糊偏好关系的相关研究，第 3.3 节将首次提出图片模糊偏好关系的概念，用于真实地记录实际决策问题中具有不同学术背景和专业水平的决策者给出的相互矛盾的偏好信息。

3.2 基于凸组合的图片模糊数加法运算规则和比较规则

由本书第 2.2.2 小节和第 2.2.3 小节的内容可知，现有图片模糊数的运算规则和比较规则均存在某种程度上的缺陷。为了弥补这些缺陷，以完善图片模糊数的基础研究，下文基于图片模糊集的凸组合定义，引入新的图片模糊数的加法运算规则，并重新定义图片模糊数的比较规则。

3.2.1 图片模糊数的加法运算规则

定义 3-1[153] 假设 $P_l=\{\langle u, \mu_{P_l}(u), \eta_{P_l}(u), \nu_{P_l}(u)\rangle \mid u \in U\}$ $(l=1, 2)$ 是非空集合 U 上的任意两个图片模糊集，令 ∂ 为一实数且满足 $0 \leqslant \partial \leqslant 1$。那么，对于任一 ∂ 值，P_1 与 P_2 的凸组合定义如下：

$$C_{\partial}(P_1,P_2)=\{\langle u,\mu_{C_{\partial}}(u),\eta_{C_{\partial}}(u),\nu_{C_{\partial}}(u)\rangle \mid u\in U\} \tag{3-1}$$

其中，对于 $\forall u\in U$，三个组成部分 $\mu_{C_{\partial}}(u)$、$\eta_{C_{\partial}}(u)$ 和 $\nu_{C_{\partial}}(u)$ 的计算公式分别为

$$\mu_{C_{\partial}}(u_l)=\partial\cdot\mu_{P_1}(u)+(1-\partial)\cdot\mu_{P_2}(u)$$

$$\eta_{C_{\partial}}(u_l)=\partial\cdot\eta_{P_1}(u)+(1-\partial)\cdot\eta_{P_2}(u)$$

$$\nu_{C_{\partial}}(u_l)=\partial\cdot\nu_{P_1}(u)+(1-\partial)\cdot\nu_{P_2}(u)$$

由定义 3-1 易知，在实际运算过程中，若将两个图片模糊数相加，还需进一步确定 ∂ 的值。显然，能够反映两个图片模糊集优劣关系的指标均可以用来计算 ∂ 的值。此处将图片模糊数的记分函数作为确定 ∂ 的值的一种方式。由图片模糊数记分函数的定义可推测，其旨在表征图片模糊数包含的实际正面信息，因而可以利用记分函数的这一特征确定 ∂ 的值。因此，下文首先回顾现有图片模糊数记分函数的定义。

定义 3-2[57,61]　假设 $p=(\mu,\eta,\nu)$ 为任一图片模糊数，定义 p 的记分函数和精确函数分别为 $S(p)=\mu-\nu$ 和 $H(p)=\mu+\eta+\nu$。

显然，$S(p)\in[-1,1]$。由此可知，若利用现有图片模糊数记分函数的定义设置参数 ∂ 的值，则不能保证 ∂ 的值满足 $0\leqslant\partial\leqslant 1$ 这一基本条件。因此，下文重新对图片模糊数的记分函数进行了定义。

定义 3-3　令 $p=(\mu,\eta,\nu)$ 为任一图片模糊数，定义 p 的累积期望函数 $AE(p)$（Accumulated Expectation Function）和记分函数 $\tilde{S}(p)$ 如下：

$$AE(p)=\begin{cases}0, & \text{当 } \mu+\eta+\nu=0 \text{ 时}\\ \dfrac{\mu}{\mu+\eta+\nu}, & \text{其他}\end{cases} \tag{3-2}$$

$$\tilde{S}(p)=\frac{\mu+1-\nu}{2} \tag{3-3}$$

易知，由于图片模糊数 p 中的积极隶属度、中立度和消极隶属度的值

均在区间 [0,1] 内，因此 p 的累积期望函数和记分函数的取值范围分别为 $AE(p) \in [0,1]$ 和 $\tilde{S}(p) \in [0,1]$。

注意到，当 $\mu = \eta = \nu = 0$ 时，有 $\mu + \eta + \nu = 0$，即 $\frac{\mu}{\mu + \eta + \nu}$ 的分母为 0，从而使得 $AE(p)$ 没有意义。事实上，$\mu = \eta = \nu = 0$ 意味着 $\pi = 1 - \mu - \eta - \nu = 1$，即在实际决策过程中决策者表现出完全弃权的态度，对决策结果的影响微乎其微。因此，当 $\mu = \eta = \nu = 0$ 时，直接令 $AE(p) = 0$。

基于定义 3-1 和定义 3-3，本书重新定义了基于图片模糊数记分函数的加法运算规则，具体如下。

定义 3-4 设 $p_l = (\mu_l, \eta_l, \nu_l)$ $(l = 1,2)$ 为任意两个图片模糊数，对于 p_1 与 p_2，基于图片模糊数记分函数的加法运算规则可定义如下：

$$p_1 \bar{\oplus} p_2 = (\partial_1\mu_1 + \partial_2\mu_2, \partial_1\eta_1 + \partial_2\eta_2, \partial_1\nu_1 + \partial_2\nu_2) \tag{3-4}$$

其中，$\partial_l = \frac{\tilde{S}(p_l)}{\sum_{l=1}^{2}\tilde{S}(p_l)}$。显然，$\partial_l$ 满足 $\partial_l \in [0,1]$ 和 $\sum_{l=1}^{2}\partial_l = 1$。

需要说明的是，以上加法运算规则是基于凸组合定义的，即令定义 3-1 中的参数 ∂ 和 $1 - \partial$ 分别为与其相对应的图片模糊数记分函数所占比例，记为 $\frac{\tilde{S}(p_1)}{\sum_{l=1}^{2}\tilde{S}(p_1)}$ 和 $\frac{\tilde{S}(p_2)}{\sum_{l=1}^{2}\tilde{S}(p_2)}$。若存在其他指标可以衡量图片模糊数 p_1 与 p_2 之间的差异，亦可利用该指标确定图片模糊数凸组合运算中的参数值。

当 $l > 2$，即对三个或三个以上图片模糊数进行加法运算时，规则如下：

$$p_1 \bar{\oplus} p_2 \bar{\oplus} \cdots \bar{\oplus} p_n = \left(\left(\frac{\sum_{l=1}^{n-1} \tilde{S}(p_l)}{\sum_{l=1}^{n} \tilde{S}(p_l)} \times \mu_{C_\partial}(p_{n-1}) + \frac{\tilde{S}(p_n)}{\sum_{l=1}^{n} \tilde{S}(p_l)} \times \mu_n \right), \left(\frac{\sum_{l=1}^{n-1} \tilde{S}(p_l)}{\sum_{l=1}^{n} \tilde{S}(p_l)} \times \eta_{C_\partial}(p_{n-1}) + \frac{\tilde{S}(p_n)}{\sum_{l=1}^{n} \tilde{S}(p_l)} \times \eta_n \right), \left(\frac{\sum_{l=1}^{n-1} \tilde{S}(p_l)}{\sum_{l=1}^{n} \tilde{S}(p_l)} \times \nu_{C_\partial}(p_{n-1}) + \frac{\tilde{S}(p_n)}{\sum_{l=1}^{n} \tilde{S}(p_l)} \times \nu_n \right) \right) \tag{3-5}$$

其中，$\mu_{C_\partial}(p_{n-1})$、$\eta_{C_\partial}(p_{n-1})$ 和 $\nu_{C_\partial}(p_{n-1})$ 分别为

$$\mu_{C_\partial}(p_{n-1}) = \frac{\sum_{l=1}^{n-2} \tilde{S}(p_l)}{\sum_{l=1}^{n-1} \tilde{S}(p_l)} \times \mu_{C_\partial}(p_{n-2}) + \frac{\tilde{S}(p_{n-1})}{\sum_{l=1}^{n-1} \tilde{S}(p_l)} \times \mu_{n-1}$$

$$\eta_{C_\partial}(p_{n-1}) = \frac{\sum_{l=1}^{n-2} \tilde{S}(p_l)}{\sum_{l=1}^{n-1} \tilde{S}(p_l)} \times \eta_{C_\partial}(p_{n-2}) + \frac{\tilde{S}(p_{n-1})}{\sum_{l=1}^{n} \tilde{S}(p_l)} \times \eta_{n-1}$$

$$\nu_{C_\partial}(p_{n-1}) = \frac{\sum_{l=1}^{n-2} \tilde{S}(p_l)}{\sum_{l=1}^{n-1} \tilde{S}(p_l)} \times \nu_{C_\partial}(p_{n-2}) + \frac{\tilde{S}(p_{n-1})}{\sum_{l=1}^{n} \tilde{S}(p_l)} \times \nu_{n-1}$$

以此类推，可知：

$$\mu_{C_\partial}(p_3)=\frac{\sum_{l=1}^{2}\tilde{S}(p_l)}{\sum_{l=1}^{3}\tilde{S}(p_l)}\times(\partial_1\mu_1+\partial_2\mu_2)+\frac{\tilde{S}(p_3)}{\sum_{l=1}^{3}\tilde{S}(p_l)}\times\mu_3$$

$$\eta_{C_\partial}(p_3)=\frac{\sum_{l=1}^{2}\tilde{S}(p_l)}{\sum_{l=1}^{3}\tilde{S}(p_l)}\times(\partial_1\eta_1+\partial_2\eta_2)+\frac{\tilde{S}(p_3)}{\sum_{l=1}^{3}\tilde{S}(p_l)}\times\eta_3$$

$$\nu_{C_\partial}(p_3)=\frac{\sum_{l=1}^{2}\tilde{S}(p_l)}{\sum_{l=1}^{3}\tilde{S}(p_l)}\times(\partial_1\nu_1+\partial_2\nu_2)+\frac{\tilde{S}(p_3)}{\sum_{l=1}^{3}\tilde{S}(p_l)}\times\nu_3$$

需要说明的是，图片模糊数 p_l 的下标表示的是在加法运算中该图片模糊数出现的顺序。若对图片模糊数的位置进行置换，则式（3-5）中的运算过程将不再适用。因此，下面给出式（3-5）的广义形式。

$$p_{\sigma(1)}\ \bar{\oplus}\ p_{\sigma(2)}\ \bar{\oplus}\cdots\bar{\oplus}\ p_{\sigma(n)}$$

$$=\left(\begin{array}{l}\dfrac{\sum_{l=1}^{n-1}\tilde{S}(p_{\sigma(l)})}{\sum_{l=1}^{n}\tilde{S}(p_l)}\times\mu_{C_\partial}(p_{\sigma(n-1)})+\dfrac{\tilde{S}(p_{\sigma(n)})}{\sum_{l=1}^{n}\tilde{S}(p_l)}\times\mu_{\sigma(n)},\\ \dfrac{\sum_{l=1}^{n-1}\tilde{S}(p_{\sigma(l)})}{\sum_{l=1}^{n}\tilde{S}(p_l)}\times\eta_{C_\partial}(p_{\sigma(n-1)})+\dfrac{\tilde{S}(p_{\sigma(n)})}{\sum_{l=1}^{n}\tilde{S}(p_l)}\times\eta_{\sigma(n)},\\ \dfrac{\sum_{l=1}^{n-1}\tilde{S}(p_{\sigma(l)})}{\sum_{l=1}^{n}\tilde{S}(p_l)}\times\nu_{C_\partial}(p_{\sigma(n-1)})+\dfrac{\tilde{S}(p_{\sigma(n)})}{\sum_{l=1}^{n}\tilde{S}(p_l)}\times\nu_{\sigma(n)}\end{array}\right)\qquad(3\text{-}6)$$

同理，$\mu_{C_\partial}(p_{\sigma(n-1)})$、$\eta_{C_\partial}(p_{\sigma(n-1)})$、$\nu_{C_\partial}(p_{\sigma(n-1)})$、$\mu_{C_\partial}(p_{\sigma(3)})$、$\eta_{C_\partial}(p_{\sigma(3)})$ 和 $\nu_{C_\partial}(p_{\sigma(3)})$ 分别为

$$\mu_{C_\partial}(p_{\sigma(n-1)}) = \frac{\sum_{l=1}^{n-2}\tilde{S}(p_{\sigma(l)})}{\sum_{l=1}^{n-1}\tilde{S}(p_{\sigma(l)})} \times \mu_{C_\partial}(p_{\sigma(n-2)}) + \frac{\tilde{S}(p_{\sigma(n-1)})}{\sum_{l=1}^{n-1}\tilde{S}(p_{\sigma(l)})} \times \mu_{\sigma(n-1)}$$

$$\eta_{C_\partial}(p_{\sigma(n-1)}) = \frac{\sum_{l=1}^{n-2}\tilde{S}(p_{\sigma(l)})}{\sum_{l=1}^{n-1}\tilde{S}(p_{\sigma(l)})} \times \eta_{C_\partial}(p_{\sigma(n-2)}) + \frac{\tilde{S}(p_{\sigma(n-1)})}{\sum_{l=1}^{n-1}\tilde{S}(p_{\sigma(l)})} \times \eta_{\sigma(n-1)}$$

$$\nu_{C_\partial}(p_{\sigma(n-1)}) = \frac{\sum_{l=1}^{n-2}\tilde{S}(p_{\sigma(l)})}{\sum_{l=1}^{n-1}\tilde{S}(p_{\sigma(l)})} \times \nu_{C_\partial}(p_{\sigma(n-2)}) + \frac{\tilde{S}(p_{\sigma(n-1)})}{\sum_{l=1}^{n-1}\tilde{S}(p_{\sigma(l)})} \times \nu_{\sigma(n-1)}$$

$$\mu_{C_\partial}(p_{\sigma(3)}) = \frac{\sum_{l=1}^{2}\tilde{S}(p_{\sigma(l)})}{\sum_{l=1}^{3}\tilde{S}(p_{\sigma(l)})} \times (\partial_{\sigma(1)}\mu_{\sigma(1)} + \partial_{\sigma(2)}\mu_{\sigma(2)}) + \frac{\tilde{S}(p_{\sigma(3)})}{\sum_{l=1}^{3}\tilde{S}(p_{\sigma(l)})} \times \mu_{\sigma(3)}$$

$$\eta_{C_\partial}(p_{\sigma(3)}) = \frac{\sum_{l=1}^{2}\tilde{S}(p_{\sigma(l)})}{\sum_{l=1}^{3}\tilde{S}(p_{\sigma(l)})} \times (\partial_{\sigma(1)}\eta_{\sigma(1)} + \partial_{\sigma(2)}\eta_{\sigma(2)}) + \frac{\tilde{S}(p_{\sigma(3)})}{\sum_{l=1}^{3}\tilde{S}(p_{\sigma(l)})} \times \eta_{\sigma(3)}$$

$$\nu_{C_\partial}(p_{\sigma(3)}) = \frac{\sum_{l=1}^{2}\tilde{S}(p_{\sigma(l)})}{\sum_{l=1}^{3}\tilde{S}(p_{\sigma(l)})} \times (\partial_{\sigma(1)}\nu_{\sigma(1)} + \partial_{\sigma(2)}\nu_{\sigma(2)}) + \frac{\tilde{S}(p_{\sigma(3)})}{\sum_{l=1}^{3}\tilde{S}(p_{\sigma(l)})} \times \nu_{\sigma(3)}$$

其中，$\sigma:\{1,2,\cdots,n\} \to \{1,2,\cdots,n\}$ 是 $p_l(l=1,2,\cdots,n)$ 的任意一种置换，使得 $p_{\sigma(l)}$ 位于加法运算中的第 l 位。此外，对于 $l=1,2$，有 $\partial_{\sigma(l)} = \frac{\tilde{S}(p_{\sigma(l)})}{\sum_{l=1}^{2}\tilde{S}(p_{\sigma(l)})}$，满足 $\partial_{\sigma(l)} \in [0,1]$ 和 $\sum_{l=1}^{2}\partial_{\sigma(l)} = 1$。

结合式（3-5）和式（3-6）可得，任意 n 个图片模糊数的加法运算规则如下：

$$p_1 \bar{\oplus} p_2 \bar{\oplus} \cdots \bar{\oplus} p_n = \left(\sum_{l=1}^{n} \frac{\tilde{S}(p_l)}{\sum_{l=1}^{n} \tilde{S}(p_l)} \mu_l, \sum_{l=1}^{n} \frac{\tilde{S}(p_l)}{\sum_{l=1}^{n} \tilde{S}(p_l)} \eta_l, \sum_{l=1}^{n} \frac{\tilde{S}(p_l)}{\sum_{l=1}^{n} \tilde{S}(p_l)} \nu_l \right) \tag{3-7}$$

定理 3-1 任意两个图片模糊数相加的结果仍为图片模糊数。

证明 由定义 3-4 可知，$p_1 \bar{\oplus} p_2 = (\partial_1\mu_1 + \partial_2\mu_2, \partial_1\eta_1 + \partial_2\eta_2, \partial_1\nu_1 + \partial_2\nu_2)$。

根据定义 2-4 和定义 3-4，参数 ∂_l 和图片模糊数的三个组成部分需要分别满足 $\partial_l \in [0,1]$、$0 \leqslant \mu_l + \eta_l + \nu_l \leqslant 1$、$0 \leqslant \mu_l \leqslant 1$、$0 \leqslant \eta_l \leqslant 1$ 和 $0 \leqslant \nu_l \leqslant 1$，进而可知 $0 \leqslant \partial_1\mu_1 + \partial_2\mu_2 \leqslant 1$、$0 \leqslant \partial_1\eta_1 + \partial_2\eta_2 \leqslant 1$ 和 $0 \leqslant \partial_1\nu_1 + \partial_2\nu_2 \leqslant 1$。此外，由 $\sum_{l=1}^{2} \partial_l = 1$ 可得

$$(\partial_1\mu_1 + \partial_2\mu_2) + (\partial_1\eta_1 + \partial_2\eta_2) + (\partial_1\nu_1 + \partial_2\nu_2) = \partial_1(\mu_1 + \eta_1 + \nu_1) + \partial_2(\mu_2 + \eta_2 + \nu_2) \in [0,1]$$

根据定义 2-4 可知，$p_1 \bar{\oplus} p_2$ 所得结果仍为图片模糊数。定理 3-1 证毕。

定理 3-2 任意 $n(n > 2)$ 个图片模糊数 $p_l = (\mu_l, \eta_l, \nu_l)$ $(l = 1,2,\cdots,n)$ 相加的结果仍为图片模糊数。

采用数学归纳法较易证明该定理，因而此处省略其证明过程。

定理 3-3 设 $p_l = (\mu_l, \eta_l, \nu_l)$ $(l = 1,2,3)$ 为任意三个图片模糊数，那么存在：

(1) $p_1 \bar{\oplus} p_2 = p_2 \bar{\oplus} p_1$；

(2) $(p_1 \bar{\oplus} p_2) \bar{\oplus} p_3 = p_1 \bar{\oplus} (p_2 \bar{\oplus} p_3)$。

根据定义 3-4 易知，对于 $l = 1,2,3$，定理 3-3 的性质（1）和性质（2）显然成立，说明本书重新定义的图片模糊数的加法运算规则满足运算定律中的交换律和结合律。此处省略定理 3-3 的证明过程。

3.2.2　图片模糊数的比较规则

基于上一小节的研究内容，下文引入新的图片模糊数的比较规则。

定义3-5　设 $p_l=(\mu_l,\eta_l,\nu_l)$ $(l=1,2)$ 为任意两个图片模糊数，且 $AE(p_l)$ 和 $\tilde{S}(p_l)$ 分别表示 p_l 的累积期望函数和记分函数，则有：

（1）当 $\tilde{S}(p_1)>\tilde{S}(p_2)$ 时，表示 p_1 优于 p_2，记为 $p_1\succ p_2$；

（2）当 $\tilde{S}(p_1)<\tilde{S}(p_2)$ 时，表示 p_1 劣于 p_2，记为 $p_1\prec p_2$；

（3）当 $\tilde{S}(p_1)=\tilde{S}(p_2)$ 时，存在以下三种情况：

1）当 $AE(p_1)>AE(p_2)$ 时，表示 p_1 优于 p_2，记为 $p_1\succ p_2$；

2）当 $AE(p_1)<AE(p_2)$ 时，表示 p_1 劣于 p_2，记为 $p_1\prec p_2$；

3）当 $AE(p_1)=AE(p_2)$ 时，存在以下三种情况：

a）当 $\mu_1>\mu_2$ 时，表示 p_1 优于 p_2，记为 $p_1\succ p_2$；

b）当 $\mu_1<\mu_2$ 时，表示 p_1 劣于 p_2，记为 $p_1\prec p_2$；

c）当 $\mu_1=\mu_2$ 时，表示 p_1 与 p_2 无差异，记为 $p_1\sim p_2$。

易知，利用以上定义对两个图片模糊数进行比较，当且仅当 p_1 和 p_2 中的三个元素分别完全相等时，才能得出 p_1 与 p_2 无差异的结论。因此，定义3-5能够弥补现有图片模糊数比较规则的不足。一方面，当对两个图片模糊数 $p_1=(0.6,0.2,0.2)$ 和 $p_2=(0.7,0,0.3)$ 进行比较时，根据该定义可得 $AE(p_1)<AE(p_2)$，即 p_1 劣于 p_2，由此可见，定义3-5弥补了定义2-9的缺陷。另一方面，当比较两个图片模糊数 $p_1=(0,1,0)$ 和 $p_2=(0,0,1)$ 时，利用该定义易知 $\tilde{S}(p_1)>\tilde{S}(p_2)$，即 p_2 劣于 p_1，由此可见，定义3-5突破了定义2-9的局限性。总之，相比于定义2-9和定义2-10，定义3-5不仅可以轻松应对图片模糊环境下可能出现的各种对比情况，而且可以得到较为合理的对比结果。

此外，在大多数情况下，利用定义3-5和现有图片模糊数的比较规则分别对任意两个图片模糊数进行比较，所得对比结果是一致的，说明定义 3-5 是可行的和有效的。例如，令两个图片模糊数为 $p_1=(0.2,0,0.2)$ 和 $p_2=(0.5,0,0.5)$，由定义 2-9 可知 $AE(p_1)=AE(p_2)$ 和 $\tilde{S}(p_1)=\tilde{S}(p_2)$。然而，由于 $\mu_1<\mu_2$，根据定义 3-5 可得出 p_1 劣于 p_2 的结论。同时，利用定义 2-9 和定义 2-10 对 $p_1=(0.2,0,0.2)$ 和 $p_2=(0.5,0,0.5)$ 进行比较，可知 $S(p_1)=S(p_2)$ 且 $H(p_1)<H(p_2)$，得到同样的结论：p_1 劣于 p_2。

综上，定义 3-5 既能克服定义 2-9 和定义 2-10 的局限性，又能有效地比较任意两个图片模糊数，适用于图片模糊环境下可能出现的所有对比情形。

3.3 图片模糊偏好关系的定义及其一致性

模糊偏好关系及其扩展形式要求每个决策者单独给出每组备选方案的两两比较结果。然而，由于决策信息的模糊性和不完整性，决策者往往难以用数值完整地表示某一方案相对于另一方案的偏好程度。由第 3.1 节可知，图片模糊数可以通过统计决策者对备选方案的不同偏好态度获取，并不要求决策者具体给出某一方案偏好于另一方案的隶属度、非隶属度等数值型数据，能够全面刻画不同决策者对方案的偏好信息。因此，本节旨在将模糊偏好关系的概念扩展至图片模糊环境，引入图片模糊偏好关系的概念。在此基础上，结合图片模糊数的特性，定义图片模糊偏好关系的传递性，并研究基于图片模糊偏好关系的两类一致性问题，即基数一致性和次序一致性。其中，基数一致性包括加型一致性和积型一致性，鉴于图片模糊数运算规则的缺陷，本节只对基于图片模糊偏好关系的加型一致性决策问题进行研究。

3.3.1 图片模糊偏好关系的定义

下文通过将模糊偏好关系和直觉偏好关系的定义与图片模糊数的特征相结合，运用扩展原理（Extension Principle）将直觉偏好关系的概念推广到图片模糊环境中，旨在有效刻画图片模糊环境下的实际决策信息。

定义 3-6　假设 $X=\{x_1,x_2,\cdots,x_n\}$ 为一方案集，集合 X 上的图片模糊偏好关系由一个方阵 $\boldsymbol{R}=(r_{ii'})_{n\times n}$ 表征，其中，每个元素表示为 $r_{ii'}=\langle(x_i,x_{i'}),\mu(x_i,x_{i'}),\eta(x_i,x_{i'}),\nu(x_i,x_{i'})\rangle$。为便于表达，令 $r_{ii'}=(\mu_{r_{ii'}},\eta_{r_{ii'}},\nu_{r_{ii'}})$，且 $r_{ii'}$ 中的三个元素满足：

$$0\leqslant\mu_{r_{ii'}}+\eta_{r_{ii'}}+\nu_{r_{ii'}}\leqslant1,\ \mu_{r_{ii'}},\eta_{r_{ii'}},\nu_{r_{ii'}}\in[0,1]$$

$$\mu_{r_{ii'}}=\nu_{r_{i'i}},\ \nu_{r_{ii'}}=\mu_{r_{i'i}},\ \eta_{r_{ii'}}=\eta_{r_{i'i}},\ \mu_{r_{ii}}=\nu_{r_{ii}}=0.5,\ \eta_{r_{ii}}=0,\tag{3-8}$$

$$\text{对于所有的}\ i,i'=1,2,\cdots,n$$

需要说明的是，在图片模糊偏好关系 $\boldsymbol{R}$ 的每个元素 $r_{ii'}$ 中，$\mu_{r_{ii'}}$ 表示方案 x_i 相对于方案 $x_{i'}$ 的偏好程度，$\eta_{r_{ii'}}$ 表示方案 x_i 偏好于方案 $x_{i'}$ 的中立度，$\nu_{r_{ii'}}$ 表示方案 $x_{i'}$ 相对于方案 x_i 的偏好程度，$r_{ii'}-(0.5,0,0.5)$ 表示方案 x_i 相对于方案 $x_{i'}$ 的偏好强度。若 $r_{ii'}-(0.5,0,0.5)>0$，则说明方案 x_i 优先于方案 $x_{i'}$，且 $r_{ii'}$ 与 $(0.5,0,0.5)$ 的差值越大，方案 x_i 优先于方案 $x_{i'}$ 的程度越大；相反，若 $r_{ii'}-(0.5,0,0.5)<0$，则说明方案 $x_{i'}$ 优先于方案 x_i，且 $r_{ii'}$ 与 $(0.5,0,0.5)$ 的差值越小，方案 $x_{i'}$ 优先于方案 x_i 的程度越大；特别地，若 $r_{ii'}-(0.5,0,0.5)=0$，则说明方案 x_i 与方案 $x_{i'}$ 无差异。因此，位于图片模糊偏好关系主对角线上的元素满足 $r_{ii}=(0.5,0,0.5)$。

显然，当对于所有的 $i,i'=1,2,\cdots,n$，均存在 $\eta_{r_{ii'}}=0$ 时，图片模糊偏好关系退化为直觉偏好关系。进一步地，当对于所有的 $i,i'=1,2,\cdots,n$，均存在 $\mu_{r_{ii'}}=0$ 和 $\eta_{r_{ii'}}=0$ 时，直觉偏好关系退化为模糊偏好关系。

3.3.2　图片模糊偏好关系的传递性

众所周知，传递性在偏好建模中具有至关重要的作用[174]。基于模糊偏好关系和直觉偏好关系的研究成果，本小节结合重新定义的图片模糊数的运算规则和比较规则，引入图片模糊偏好关系的传递性性质。

令 $\boldsymbol{R}=(r_{ii'})_{n\times n}$ 为任一图片模糊偏好关系，表示 n 个方案或准则的两两对比结果。任意一对方案（设为方案 x_i 与方案 $x_{i'}$）的对比结果可通过两种方式获知。一方面，直接获取。图片模糊数 $r_{ii'}=(\mu_{r_{ii'}},\eta_{r_{ii'}},\nu_{r_{ii'}})$ 直接刻画方案 x_i 对方案 $x_{i'}$ 的偏好程度、中立度以及方案 $x_{i'}$ 对方案 x_i 的偏好程度。另一方面，间接获取。通过引入一个中间方案 $x_{\underline{i}}(\underline{i}\neq i\neq i')$，分别对方案 x_i 和方案 $x_{\underline{i}}$、方案 $x_{\underline{i}}$ 和方案 $x_{i'}$ 进行两两对比，其对比结果可分别用图片模糊数 $r_{i\underline{i}}=(\mu_{r_{i\underline{i}}},\eta_{r_{i\underline{i}}},\nu_{r_{i\underline{i}}})$ 和 $r_{\underline{i}i'}=(\mu_{r_{\underline{i}i'}},\eta_{r_{\underline{i}i'}},\nu_{r_{\underline{i}i'}})$ 表示；再通过构建 $r_{i\underline{i}}$ 和 $r_{\underline{i}i'}$ 之间的联系，可以间接推测方案 x_i 和方案 $x_{i'}$ 间的偏好结果。一般情况下，$\boldsymbol{R}$ 需要满足以下性质：

（1）如果对于所有的 $i,i',\underline{i}=1,2,\cdots,n$，存在 $r_{i\underline{i}}\overline{\oplus}r_{\underline{i}i'}\geqslant r_{ii'}$，那么称 $\boldsymbol{R}$ 满足三角条件。该三角条件的成立基于这样一个假设：将方案 x_i、方案 $x_{\underline{i}}$ 和方案 $x_{i'}$ 视为一个三角形的三个顶点，那么，元素 $r_{i\underline{i}}$、元素 $r_{\underline{i}i'}$ 和元素 $r_{ii'}$ 可代表该三角形的三条边。显然，$r_{i\underline{i}}\overline{\oplus}r_{\underline{i}i'}\geqslant r_{ii'}$ 是构成三角形的基本条件。

（2）如果对于所有的 $i,\underline{i},i'=1,2,\cdots,n$，当 $r_{i\underline{i}}\geqslant(0.5,0,0.5)$ 且 $r_{\underline{i}i'}\geqslant(0.5,0,0.5)$ 时，使得 $r_{ii'}\geqslant(0.5,0,0.5)$，那么称 $\boldsymbol{R}$ 满足弱传递性。也就是说，若决策者认为方案 x_i 优先于方案 $x_{\underline{i}}$ 并且方案 $x_{\underline{i}}$ 优先于方案 $x_{i'}$，则该决策者亦应当认为方案 x_i 优先于方案 $x_{i'}$。由此可见，利用图片模糊偏好关系的弱传递性对备选方案进行排序是非周期性的。因此，可将弱传递性作为检验一个图片模糊关系是否具有一致性的先决条件。

（3）如果对于所有的 $i,\underline{i},i'=1,2,\cdots,n$，存在 $r_{ii'}\geqslant\max\{r_{i\underline{i}},r_{\underline{i}i'}\}$，那么称 $\boldsymbol{R}$ 满足最大-最大传递性（Max-max Transitivity Property）。

（4）如果对于所有的 $i,\underline{i},i'=1,2,\cdots,n$，当 $r_{i\underline{i}}\geqslant(0.5,0,0.5)$ 且 $r_{\underline{i}i'}\geqslant(0.5,0,0.5)$ 时，使得 $r_{ii'}\geqslant\max\{r_{i\underline{i}},r_{\underline{i}i'}\}$，那么称 $\boldsymbol{R}$ 满足有限制的最大-最大传递性（Restricted Max-max Transitivity Property）。

（5）如果对于所有的 $i,\underline{i},i'=1,2,\cdots,n$，存在 $r_{ii'}\geqslant\min\{r_{i\underline{i}},r_{\underline{i}i'}\}$，那么称 $\boldsymbol{R}$ 满足最大-最小传递性（Max-min Transitivity Property）。

（6）如果对于所有的 $i,\underline{i},i'=1,2,\cdots,n$，当 $r_{i\underline{i}} \geqslant (0.5,0,0.5)$ 且 $r_{\underline{i}i'} \geqslant (0.5,0,0.5)$ 时，使得 $r_{ii'} \geqslant \min\{r_{i\underline{i}}, r_{\underline{i}i'}\}$，那么称 $\boldsymbol{R}$ 满足有限制的最大-最小传递性（Restricted Max-min Transitivity Property）。

然而，上述六种传递性性质不能体现图片模糊偏好关系自身所具备的互补性质（$\mu_{r_{ii'}}=\nu_{r_{i'i}}$、$\nu_{r_{ii'}}=\mu_{r_{i'i}}$ 和 $\eta_{r_{ii'}}=\eta_{r_{i'i}}$），因此，下一小节将引入图片模糊偏好关系的加性传递性来定义图片模糊偏好关系的加型一致性。

3.3.3　图片模糊偏好关系的加型一致性

对于模糊偏好关系 $\boldsymbol{A}=(a_{ii'})_{n\times n}$ 而言，若将 $a_{ii'}-0.5$ 看作方案 x_i 偏好于方案 $x_{i'}$ 的强度，则对于所有的 $i,\underline{i},i'=1,2,\cdots,n$，方案 x_i 对于方案 $x_{i'}$ 的偏好强度 $a_{ii'}-0.5$、方案 x_i 对于方案 $x_{\underline{i}}$ 的偏好强度 $a_{i\underline{i}}-0.5$ 和方案 $x_{\underline{i}}$ 对于方案 $x_{i'}$ 的偏好强度 $a_{\underline{i}i'}-0.5$ 三者之间的传递关系可定义为 $(a_{i\underline{i}}-0.5)+(a_{\underline{i}i'}-0.5)=(a_{ii'}-0.5)$。在参考文献［8］中，著名学者 Tanino 将这种传递关系作为 $\boldsymbol{A}$ 满足加型一致性的条件，并据此给出了模糊偏好关系的加型一致性定义。

定义 3-7[8]　令 $\boldsymbol{A}=(a_{ii'})_{n\times n}$ 为任一模糊偏好关系，若其满足以下条件，则称 $\boldsymbol{A}$ 具有加型一致性：

$$a_{ii'}=a_{i\underline{i}}+a_{\underline{i}i'}-0.5 \tag{3-9}$$

基于定义 3-7，本小节将模糊偏好关系加型一致性的概念扩展到图片模糊环境中，提出图片模糊偏好关系加型一致性的定义。

根据模糊偏好关系的互补性，即 $a_{ii'}+a_{i'i}=1$，Wang[14] 对式（3-9）进行了变形，进而得到具有加型一致性的模糊偏好关系需要满足的条件为

$$a_{ii'}+a_{i'\underline{i}}+a_{\underline{i}i}=a_{i'i}+a_{i\underline{i}}+a_{\underline{i}i'} \tag{3-10}$$

基于模糊偏好关系的加型一致性定义，本书引入图片模糊偏好关系的加型一致性定义，具体如下。

定义 3-8　令 $\boldsymbol{R}=(r_{ii'})_{n\times n}$ 为任一图片模糊偏好关系，其中，$r_{ii'}=(\mu_{r_{ii'}},\eta_{r_{ii'}},\nu_{r_{ii'}})$，若对于所有的 $i,\underline{i},i'=1,2,\cdots,n$，$\boldsymbol{R}$ 同时满足以下条件：

$$\mu_{r_{ii'}}+\mu_{r_{i'\underline{i}}}+\mu_{r_{\underline{i}i}}=\mu_{r_{i'i}}+\mu_{r_{i\underline{i}}}+\mu_{r_{\underline{i}i'}} \tag{3-11}$$

$$\eta_{r_{ii'}}+\eta_{r_{i'\underline{i}}}+\eta_{r_{\underline{i}i}}=\eta_{r_{i'i}}+\eta_{r_{i\underline{i}}}+\eta_{r_{\underline{i}i'}} \tag{3-12}$$

$$\nu_{r_{ii'}}+\nu_{r_{i'\underline{i}}}+\nu_{r_{\underline{i}i}}=\nu_{r_{i'i}}+\nu_{r_{i\underline{i}}}+\nu_{r_{\underline{i}i'}} \tag{3-13}$$

则称 $\boldsymbol{R}$ 满足加型一致性。

需要说明的是，在定义 3-8 中，式（3-11）是由模糊偏好关系加型一致性的定义演变而来的，式（3-12）和式（3-13）是基于式（3-11）和图片模糊偏好关系的特征（$\mu_{r_{ii'}}=\nu_{r_{i'i}}$、$\nu_{r_{ii'}}=\mu_{r_{i'i}}$ 和 $\eta_{r_{ii'}}=\eta_{r_{i'i}}$）得到的。

此外，可注意到：当对于所有的 $i,i'=1,2,\cdots,n$，均存在 $\eta_{r_{ii'}}=0$ 时，图片模糊偏好关系退化为直觉偏好关系，那么，式（3-11）和式（3-13）即为直觉偏好关系满足加型一致性的条件。

基于定义 3-3 和定义 3-8，下文通过结合图片模糊数的记分函数，引入判断图片模糊偏好关系是否满足加型一致性的公式，为图片模糊偏好关系的一致性测度提供理论支撑。

定理 3-4　令 $\boldsymbol{R}=(r_{ii'})_{n\times n}$ 为任一图片模糊偏好关系，称 $\boldsymbol{R}$ 为满足加型一致性的图片模糊偏好关系，当且仅当

$$2\tilde{S}(r_{ii'})=2\tilde{S}(r_{i\underline{i}})-2\tilde{S}(r_{i'\underline{i}})+1 \tag{3-14}$$

其中，$\tilde{S}(r_{ii'})$、$\tilde{S}(r_{i\underline{i}})$ 和 $\tilde{S}(r_{i'\underline{i}})$ 分别为 $\boldsymbol{R}$ 中元素 $r_{ii'}$、$r_{i\underline{i}}$ 和 $r_{i'\underline{i}}$（$\underline{i}\neq i,\ i'$）的记分函数。

证明　由定义 3-3 可得

$$\tilde{S}(r_{ii'})=\frac{\mu_{r_{ii'}}+1-\nu_{r_{ii'}}}{2},\tilde{S}(r_{i\underline{i}})=\frac{\mu_{r_{i\underline{i}}}+1-\nu_{r_{i\underline{i}}}}{2},\tilde{S}(r_{i'\underline{i}})=\frac{\mu_{r_{i'\underline{i}}}+1-\nu_{r_{i'\underline{i}}}}{2}$$

（1）必要性。如果图片模糊偏好关系 **R** 是加型一致的，那么根据定义 3-8 可知，对于所有的 $i,\underline{i},i' = 1,2,\cdots,n(\underline{i} \neq i,i')$，式（3-11）成立。同时，由定义 3-6 可知，对于所有的 $i,i',\underline{i} = 1,2,\cdots,n$，存在 $\mu_{r_{ii'}} = \nu_{r_{i'i}}$、$\mu_{r_{\underline{i}i'}} = \nu_{r_{i'\underline{i}}}$ 和 $\mu_{r_{i\underline{i}}} = \nu_{r_{\underline{i}i}}$，由此易得

$$\mu_{r_{ii'}} - \nu_{r_{ii'}} = (\mu_{r_{i\underline{i}}} - \nu_{r_{i\underline{i}}}) - (\mu_{r_{i'\underline{i}}} - \nu_{r_{i'\underline{i}}}) \tag{3-15}$$

对式（3-15）进行变形，可得到结论：$2\tilde{S}(r_{ii'}) = 2\tilde{S}(r_{i\underline{i}}) - 2\tilde{S}(r_{i'\underline{i}}) + 1$。

（2）充分性。如果 $2\tilde{S}(r_{ii'}) = 2\tilde{S}(r_{i\underline{i}}) - 2\tilde{S}(r_{i'\underline{i}}) + 1$，那么通过逆转该证明过程的前半部分（必要性的证明过程）可得式（3-15），进而根据图片模糊偏好关系的特征，易得

$$\mu_{r_{ii'}} + \mu_{r_{i'\underline{i}}} + \mu_{r_{\underline{i}i}} = \mu_{r_{i'i}} + \mu_{r_{i\underline{i}}} + \mu_{r_{\underline{i}i'}} \text{ 和 } \nu_{r_{ii'}} + \nu_{r_{i'\underline{i}}} + \nu_{r_{\underline{i}i}} = \nu_{r_{i'i}} + \nu_{r_{i\underline{i}}} + \nu_{r_{\underline{i}i'}}$$

与此同时，由于图片模糊偏好关系中每对关于主对角线对称的位于非主对角线上的图片模糊数中的中立度相等，可知 $\eta_{r_{ii'}} + \eta_{r_{i'\underline{i}}} + \eta_{r_{\underline{i}i}} = \eta_{r_{i'i}} + \eta_{r_{i\underline{i}}} + \eta_{r_{\underline{i}i'}}$ 自然成立。因此，**R** 符合图片模糊偏好关系加型一致性的条件，即认为 **R** 为具有加型一致性的图片模糊偏好关系。

综上，定理 3-4 得证。

3.3.4　图片模糊偏好关系的次序一致性

事实上，对于存在大量备选方案的决策问题，根据图片模糊偏好关系的加型一致性性质判断决策者给出的偏好信息是否一致的过程比较烦琐且费时，并不适用于处理需要快速求得决策结果的问题。在这种情况下，若不需要获得方案间的优先程度，则可以考虑直接利用图片模糊偏好关系的弱传递性对备选方案进行排序；若需要获得方案间的优先程度，则可以考虑首先利用图片模糊偏好关系的弱传递性将排名比较靠后的备选方案排除，再采用其他方法求解排名靠前的方案间的优先程度。

弱传递性是模糊偏好关系的所有传递性性质中最基础和常见的性质[8]。然而，弱传递性并不完全适用于含有无差异偏好信息的模糊偏好关系（对于所有的 $i,i'=1,2,\cdots,n$ 且 $i\neq i'$，存在 $a_{ii'}=0.5$）[10]。为此，Xu 等[10] 介绍了次序一致性的概念。

定义 3-9[10]　令 $\boldsymbol{A}=(a_{ii'})_{n\times n}$ 为任一模糊偏好关系，若对于所有的 i，$i',\underline{i}=1,2,\cdots,n$ 且 $i\neq i'\neq \underline{i}$，$\boldsymbol{A}$ 满足：

（1）如果 $a_{i\underline{i}}>0.5$ 且 $a_{\underline{i}i'}\geqslant 0.5$，那么 $a_{ii'}>0.5$；

（2）如果 $a_{i\underline{i}}\geqslant 0.5$ 且 $a_{\underline{i}i'}>0.5$，那么 $a_{ii'}>0.5$；

（3）如果 $a_{i\underline{i}}=0.5$ 且 $a_{\underline{i}i'}=0.5$，那么 $a_{ii'}=0.5$。

则称模糊偏好关系 $\boldsymbol{A}$ 具有次序一致性。

结合图片模糊偏好关系的特征和模糊偏好关系次序一致性的定义，本书基于图片模糊偏好关系的弱传递性性质，引入图片模糊偏好关系的次序一致性定义，具体如下。

定义 3-10　假设 $\boldsymbol{R}=(r_{ii'})_{n\times n}$ 为任一图片模糊偏好关系，且 $r_{ii'}=(\mu_{r_{ii'}},\eta_{r_{ii'}},\nu_{r_{ii'}})$，如果对于所有的 $i,i',\underline{i}=1,2,\cdots,n$ 且 $i\neq i'\neq \underline{i}$，$\boldsymbol{R}$ 满足：

（1）若 $r_{i\underline{i}}>(0.5,0,0.5)$ 且 $r_{\underline{i}i'}\geqslant(0.5,0,0.5)$，则 $r_{ii'}>(0.5,0,0.5)$；

（2）若 $r_{i\underline{i}}\geqslant(0.5,0,0.5)$ 且 $r_{\underline{i}i'}>(0.5,0,0.5)$，则 $r_{ii'}>(0.5,0,0.5)$；

（3）若 $r_{i\underline{i}}=(0.5,0,0.5)$ 且 $r_{\underline{i}i'}=(0.5,0,0.5)$，则 $r_{ii'}=(0.5,0,0.5)$。

那么，称 $\boldsymbol{R}$ 为具有次序一致性的图片模糊偏好关系。

进一步地，如果 $\boldsymbol{R}$ 满足：若 $r_{i\underline{i}}>(0.5,0,0.5)$ 且 $r_{\underline{i}i'}>(0.5,0,0.5)$，则 $r_{ii'}>(0.5,0,0.5)$，那么，称 $\boldsymbol{R}$ 满足严格次序一致性。

鉴于图片模糊偏好关系的次序一致性旨在强调不同方案间的优劣关系，那么，通过结合图论中有向图的相关内容，可快速检验图片模糊偏好关系是否满足次序一致性，并对不满足次序一致性的图片模糊偏好关系进行修正。本章第 3.5 节将对这两个问题展开讨论。

3.4　基于图片模糊偏好关系加型一致性的多准则决策方法

在实际决策环境中，鉴于决策问题的复杂性、决策者专业知识和经验的有限性，以及图片模糊偏好关系只能表征对备选方案或准则的两两对比结果而并非对所有方案或准则的整体对比结果的特征，由决策者偏好态度构成的图片模糊偏好关系往往难以完全满足加型一致性。因此，为了获得合理的决策结果，需要利用一致性测度对图片模糊偏好关系进行一致性检验，并对不符合一致性要求的图片模糊偏好关系进行非一致性修正。

3.4.1　图片模糊偏好关系的加型一致性测度

众所周知，量化一致性是求解基于偏好关系的决策问题的关键过程。这是因为，若表征决策者对备选方案偏好信息的偏好关系缺乏一致性，则可能导致不一致的决策结果。一致性测度是检验图片模糊偏好关系一致性的有效方法。通常情况下，可以通过构造图片模糊偏好关系的一致性指数来测量图片模糊偏好关系的一致性水平。为此，本小节旨在从基于距离测度和基于记分函数两个角度来定义图片模糊偏好关系的加型一致性指数。

1. 基于距离测度的图片模糊偏好关系的加型一致性测度

本部分旨在利用距离测度衡量任一图片模糊偏好关系和与其相对应的完全满足加型一致性的图片模糊偏好关系之间的差异，并在此基础上，定义基于距离测度的图片模糊偏好关系的加型一致性指数。

首先，需要构造完全满足加型一致性的图片模糊偏好关系。

利用定义 3-6 和定义 3-8 可以构造与任一图片模糊偏好关系相对应的完全满足加型一致性的图片模糊偏好关系。

算法 3-1　完全满足加型一致性的图片模糊偏好关系的构造

输入　图片模糊偏好关系 $\boldsymbol{R}=(r_{ii'})_{n\times n}$，其中，$r_{ii'}=(\mu_{r_{ii'}},\eta_{r_{ii'}},\nu_{r_{ii'}})$。

输出　基于 $\boldsymbol{R}$ 构造的完全满足加型一致性的图片模糊偏好关系 $\tilde{\boldsymbol{R}}=(\tilde{r}_{ii'})_{n\times n}$，其中，每个元素表示为 $\tilde{r}_{ii'}=(\mu_{\tilde{r}_{ii'}},\eta_{\tilde{r}_{ii'}},\nu_{\tilde{r}_{ii'}})$。

步骤 1　计算位于图片模糊偏好关系 $\tilde{\boldsymbol{R}}$ 上三角形部分的元素的值。对于所有的 $i=1,2,\cdots,n-1$ 和 $i'=2,3,\cdots,n$，利用式（3-16）、式（3-17）和式（3-18），分别求出位于 $\tilde{\boldsymbol{R}}$ 上三角形部分的每个元素的三个组成部分：$\mu_{\tilde{r}_{ii'}}$、$\eta_{\tilde{r}_{ii'}}$ 和 $\nu_{\tilde{r}_{ii'}}$。

$$\mu_{\tilde{r}_{ii'}}=\frac{2}{3(n-2)}\sum_{\underline{i}=1,\underline{i}\neq i,i'}^{n}\left|\mu_{r_{i\underline{i}}}+\mu_{r_{\underline{i}i'}}-0.5\right| \tag{3-16}$$

$$\eta_{\tilde{r}_{ii'}}=\frac{2}{3(n-2)}\sum_{\underline{i}=1,\underline{i}\neq i,i'}^{n}\left|\eta_{r_{i\underline{i}}}+\eta_{r_{\underline{i}i'}}-0.5\right| \tag{3-17}$$

$$\nu_{\tilde{r}_{ii'}}=\frac{2}{3(n-2)}\sum_{\underline{i}=1,\underline{i}\neq i,i'}^{n}\left|\nu_{r_{i\underline{i}}}+\nu_{r_{\underline{i}i'}}-0.5\right| \tag{3-18}$$

步骤 2　对于所有的 $i=2,3,\cdots,n$ 和 $i'=1,2,\cdots,n-1$，令 $\tilde{r}_{i'i}=(\nu_{\tilde{r}_{ii'}},\eta_{\tilde{r}_{ii'}},\mu_{\tilde{r}_{ii'}})$，依次获得位于图片模糊偏好关系 $\tilde{\boldsymbol{R}}$ 下三角形部分的所有元素的值。

步骤 3　结束。

根据算法 3-1，本书引出如下定理。

定理 3-5　由算法 3-1 输出的结果仍为图片模糊偏好关系。

显然，该定理成立与否的关键在于 $\tilde{r}_{ii'}$ 是否具有图片模糊数的特征，以及任何一对关于矩阵主对角线对称的两个元素 $\tilde{r}_{ii'}$ 和 $\tilde{r}_{i'i}$ 之间的关系是否满足定义 3-6 中的限制条件。

证明　(1) 由于 $\mu_{r_{i\underline{i}}}\in[0,1]$ 且 $\mu_{r_{\underline{i}i'}}\in[0,1]$，易知 $\left|\mu_{r_{i\underline{i}}}+\mu_{r_{\underline{i}i'}}-0.5\right|\in[0,1.5]$，进而可得 $\tilde{\mu}_{r_{ii'}}=\frac{2}{3(n-2)}\sum_{\underline{i}=1,\underline{i}\neq i,i'}^{n}\left|\mu_{r_{i\underline{i}}}+\mu_{r_{\underline{i}i'}}-0.5\right|\in[0,1]$。同理可证得 $\eta_{\tilde{r}_{ii'}}\in[0,1]$ 和 $\nu_{\tilde{r}_{ii'}}\in[0,1]$。与此同时，由于 $\mu_{r_{i\underline{i}}}+\eta_{r_{i\underline{i}}}+\nu_{r_{i\underline{i}}}\in$

$[0,1]$、$\mu_{r_{\underline{i}i'}}+\eta_{r_{\underline{i}i'}}+\nu_{r_{\underline{i}i'}}\in[0,1]$ 和 $\mu_{r_{ii'}}+\eta_{r_{ii'}}+\nu_{r_{ii'}}\in[0,1]$，易知 $\mu_{\tilde{r}_{ii'}}+\eta_{\tilde{r}_{ii'}}+\nu_{\tilde{r}_{ii'}}\in[0,1]$。因此，由式（3-16）~式（3-18）构造的 $\tilde{\boldsymbol{R}}$ 的上三角形元素均为图片模糊数。

（2）由算法 3-1 中的步骤 2 可知 $\mu_{\tilde{r}_{ii'}}=\nu_{\tilde{r}_{i'i}}$、$\eta_{\tilde{r}_{ii'}}=\eta_{\tilde{r}_{i'i}}$ 和 $\nu_{\tilde{r}_{ii'}}=\mu_{\tilde{r}_{i'i}}$。同时，$\tilde{\boldsymbol{R}}$ 主对角线上的元素即为图片模糊偏好关系 $\boldsymbol{R}$ 主对角线上的元素，即对于所有的 $i=1,2,\cdots,n$，均有 $\mu_{\tilde{r}_{ii}}=\nu_{\tilde{r}_{ii}}=0.5$ 和 $\eta_{\tilde{r}_{ii}}=0$。因此，$\tilde{\boldsymbol{R}}$ 完全符合图片模糊偏好关系的特征。

综上，定理 3-5 得证。

其次，需要定义图片模糊偏好关系的距离测度。本书通过对定义 2-12 进行扩展，定义任意两个图片模糊偏好关系间的广义图片距离测度，具体如下。

定义 3-11　假设 $\boldsymbol{R}^{(l)}=(r_{ii'}^{(l)})_{n\times n}(l=1,2)$ 为任意两个图片模糊偏好关系，其中，每个元素记为 $r_{ii'}^{(l)}=(\mu_{r_{ii'}^{(l)}},\eta_{r_{ii'}^{(l)}},\nu_{r_{ii'}^{(l)}})$，那么，$\boldsymbol{R}^{(1)}$ 和 $\boldsymbol{R}^{(2)}$ 之间的广义图片距离测度可定义为

$$d_G(\boldsymbol{R}^{(1)},\boldsymbol{R}^{(2)})=\frac{\left\{\dfrac{2}{n(n-1)}\sum_{i=1}^{n-1}\sum_{i'=i+1}^{n}\left[\begin{array}{l}\dfrac{1}{3}((\Delta\mu_{r_{ii'}})^{\alpha}+(\Delta\eta_{r_{ii'}})^{\alpha}+(\Delta\nu_{r_{ii'}})^{\alpha})+\\ \max\{(\Delta\mu_{r_{ii'}})^{\alpha},(\Delta\eta_{r_{ii'}})^{\alpha},(\Delta\nu_{r_{ii'}})^{\alpha}\}\end{array}\right]\right\}^{\frac{1}{\alpha}}}{\left\{\dfrac{2}{n(n-1)}\sum_{i=1}^{n-1}\sum_{i'=i+1}^{n}\left[\begin{array}{l}\dfrac{1}{3}\left(\begin{array}{l}(\Delta\mu_{r_{ii'}})^{\alpha}+\\(\Delta\eta_{r_{ii'}})^{\alpha}+\\(\Delta\nu_{r_{ii'}})^{\alpha}\end{array}\right)+\\ \max\left\{\begin{array}{l}(\Delta\mu_{r_{ii'}})^{\alpha},\\(\Delta\eta_{r_{ii'}})^{\alpha},\\(\Delta\nu_{r_{ii'}})^{\alpha}\end{array}\right\}\end{array}\right]\right\}^{\frac{1}{\alpha}}+\left[\begin{array}{l}\max\limits_{\substack{1\leqslant i\leqslant n-1,\\ i+1\leqslant i'\leqslant n}}\{\Phi_{ii'}^{R^{(1)}},\Phi_{ii'}^{R^{(2)}}\}+\\ \dfrac{2}{n(n-1)}\sum_{i=1}^{n-1}\sum_{i'=i+1}^{n}\left|\begin{array}{l}\Phi_{ii'}^{R^{(1)}}-\\ \Phi_{ii'}^{R^{(2)}}\end{array}\right|^{\alpha}\end{array}\right]^{\frac{1}{\alpha}}+1}$$

（3-19）

其中，式（3-19）中参变量的计算公式分别为 $\Delta\mu_{r_{ii'}} = |\mu_{r_{ii'}^{(1)}} - \mu_{r_{ii'}^{(2)}}|$、$\Delta\eta_{r_{ii'}} = |\eta_{r_{ii'}^{(1)}} - \eta_{r_{ii'}^{(2)}}|$、$\Delta\nu_{r_{ii'}} = |\nu_{r_{ii'}^{(1)}} - \nu_{r_{ii'}^{(2)}}|$、$\Phi_{ii'}^{R^{(1)}} = \mu_{r_{ii'}^{(1)}} + \eta_{r_{ii'}^{(1)}} + \nu_{r_{ii'}^{(1)}}$ 以及 $\Phi_{ii'}^{R^{(2)}} = \mu_{r_{ii'}^{(2)}} + \eta_{r_{ii'}^{(2)}} + \nu_{r_{ii'}^{(2)}}$。

需要说明的是，为了运算简便，本书在对图片模糊偏好关系的广义图片距离测度进行定义时，仅衡量了每对位于两个图片模糊偏好关系上三角形部分相同位置的元素的差异，将 $\frac{n(n-1)}{2}$ 个差异值的算术平均值［$\frac{2}{n(n-1)}$ 指的是上三角形元素个数的倒数］作为 $\boldsymbol{R}^{(1)}$ 和 $\boldsymbol{R}^{(2)}$ 的整体差异值。这是因为，$\boldsymbol{R}^{(1)}$ 和 $\boldsymbol{R}^{(2)}$ 上三角形元素的差异足以表征 $\boldsymbol{R}^{(1)}$ 和 $\boldsymbol{R}^{(2)}$ 的差异：图片模糊偏好关系中的上三角形元素与下三角形元素间存在对称关系，即 $\mu_{r_{ii'}^{(l)}} = \nu_{r_{i'i}^{(l)}}$、$\nu_{r_{ii'}^{(l)}} = \mu_{r_{i'i}^{(l)}}$ 和 $\eta_{r_{ii'}^{(l)}} = \eta_{r_{i'i}^{(l)}}$，使得 $\Delta\mu_{r_{i'i}} = \Delta\nu_{r_{ii'}}$、$\Delta\nu_{r_{i'i}} = \Delta\mu_{r_{ii'}}$、$\Delta\eta_{r_{ii'}} = \Delta\eta_{r_{i'i}}$ 以及 $\Phi_{ii'}^{R^{(1)}} = \Phi_{i'i}^{R^{(1)}}$，易知：

$$
\begin{cases}
\max\{(\Delta\mu_{r_{ii'}})^{\alpha},(\Delta\eta_{r_{ii'}})^{\alpha},(\Delta\nu_{r_{ii'}})^{\alpha}\} = \max\{(\Delta\mu_{r_{i'i}})^{\alpha},(\Delta\eta_{r_{i'i}})^{\alpha},(\Delta\nu_{r_{i'i}})^{\alpha}\} \\
\max\limits_{\substack{1\leqslant i\leqslant n-1,\\ i+1\leqslant i'\leqslant n}}\{\Phi_{ii'}^{R^{(1)}},\Phi_{ii'}^{R^{(2)}}\} = \max\limits_{\substack{2\leqslant i\leqslant n,\\ i-1\leqslant i'\leqslant n-1}}\{\Phi_{ii'}^{R^{(1)}},\Phi_{ii'}^{R^{(2)}}\} \\
(\Delta\mu_{r_{ii'}})\alpha + (\Delta\eta_{r_{ii'}})\alpha + (\Delta\nu_{r_{ii'}})\alpha = (\Delta\mu_{r_{i'i}})\alpha + (\Delta\eta_{r_{i'i}})\alpha + (\Delta\nu_{r_{i'i}})\alpha \\
\sum\limits_{i=1}^{n-1}\sum\limits_{i'=i+1}^{n}|\Phi_{ii'}^{R^{(1)}} - \Phi_{ii'}^{R^{(2)}}|^{\alpha} = \sum\limits_{i=2}^{n}\sum\limits_{i'=i-1}^{n-1}|\Phi_{ii'}^{R^{(1)}} - \Phi_{ii'}^{R^{(2)}}|^{\alpha}
\end{cases}
$$

那么，$\boldsymbol{R}^{(1)}$ 和 $\boldsymbol{R}^{(2)}$ 下三角形元素的算术平均差异值与 $\boldsymbol{R}^{(1)}$ 和 $\boldsymbol{R}^{(2)}$ 上三角形元素的算术平均差异值完全相同，仅计算 $\boldsymbol{R}^{(1)}$ 和 $\boldsymbol{R}^{(2)}$ 上三角形元素或者下三角形元素的差异，即可得出 $\boldsymbol{R}^{(1)}$ 和 $\boldsymbol{R}^{(2)}$ 的整体差异。如此一来，定义 3-11 可以减少决策过程中的计算量，进而提高决策效率。

最后，基于定义 3-11，下文给出基于距离测度的图片模糊偏好关系加型一致性指数的定义。

定义 3-12　设 $D(\boldsymbol{R},\tilde{\boldsymbol{R}})$ 为图片模糊偏好关系 $\boldsymbol{R} = (r_{ii'})_{n\times n}$ 和由算法 3-1

构造的完全满足加型一致性的图片模糊偏好关系 $\tilde{\boldsymbol{R}}=(\tilde{r}_{ii'})_{n\times n}$ 之间的距离测度，那么，$\boldsymbol{R}$ 的加型一致性指数 $D-ACI(\boldsymbol{R}):\boldsymbol{R}\rightarrow(0,1]$ 可定义为

$$D-ACI(\boldsymbol{R})=1-D(\boldsymbol{R},\tilde{\boldsymbol{R}}) \tag{3-20}$$

显而易见，$D-ACI(\boldsymbol{R})$ 的值越大，图片模糊偏好关系 $\boldsymbol{R}$ 中所有元素和与其相对应的完全符合加型一致性的元素的整体偏差越小，说明 $\boldsymbol{R}$ 的一致性程度越高。因此，当 $D-ACI(\boldsymbol{R})=1$ 时，本书认为图片模糊偏好关系 $\boldsymbol{R}$ 完全满足加型一致性。

事实上，鉴于决策者专业知识的有限性，由决策者意见形成的图片模糊偏好关系通常难以完全满足加型一致性，根据一致性水平较低的图片模糊关系得到的决策结果也不太合理。在这种情况下，往往需要决策者对其给出的决策意见进行修改。但是，该操作通常比较烦琐且费时，进而使得决策者不情愿或者不能够修改其原始决策意见。实际上，决策者往往不要求其决策意见达到完全一致，而是要求达到可接受的最低限度即可。针对这种情况，在获得决策结果之前，有必要首先提高图片模糊偏好关系的一致性，使其达到可接受的程度。因此，下文基于图片模糊偏好关系的广义图片距离测度给出满足可接受加型一致性的图片模糊偏好关系的概念。

定义 3-13　假设 $\boldsymbol{R}=(r_{ii'})_{n\times n}$ 为任一图片模糊偏好关系且 $r_{ii'}=(\mu_{ii'},\eta_{ii'},\nu_{ii'})$，若 $\boldsymbol{R}$ 的加型一致性指数满足 $D-ACI(\boldsymbol{R})\geqslant\theta$，其中 $\theta(0<\theta\leqslant 1)$ 为给定的加型一致性阈值，则称 $\boldsymbol{R}$ 为满足可接受加型一致性的图片模糊偏好关系。

2. 基于记分函数的图片模糊偏好关系的加型一致性测度

本部分旨在利用图片模糊偏好关系的加型一致性与图片模糊数的记分函数之间的联系，定义基于记分函数的图片模糊偏好关系的加型一致性指数。

由定理 3-4 可知，当图片模糊偏好关系 $\boldsymbol{R}$ 中的元素 $r_{ii'}$、$r_{i\underline{i}}$ 和 $r_{i'\underline{i}}$ 的记分函数满足式（3-14）时，称 $\boldsymbol{R}$ 具有加型一致性。相反，当

$2\tilde{S}(r_{ii'}) \neq 2\tilde{S}(r_{i\underline{i}}) - 2\tilde{S}(r_{i'\underline{i}}) + 1$ 时，认为 $\boldsymbol{R}$ 不具有加型一致性。由此可见，$2\tilde{S}(r_{ii'})$ 和 $2\tilde{S}(r_{i\underline{i}}) - 2\tilde{S}(r_{i'\underline{i}}) + 1$ 的差异可间接反映元素 $r_{ii'}$ 的不一致性水平。因此，通过综合计算所有元素的不一致性水平，可求得 $\boldsymbol{R}$ 的不一致性水平。

对于所有的 $i, i', \underline{i} = 1, 2, \cdots, n(i \neq i' \neq \underline{i})$，计算 $2\tilde{S}(r_{ii'})$ 与 $2\tilde{S}(r_{i\underline{i}}) - 2\tilde{S}(r_{i'\underline{i}}) + 1$ 的差异的平均值，即

$$\delta_{ii'} = \frac{1}{n-2} \sum_{\substack{\underline{i}=1, \\ \underline{i} \neq i, i'}} \left| 2\tilde{S}(r_{ii'}) - [2\tilde{S}(r_{i\underline{i}}) - 2\tilde{S}(r_{i'\underline{i}}) + 1] \right| \tag{3-21}$$

根据定义 3-3，可将式（3-21）简化为

$$\delta_{ii'} = \frac{1}{(n-2)} \sum_{\substack{\underline{i}=1, \\ \underline{i} \neq i, i'}} \left| \mu_{r_{ii'}} - \nu_{r_{ii'}} - \mu_{r_{i\underline{i}}} + \nu_{r_{i\underline{i}}} + \mu_{r_{i'\underline{i}}} - \nu_{r_{i'\underline{i}}} \right| \tag{3-22}$$

由定义 2-4 和定义 3-3 可知，式（3-22）中等号右边部分的计算结果满足 $\mu_{r_{ii'}} - \nu_{r_{ii'}} - \mu_{r_{i\underline{i}}} + \nu_{r_{i\underline{i}}} + \mu_{r_{i'\underline{i}}} - \nu_{r_{i'\underline{i}}} \in [-3, 3]$，进而易知 $|\mu_{r_{ii'}} - \nu_{r_{ii'}} - \mu_{r_{i\underline{i}}} + \nu_{r_{i\underline{i}}} + \mu_{r_{i'\underline{i}}} - \nu_{r_{i'\underline{i}}}| \in [0, 3]$。鉴于图片模糊偏好关系 $\boldsymbol{R}$ 可以表示 n 个目标间的两两比较结果，因此 $\boldsymbol{R}$ 的不一致性水平可由式（3-23）计算得到：

$$\delta_R = \frac{1}{3n(n-1)(n-2)} \sum_{i=1}^{n} \sum_{\substack{i'=1, \\ i' \neq i}}^{n} \sum_{\substack{\underline{i}=1, \\ \underline{i} \neq i, i'}}^{n} \left| \mu_{r_{ii'}} - \nu_{r_{ii'}} - \mu_{r_{i\underline{i}}} + \nu_{r_{i\underline{i}}} + \mu_{r_{i'\underline{i}}} - \nu_{r_{i'\underline{i}}} \right| \tag{3-23}$$

显然，$\delta_R \in [0, 1]$。δ_R 的值越大，$\boldsymbol{R}$ 的不一致性水平越高。基于此，以下给出基于记分函数的图片模糊偏好关系加型一致性指数的定义。

定义 3-14 设 δ_R 为图片模糊偏好关系 $\boldsymbol{R} = (r_{ii'})_{n \times n}$ 的不一致性水平，那么，$\boldsymbol{R}$ 的加型一致性指数 $AS - ACI(\boldsymbol{R})$ 可定义为

$$AS - ACI(\boldsymbol{R}) = 1 - \delta_R \tag{3-24}$$

显然，$AS-ACI(\boldsymbol{R}) \in [0,1]$。$AS-ACI(\boldsymbol{R})$ 的值越大，说明 $\boldsymbol{R}$ 的一致性水平越高。因此，当 $AS-ACI(\boldsymbol{R})=1$ 时，本书认为图片模糊偏好关系 $\boldsymbol{R}$ 完全满足加型一致性。

类似于定义 3-13，下文给出基于图片模糊数记分函数的满足可接受加型一致性的图片模糊偏好关系的概念。

定义 3-15　假设 $\boldsymbol{R}=(r_{ii'})_{n\times n}$ 为任一图片模糊偏好关系且 $r_{ii'}=(\mu_{r_{ii'}}, \eta_{r_{ii'}}, \nu_{r_{ii'}})$，若 $\boldsymbol{R}$ 的加型一致性指数满足 $AS-ACI(\boldsymbol{R}) \geqslant \theta$，其中 θ（$0<\theta \leqslant 1$）为加型一致性阈值，则称 $\boldsymbol{R}$ 具有可接受的加型一致性。

需要说明的是，在不同决策环境下，上文给出的两种一致性测度各有优劣。在决策信息完整的情形下，基于距离测度的图片模糊偏好关系的加型一致性测度可能过于严苛。这是因为，第一种方法在利用算法 3-1 构造完全满足加型一致性的图片模糊偏好关系时，可能会扭曲或丢失图片模糊偏好关系的原始信息。在这种情况下，基于记分函数的图片模糊偏好关系的加型一致性测度更适合于衡量图片模糊偏好关系的一致性水平。但是，对于存在残缺图片模糊偏好关系的决策问题，由于无法获取图片模糊偏好关系中缺失元素的记分函数值，基于记分函数的图片模糊偏好关系的加型一致性测度难以对图片模糊偏好关系的一致性水平进行度量。然而，通过扩展算法 3-1 可以先构造完整的图片模糊偏好关系，进而测量该残缺图片模糊偏好关系是否满足可接受的加型一致性。因此，在决策信息不完全的情形下，基于距离测度的图片模糊偏好关系的加型一致性测度更胜一筹。

3.4.2　图片模糊偏好关系的加型一致性检验及非一致性修正

在实际决策过程中，只有当表示决策者意见的图片模糊偏好关系满足一致性时，最终决策结果才会比较合理、可信。由定义 3-13 和定义 3-15 可知，当任一图片模糊偏好关系的加型一致性水平不能达到可接受的程度时，称其不具有可接受的加型一致性。那么，根据不满足可接受加型一致性的图片模糊偏好关系进行决策往往会得出不可靠或不一致的决策结果。

因此，下文基于第 3.4.1 小节所定义的加型一致性测度构建两种图片模糊偏好关系的加型一致性改进算法，通过调整对图片模糊偏好关系的一致性贡献较小的元素，提高图片模糊偏好关系的加型一致性水平，以使其达到可接受的程度。

算法 3-2 基于距离测度的图片模糊偏好关系加型一致性检验及非一致性修正过程

输入 图片模糊偏好关系 $\boldsymbol{R}=(r_{ii'})_{n\times n}$ [$r_{ii'}=(\mu_{r_{ii'}},\eta_{r_{ii'}},\nu_{r_{ii'}})$] 和预先定义的加型一致性阈值 θ。

输出 具有可接受加型一致性的图片模糊偏好关系 $\bar{\boldsymbol{R}}=(\bar{r}_{ii'})_{n\times n}$，其中每个元素记为 $\bar{r}_{ii'}=(\mu_{\bar{r}_{ii'}},\eta_{\bar{r}_{ii'}},\nu_{\bar{r}_{ii'}})$。

步骤 1 根据算法 3-1，获得基于图片模糊偏好关系 $\boldsymbol{R}$ 构建的完全满足加型一致性的图片模糊偏好关系 $\tilde{\boldsymbol{R}}=(\tilde{r}_{ii'})_{n\times n}$ [$\tilde{r}_{ii'}=(\mu_{\tilde{r}_{ii'}},\eta_{\tilde{r}_{ii'}},\nu_{\tilde{r}_{ii'}})$]。

步骤 2 利用式（3-19）和式（3-20）衡量图片模糊偏好关系 $\boldsymbol{R}$ 的加型一致性水平，即计算基于距离测度的 $\boldsymbol{R}$ 的加型一致性指数，记为 $D-ACI(\boldsymbol{R})$。

步骤 3 检验图片模糊偏好关系 $\boldsymbol{R}$ 的一致性是否达到可接受的程度，即对 $D-ACI(\boldsymbol{R})$ 的值和加型一致性阈值进行比较。若 $D-ACI(\boldsymbol{R})\geqslant\theta$，则认为 $\boldsymbol{R}$ 是达到可接受一致性水平的图片模糊偏好关系，那么 $\boldsymbol{R}$ 亦是该算法需要输出的图片模糊偏好关系 $\bar{\boldsymbol{R}}$，即 $\bar{\boldsymbol{R}}=\boldsymbol{R}$。若 $D-ACI(\boldsymbol{R})<\theta$，则认为 $\boldsymbol{R}$ 不具有可接受的一致性水平，那么需要对 $\boldsymbol{R}$ 中的部分元素进行调整，转至步骤 4。

步骤 4 计算位于 $\boldsymbol{R}$ 和 $\tilde{\boldsymbol{R}}$ 的上三角形部分相同位置的一对元素间的距离，即

$$d_G(r_{ii'},\tilde{r}_{ii'}) = \frac{\left[\begin{array}{l}\frac{1}{3}((\Delta\mu_{r_{ii'}})^{\alpha}+(\Delta\eta_{r_{ii'}})^{\alpha}+(\Delta\nu_{r_{ii'}})^{\alpha})+\\ \max\{(\Delta\mu_{r_{ii'}})^{\alpha},(\Delta\eta_{r_{ii'}})^{\alpha},(\Delta\nu_{r_{ii'}})^{\alpha}\}\end{array}\right]^{\frac{1}{\alpha}}}{\left[\begin{array}{l}\frac{1}{3}\begin{pmatrix}(\Delta\mu_{r_{ii'}})^{\alpha}+(\Delta\eta_{r_{ii'}})^{\alpha}+\\(\Delta\nu_{r_{ii'}})^{\alpha}\end{pmatrix}+\\ \max\begin{Bmatrix}(\Delta\mu_{r_{ii'}})^{\alpha},(\Delta\eta_{r_{ii'}})^{\alpha},\\(\Delta\nu_{r_{ii'}})^{\alpha}\end{Bmatrix}\end{array}\right]^{\frac{1}{\alpha}}+\begin{pmatrix}\max\{\Phi_{r_{ii'}},\Phi_{\tilde{r}_{ii'}}\}+\\ |\Phi_{r_{ii'}}-\Phi_{\tilde{r}_{ii'}}|^{\alpha}\end{pmatrix}^{\frac{1}{\alpha}}+1} \tag{3-25}$$

式（3 - 25）中的变量分别满足 $\Delta\mu_{r_{ii'}} = |\mu_{r_{ii'}} - \mu_{\tilde{r}_{ii'}}|$、$\Delta\eta_{r_{ii'}} = |\eta_{r_{ii'}} - \eta_{\tilde{r}_{ii'}}|$、$\Delta\nu_{r_{ii'}} = |\nu_{r_{ii'}} - \nu_{\tilde{r}_{ii'}}|$、$\Phi_{r_{ii'}} = \mu_{r_{ii'}} + \eta_{r_{ii'}} + \nu_{r_{ii'}}$ 和 $\Phi_{\tilde{r}_{ii'}} = \mu_{\tilde{r}_{ii'}} + \eta_{\tilde{r}_{ii'}} + \nu_{\tilde{r}_{ii'}}$。

步骤 5　基于式（3-25），衡量关于 $\boldsymbol{R}$ 主对角线对称的每组元素对 $\boldsymbol{R}$ 的一致性的贡献，即

$$D-ACI_{(i,i')} = \frac{1}{2}\{[1-D(r_{ii'},\tilde{r}_{ii'})]+[1-D(r_{i'i},\tilde{r}_{i'i})]\} \tag{3-26}$$

步骤 6　对于所有的 $i = 1,2,\cdots,n-1$ 和 $i' = 2,3,\cdots,n$，比较 $D-ACI_{(i,i')}$ 的值与加型一致性阈值的大小，进而筛选出对 $\boldsymbol{R}$ 的一致性贡献最小的一组元素，即与该组元素对应的加型一致性指数满足 $\overline{D-ACI_{(i,i')}} = \min\limits_{i,i'=1,2,\cdots,n;i'\neq i}\{D-ACI_{(i,i')}\}$。

步骤 7　参照完全满足加型一致性的图片模糊偏好关系 $\tilde{\boldsymbol{R}}$ 中的元素，对筛选出的一组图片模糊数中位于 $\boldsymbol{R}$ 的上三角形部分的元素进行自动调整，即

$$\begin{cases} \mu_{\bar{r}_{ii'}} = \beta\mu_{r_{ii'}} + (1-\beta)\mu_{\tilde{r}_{ii'}} \\ \eta_{\bar{r}_{ii'}} = \beta\eta_{r_{ii'}} + (1-\beta)\eta_{\tilde{r}_{ii'}} \\ \nu_{\bar{r}_{ii'}} = \beta\nu_{r_{ii'}} + (1-\beta)\nu_{\tilde{r}_{ii'}} \end{cases} \tag{3-27}$$

其中，β 为隶属于区间 $[0,1]$ 的调节参数。显然，β 值越大，调整过程中保留的原始偏好信息越完整。

步骤 8 根据定义 3-6，确定 $\bar{r}_{ii'} = (\mu_{\bar{r}_{ii'}}, \eta_{\bar{r}_{ii'}}, \nu_{\bar{r}_{ii'}})$ 的值。

步骤 9 转至步骤 2，并重复操作步骤 2 至步骤 7，直到经过非一致性修正的图片模糊偏好关系 $\bar{\boldsymbol{R}}$ 的加型一致性水平达到可接受的程度，即 $D-ACI(\bar{\boldsymbol{R}}) \geqslant \theta$，或迭代次数已达决策者所设置的上限。

步骤 10 结束。

以上过程如图 3-1 所示。

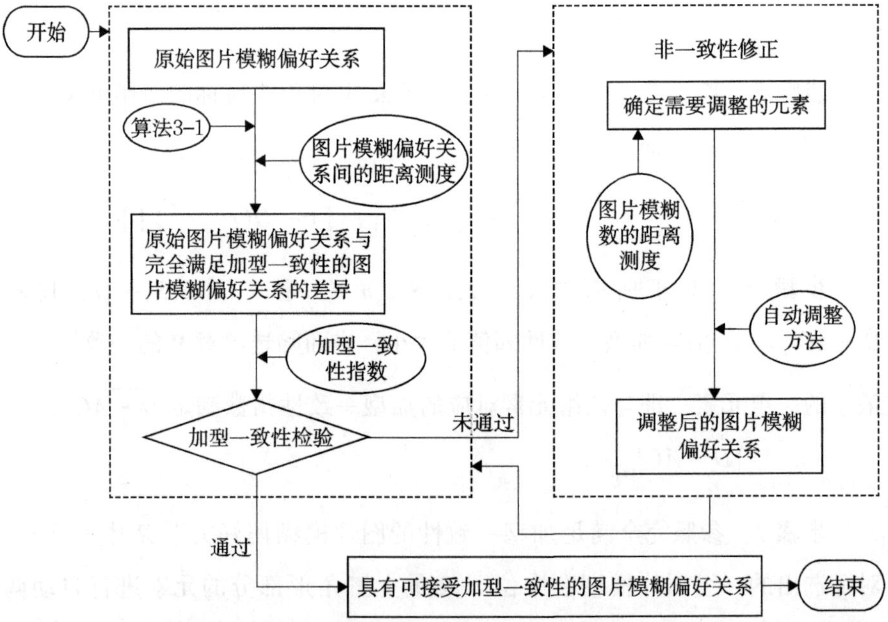

图 3-1 基于距离测度的图片模糊偏好关系加型一致性检验及非一致性修正过程

由图 3-1 易知，在算法 3-2 中，步骤 1 至步骤 3 为基于距离测度的图片模糊偏好关系一致性检验过程，若图片模糊偏好关系达到可接受的一致性水平，则结束；若图片模糊偏好关系的加型一致性尚未达到可接受的程度，则需要依照步骤 4 至步骤 8 对图片模糊偏好关系中的部分元素进行调整。其中，步骤 4 至步骤 6 旨在衡量图片模糊偏好关系 $\boldsymbol{R}$ 中每个上三角形元素对 $\boldsymbol{R}$ 的一致性的贡献，步骤 7 和步骤 8 展示了如何对 $\boldsymbol{R}$ 的加型一致性贡献较小的元素进行调整。

类似于算法 3-2，下面给出基于记分函数的图片模糊偏好关系加型一致性检验及非一致性修正过程。

算法 3-3　基于记分函数的图片模糊偏好关系加型一致性检验及非一致性修正过程

输入　图片模糊偏好关系 $\boldsymbol{R}=(r_{ii'})_{n\times n}$ [$r_{ii'}=(\mu_{r_{ii'}},\eta_{r_{ii'}},\nu_{r_{ii'}})$] 和预先定义的加型一致性阈值 θ。

输出　具有可接受加型一致性的图片模糊偏好关系 $\bar{\boldsymbol{R}}=(\bar{r}_{ii'})_{n\times n}$，其中每个元素记为 $\bar{r}_{ii'}=(\mu_{\bar{r}_{ii'}},\eta_{\bar{r}_{ii'}},\nu_{\bar{r}_{ii'}})$。

步骤 1　利用式（3-23）和式（3-24）计算基于图片模糊数记分函数的 $\boldsymbol{R}$ 的加型一致性指数，记为 $AS-ACI(\boldsymbol{R})$。

步骤 2　依据定义 3-15，判断图片模糊偏好关系 $\boldsymbol{R}$ 是否满足可接受的加型一致性。若 $\boldsymbol{R}$ 满足可接受的加型一致性，则 $\boldsymbol{R}$ 即为需要输出的图片模糊偏好关系 $\bar{\boldsymbol{R}}$，输出 $\bar{\boldsymbol{R}}$。若 $\boldsymbol{R}$ 不满足可接受的加型一致性，则转至步骤 3。

步骤 3　利用式（3-22）和式（3-28）依次衡量关于 $\boldsymbol{R}$ 对称的一组图片模糊数对 $\boldsymbol{R}$ 的一致性的贡献：

$$AS-ACI_{(i,i')}=\frac{1}{2}\left\{\left[1-\frac{\delta(r_{ii'})}{3}\right]+\left[1-\frac{\delta(r_{i'i})}{3}\right]\right\} \tag{3-28}$$

步骤 4　将 $AS-ACI_{(i,\ i')}$ 与预先设定的加型一致性阈值进行比较。若某组元素的加型一致性指数满足以下条件：$\overline{AS-ACI_{(i,i')}}=$

$\min\limits_{i,i'=1,2,\cdots,n;i\neq i'}\{AS-ACI_{(i,i')}\}$，则认为该组元素对图片模糊偏好关系 $\boldsymbol{R}$ 的一致性贡献最小，说明需要对该组元素进行相应调整。

步骤 5　采用式（3-27）和定义 3-6 重新确定步骤 4 所选定的元素的值，构建新的图片模糊偏好关系，并转至步骤 1。

步骤 6　重复操作步骤 1 至步骤 5，直至最终构造的图片模糊偏好关系 $\bar{\boldsymbol{R}}$ 满足可接受的加型一致性，即 $AS-ACI(\bar{\boldsymbol{R}})\geqslant\theta$，或迭代次数已达决策者所设置的上限。

步骤 7　结束。

显然，算法 3-3 与算法 3-2 类似，亦可分为图片模糊偏好关系的一致性检验（步骤 1 至步骤 3）及非一致性修正（步骤 4 至步骤 6）两个阶段。两种算法的主要区别在于加型一致性指数的计算方法以及筛选需要调整的元素的方法。算法 3-3 的整体过程如图 3-2 所示。

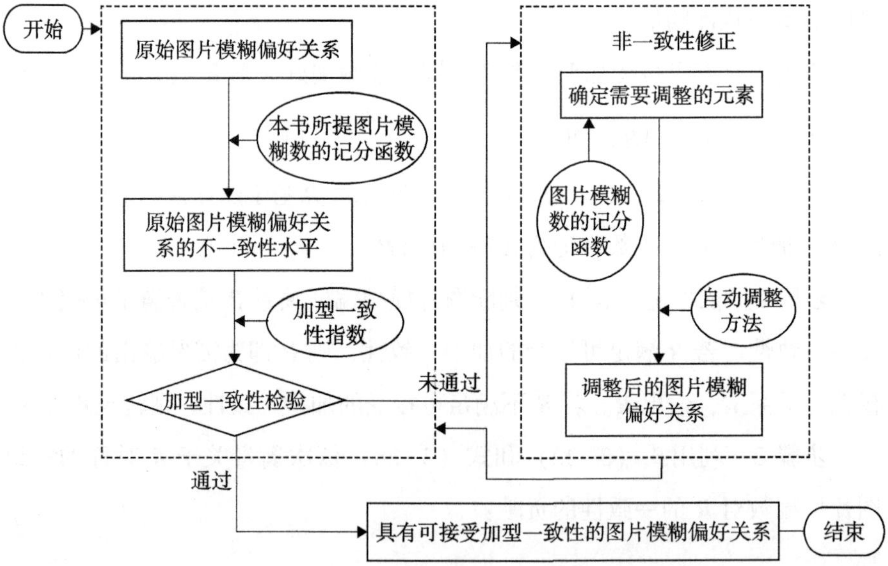

图 3-2　基于记分函数的图片模糊偏好关系加型一致性检验及非一致性修正过程

综上，算法 3-2 和算法 3-3 均可用来检验图片模糊偏好关系的加型一致性，并对不满足可接受加型一致性的图片模糊偏好关系进行修正。然而，通过对比，二者各有优劣之处。从计算过程来看，算法 3-2 因其要求构造完全满足加型一致性的图片模糊偏好关系而比算法 3-3 略复杂一些；就加型一致性指数的计算方式而言，算法 3-3 是基于记分函数的加型一致性指数，在记分函数的计算过程中可能会引起信息的扭曲，使得一致性结果不够准确。

3.4.3　多准则决策方法的步骤

本小节通过结合前文所提方法以及图片模糊偏好关系的特征，介绍基于图片模糊偏好关系加型一致性的决策方法（包括数据预处理、加型一致性控制和方案排序过程）。

算法 3-4　基于图片模糊偏好关系加型一致性的多准则决策过程

输入　决策者的原始偏好信息。

输出　备选方案的排序结果。

步骤 1　收集决策者根据表 3-1 给出的偏好信息，并通过计算与每对备选方案相关的四种结果各自所占的比例对偏好信息进行统计，将每种结果所占比例表示为图片模糊数中的四个元素（$\mu_{r_{ii'}}$、$\eta_{r_{ii'}}$、$\nu_{r_{ii'}}$ 和 $\pi_{r_{ii'}}$）。

步骤 2　根据定义 3-6，构造 $\boldsymbol{R}$ 的下三角形元素，进而构建图片模糊偏好关系 $\boldsymbol{R}=(r_{ii'})_{n\times n}$，其中，$r_{ii'}=(\mu_{r_{ii'}},\eta_{r_{ii'}},\nu_{r_{ii'}})$。

步骤 3　要求决策者确定加型一致性阈值 θ。

步骤 4　利用算法 3-2 或算法 3-3 对 $\boldsymbol{R}$ 进行加型一致性检验及非一致性修正，得到具有可接受加型一致性的图片模糊偏好关系 $\bar{\boldsymbol{R}}$。

步骤 5　采用式（3-6）集结 $\bar{\boldsymbol{R}}$ 中的每行元素，得到每个备选方案偏好于其他备选方案的综合值，记为 $O(x_i)$。

步骤 6　依据式（3-2）和式（3-3），计算 $O(x_i)$ 的累积期望函数和记分函数，分别记为 $AE(x_i)$ 和 $\tilde{S}(x_i)$。

步骤 7　参照定义 3-5 对备选方案进行排序。

步骤 8　结束。

基于图片模糊偏好关系加型一致性的多准则决策过程如图 3-3 所示。

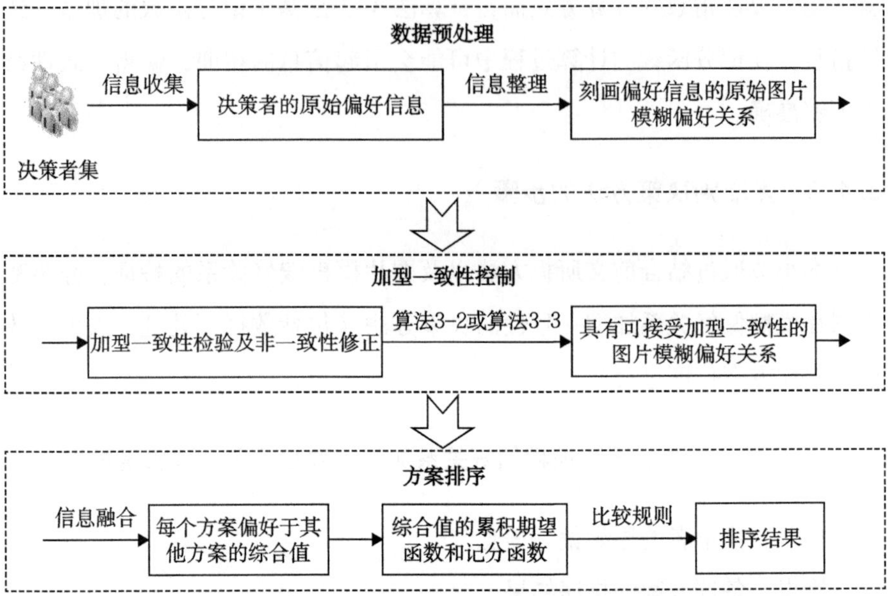

图 3-3　基于图片模糊偏好关系加型一致性的多准则决策过程

显然，基于图片模糊偏好关系加型一致性的多准则决策方法是对 AHP 的扩展和延伸。然而，当利用 AHP 中特征向量法的误差指标（Error Indicator），即一致性比例（Consistency Ratio），检验图片模糊偏好关系是否具有可接受的一致性时，其结果往往具有不可靠性[175]。除此之外，当采用特征向量法获得备选方案的优先权时，AHP 不具有鲁棒性，这是因为，根据特征向量法获得的方案排序结果可能会随备选方案数量的增多而发生原始备选方案排名逆转的现象[176]。因此，本章所提方法直接将加型一致性指数作为衡量和检验图片模糊偏好关系是否满足加型一致性的指标，且采用较为简易的方法对备选方案进行排序。

3.5　基于图片模糊偏好关系次序一致性的多准则决策方法

继前文所述，本节旨在将有向图的相关研究扩展到图片模糊环境，针对图片模糊偏好关系的次序一致性检验及非次序一致性修正问题，提出基于图片模糊偏好关系有向图的多准则决策方法。

3.5.1　图片模糊偏好关系的有向图

首先回顾模糊偏好关系有向图的定义，具体如下。

定义 3-16[10]　令 $\boldsymbol{A}=(a_{ii'})_{n\times n}$ 为任一模糊偏好关系，定义 $\widehat{\boldsymbol{A}}=(\widehat{a}_{ii'})_{n\times n}$ 为 $\boldsymbol{A}$ 的邻接矩阵，其中，$\widehat{a}_{ii'}$ 满足：

$$\widehat{a}_{ii'}=\begin{cases}1, & a_{ii'}\geqslant 0.5,\ i\neq i' \\ 0, & \text{其他}\end{cases} \tag{3-29}$$

依据邻接矩阵 $\widehat{\boldsymbol{A}}$，可绘制模糊偏好关系 $\boldsymbol{A}$ 的有向图，记为 $G_A=(U_A,\boldsymbol{E}_A)$。其中，称一维数组 $U_A=\{u_1^A,u_2^A,\cdots,u_n^A\}$ 为顶点集，用于存放有向图中的所有顶点数据；称二维数组 $\boldsymbol{E}_A=\{(u_i^A,u_{i'}^A)\mid i\neq i',a_{ii'}\geqslant 0.5\}$ 为弧集，用于存放表示顶点间关系的数据，且称 $\boldsymbol{E}_A$ 为邻接矩阵。也就是说，若 $i\neq i'$ 且 $a_{ii'}>0.5$，则存在一条从顶点 u_i^A 到顶点 $u_{i'}^A$ 的有向弧，记为 $(u_i^A,u_{i'}^A)$ 或 $u_i^A\to u_{i'}^A$，且称 $a_{ii'}$ 为有向弧 $(u_i^A,u_{i'}^A)$ 的权重。因此，若 $i\neq i'$ 且 $a_{ii'}=0.5$，则顶点 u_i^A 和顶点 $u_{i'}^A$ 间存在两条有向弧：一条是从顶点 u_i^A 到顶点 $u_{i'}^A$ 的有向弧，另一条是从顶点 $u_{i'}^A$ 到顶点 u_i^A 的有向弧。那么，称 G_A 中由不相同的顶点构成的有向弧所形成的有向路径为有向路，该有向路的长度即为该有向路中连续存在的有向弧的个数。当有向路的起点和终点为同一个顶点时，该有向路形成一个有向圈。

基于定义 3-16，下文结合图片模糊偏好关系的特征，引入图片模糊偏好关系的邻接矩阵及有向图的概念。

定义 3-17　假设 $\boldsymbol{R}=(r_{ii'})_{n\times n}$ 为任一图片模糊偏好关系，表示 n 个方案间的两两比较结果，且 $r_{ii'}=(\mu_{r_{ii'}},\eta_{r_{ii'}},\nu_{r_{ii'}})$，定义 $\widehat{\boldsymbol{R}}=(\widehat{r}_{ii'})_{n\times n}$ 为 $\boldsymbol{R}$ 的邻接矩阵，表示顶点之间的相邻关系。其中，$\widehat{r}_{ii'}$ 满足：

$$\widehat{r}_{ii'}=\begin{cases}1, & r_{ii'}\geqslant(0.5,0,0.5),\ i\neq i'\\0, & \text{其他}\end{cases}\tag{3-30}$$

由式（3-30）可知，邻接矩阵 $\widehat{\boldsymbol{R}}$ 表示方案间的优劣关系，据此绘制图片模糊偏好关系 $\boldsymbol{R}$ 的有向图，记为 $G_R=(X_R,\boldsymbol{E}_R)$。在有向图 G_R 中，$X_R=\{x_1^R,x_2^R,\cdots,x_n^R\}$ 为一维数组，称为顶点（通常为需要进行两两比较的方案或准则）集；$\boldsymbol{E}_R=\{(u_i^R,u_{i'}^R)\mid i'\neq i,r_{ii'}\geqslant(0.5,0,0.5)\}$ 为二维数组，称为弧集，表征顶点间的优劣关系。同时，称 $\boldsymbol{E}_R$ 为邻接矩阵。具体来讲，若 $i\neq i'$ 且 $r_{ii'}>(0.5,0,0.5)$，则存在一条从顶点 x_i^R 到顶点 $x_{i'}^R$ 的有向弧，记为 $(x_i^R,x_{i'}^R)$ 或 $x_i^R\to x_{i'}^R$，且称 $r_{ii'}$ 为有向弧 $(x_i^R,x_{i'}^R)$ 的权重。因此，若 $i\neq i'$ 且 $r_{ii'}=(0.5,0,0.5)$，则顶点 x_i^R 和顶点 $x_{i'}^R$ 间存在两条有向弧：从顶点 x_i^R 到顶点 $x_{i'}^R$ 的有向弧和从顶点 $x_{i'}^R$ 到顶点 x_i^R 的有向弧。同理，称 G_R 中由不同顶点构成的有向弧形成的有向路径为有向路，其长度为该有向路中连续存在的有向弧的个数。

例 3-1 设图片模糊偏好关系 $\boldsymbol{R}^{(l)}=(r_{ii'}^{(l)})_{4\times4}(l=1,2)$ 分别为

$$\boldsymbol{R}^{(1)}=\begin{bmatrix}(0.5,0,0.5) & (0.2,0.1,0.5) & (0.6,0.1,0.1) & (0.1,0,0.8)\\(0.5,0.1,0.2) & (0.5,0,0.5) & (0.8,0,0.1) & (0.4,0,0.6)\\(0.1,0.1,0.6) & (0.1,0,0.8) & (0.5,0,0.5) & (0,0,1)\\(0.8,0,0.1) & (0.6,0,0.4) & (1,0,0) & (0.5,0,0.5)\end{bmatrix}$$

$$\boldsymbol{R}^{(2)}=\begin{bmatrix}(0.5,0,0.5) & (0.2,0.1,0.5) & (0.6,0.1,0.1) & (0.1,0,0.8)\\(0.5,0.1,0.2) & (0.5,0,0.5) & (0.8,0,0.1) & (0.5,0,0.5)\\(0.1,0.1,0.6) & (0.1,0,0.8) & (0.5,0,0.5) & (0,0,1)\\(0.8,0,0.1) & (0.5,0,0.5) & (1,0,0) & (0.5,0,0.5)\end{bmatrix}$$

那么，根据定义 3-3、定义 3-5 和定义 3-17，可分别构造 $\boldsymbol{R}^{(l)}$ 的邻接矩阵 $\widehat{\boldsymbol{R}}^{(l)}$，如下所示：

$$\widehat{\boldsymbol{R}}^{(1)}=\begin{bmatrix}0&0&1&0\\1&0&1&0\\0&0&0&0\\1&1&1&0\end{bmatrix},\ \widehat{\boldsymbol{R}}^{(2)}=\begin{bmatrix}0&0&1&0\\1&0&1&1\\0&0&0&0\\1&1&1&0\end{bmatrix}$$

由邻接矩阵 $\widehat{\boldsymbol{R}}^{(l)}$ 可知图片模糊偏好关系 $\boldsymbol{R}^{(l)}$ 的有向图为 $G_{R^{(l)}}=(X_{R^{(l)}},\ \boldsymbol{E}_{R^{(l)}})$，具体如图 3-4 所示。

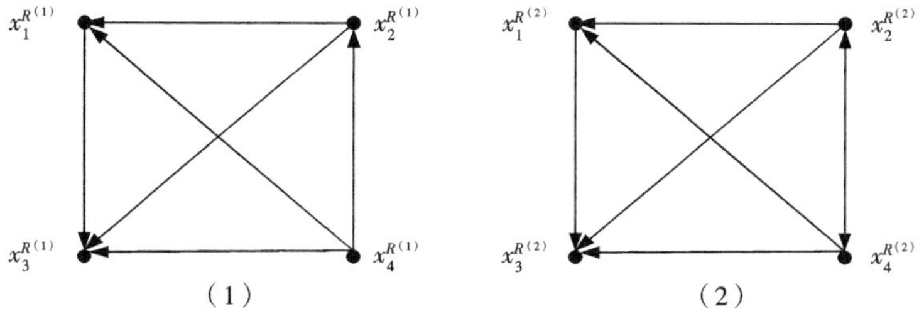

图 3-4　例 3-1 的有向图

图 3-4 中的（1）和（2）分别与图片模糊偏好关系 $\boldsymbol{R}^{(1)}$ 和 $\boldsymbol{R}^{(2)}$ 相对应。其中，顶点集和弧集分别为

$$X_{R^{(1)}}=\{x_1^{R^{(1)}},x_2^{R^{(1)}},x_3^{R^{(1)}},x_4^{R^{(1)}}\}$$

$$X_{R^{(2)}}=\{x_1^{R^{(2)}},x_2^{R^{(2)}},x_3^{R^{(2)}},x_4^{R^{(2)}}\}$$

$$\boldsymbol{E}_{R^{(1)}}=\left\{\begin{array}{l}(x_1^{R^{(1)}},x_3^{R^{(1)}}),(x_2^{R^{(1)}},x_1^{R^{(1)}}),(x_2^{R^{(1)}},x_3^{R^{(1)}}),(x_4^{R^{(1)}},x_1^{R^{(1)}}),\\(x_4^{R^{(1)}},x_2^{R^{(1)}}),(x_4^{R^{(1)}},x_3^{R^{(1)}})\end{array}\right\}$$

$$\boldsymbol{E}_{R^{(2)}}=\left\{\begin{array}{l}(x_1^{R^{(2)}},x_3^{R^{(2)}}),(x_2^{R^{(2)}},x_1^{R^{(2)}}),(x_2^{R^{(2)}},x_3^{R^{(2)}}),(x_2^{R^{(2)}},x_4^{R^{(2)}}),\\(x_4^{R^{(2)}},x_1^{R^{(2)}}),(x_4^{R^{(2)}},x_2^{R^{(2)}}),(x_4^{R^{(2)}},x_3^{R^{(2)}})\end{array}\right\}$$

由上可知，图片模糊偏好关系 $\boldsymbol{R}^{(1)}$ 的有向图存在长度为 3 的唯一有向路：$(x_4^{R^{(1)}},x_2^{R^{(1)}},x_1^{R^{(1)}},x_3^{R^{(1)}})$；同时，图片模糊偏好关系 $\boldsymbol{R}^{(2)}$ 的有向图存在两条长度为 3 的有向路：$(x_4^{R^{(2)}},x_2^{R^{(2)}},x_1^{R^{(2)}},x_3^{R^{(2)}})$ 和 $(x_2^{R^{(2)}},x_4^{R^{(2)}},x_1^{R^{(2)}},x_3^{R^{(2)}})$。

通过简单对比易知，图片模糊偏好关系 $\boldsymbol{R}^{(2)}$ 的有向图存在两条有向路的原因在于 $r_{13}^{(2)}=(0.5,0,0.5)$，说明方案 $x_1^{R^{(2)}}$ 和方案 $x_3^{R^{(2)}}$ 存在等价关系，

使得顶点 $x_1^{R^{(2)}}$ 和顶点 $x_3^{R^{(2)}}$ 之间存在两条有向弧：一条从顶点 $x_1^{R^{(2)}}$ 到顶点 $x_3^{R^{(2)}}$，另一条从顶点 $x_3^{R^{(2)}}$ 到顶点 $x_1^{R^{(2)}}$。

3.5.2 图片模糊偏好关系的次序一致性检验及非一致性修正

本小节给出图片模糊偏好关系次序一致性指数的定义，以测量图片模糊偏好关系的次序一致性水平。进一步地，提出图片模糊偏好关系的次序一致性检验及非一致性修正算法。

定义 3-18 假设 $\boldsymbol{R}=(r_{ii'})_{n\times n}$ 为任一图片模糊偏好关系，且 $r_{ii'}=(\mu_{r_{ii'}},\eta_{r_{ii'}},\nu_{r_{ii'}})$，$\widehat{\boldsymbol{R}}=(\widehat{r}_{ii'})_{n\times n}$ 为 $\boldsymbol{R}$ 的邻接矩阵，定义图片模糊偏好关系 $\boldsymbol{R}$ 的次序一致性指数 $OCI(\boldsymbol{R})$ 为

$$OCI(\boldsymbol{R})=\frac{1}{3}\sum_{i=1}^{n}\sum_{i'=1}^{n}f_{ii'}-f_C \tag{3-31}$$

其中，

$$f_{ii'}=\sum_{\underline{i}=1}^{n}\widehat{r}_{i\underline{i}}\widehat{r}_{\underline{i}i'}\widehat{r}_{i'i} \tag{3-32}$$

显然，若对于 $\forall\,\underline{i}=1,2,\cdots,n$，有 $f_{ii'}=0$，则对于所有的 $i,i',\underline{i}=1,2,\cdots,n(i\neq i'\neq\underline{i})$，三个元素 $\widehat{r}_{i\underline{i}}$、$\widehat{r}_{\underline{i}i'}$ 和 $\widehat{r}_{i'i}$ 中至少有一个为 0。相反，若对于 $\forall\,\underline{i}=1,2,\cdots,n$，$f_{ii'}=1$，则说明 $\widehat{r}_{i\underline{i}}=\widehat{r}_{\underline{i}i'}=\widehat{r}_{i'i}=1$，即存在一个有向圈：$x_i^R\rightarrow x_{\underline{i}}^R\rightarrow x_{i'}^R\rightarrow x_i^R$。结合定义 3-10 易知，该有向圈描述的是方案 x_i^R、方案 $x_{\underline{i}}^R$ 和方案 $x_{i'}^R$ 之间的偏好关系，表现为图片模糊偏好关系 $\boldsymbol{R}$ 中可能存在的以下三种情形：

(1) 当 $r_{i\underline{i}}>(0.5,0,0.5)$ 且 $r_{\underline{i}i'}\geqslant(0.5,0,0.5)$ 时，$r_{ii'}\leqslant(0.5,0,0.5)$；

(2) 当 $r_{i\underline{i}}\geqslant(0.5,0,0.5)$ 且 $r_{\underline{i}i'}>(0.5,0,0.5)$ 时，$r_{ii'}\leqslant(0.5,0,0.5)$；

(3) 当 $r_{i\underline{i}}=(0.5,0,0.5)$ 且 $r_{\underline{i}i'}=(0.5,0,0.5)$ 时，$r_{ii'}=(0.5,0,0.5)$。

此外，f_C 为因 $\boldsymbol{R}$ 中的元素 $r_{i\underline{i}}$、$r_{\underline{i}i'}$ 和 $r_{ii'}$ 符合情形（3）而形成的有向圈 $x_i^R\rightarrow x_{\underline{i}}^R\rightarrow x_{i'}^R\rightarrow x_i^R$ 的个数。

由式（3-31）易知，$OCI(\boldsymbol{R}) \geqslant 0$，且 $OCI(\boldsymbol{R})$ 的值越大，$\boldsymbol{R}$ 的次序一致性水平越低。

定理 3-6　假设 $\boldsymbol{R}=(r_{ii'})_{n\times n}$ 为任一图片模糊偏好关系，$\widehat{\boldsymbol{R}}=(\widehat{r}_{ii'})_{n\times n}$ 为 $\boldsymbol{R}$ 的邻接矩阵。那么，当且仅当 $OCI(\boldsymbol{R})=0$ 时，称 $\boldsymbol{R}$ 满足次序一致性。

证明　（1）必要性：如果 $\boldsymbol{R}$ 满足次序一致性，那么由定义 3-18 易知，$\sum_{i=1}^{n}\sum_{i'=1}^{n}f_{ii'}=3f_C$，因此 $OCI(\boldsymbol{R})=0$。

（2）充分性：若 $OCI(\boldsymbol{R})=0$，则存在两种情况：① $\sum_{i=1}^{n}\sum_{i'=1}^{n}f_{ii'}=3f_C$；②对于所有的 $i,i'=1,2,\cdots,n$，$f_{ii'}=0$，且 $f_C=0$。根据图片模糊偏好关系次序一致性的定义可知，$\boldsymbol{R}$ 满足次序一致性。

综上，定理 3-6 证毕。

基于定义 3-18，下面给出图片模糊偏好关系次序一致性检验及非一致性修正算法，通过调整对图片模糊偏好关系次序一致性的贡献较小的元素，使得图片模糊偏好关系满足次序一致性。

算法 3-5　图片模糊偏好关系次序一致性检验及非一致性修正过程

输入　图片模糊偏好关系 $\boldsymbol{R}=(r_{ii'})_{n\times n}$ [$r_{ii'}=(\mu_{r_{ii'}},\eta_{r_{ii'}},\nu_{r_{ii'}})$]。

输出　满足次序一致性的图片模糊偏好关系 $\breve{\boldsymbol{R}}=(\breve{r}_{ii'})_{n\times n}$，其中，$\breve{r}_{ii'}=(\mu_{\breve{r}_{ii'}},\ \eta_{\breve{r}_{ii'}},\ \nu_{\breve{r}_{ii'}})$。

步骤 1　根据定义 3-17，构建图片模糊偏好关系 $\boldsymbol{R}$ 的邻接矩阵，记为 $\widehat{\boldsymbol{R}}=(\widehat{r}_{ii'})_{n\times n}$。

步骤 2　根据定义 3-18，计算图片模糊偏好关系 $\boldsymbol{R}$ 的次序一致性指数，记为 $OCI(\boldsymbol{R})$。

步骤 3　令 $h=0$。根据定理 3-6 检验 $\boldsymbol{R}^{(h)}$ [$\boldsymbol{R}^{(0)}=\boldsymbol{R}$] 是否满足次序一致性。若 $OCI(\boldsymbol{R}^{(h)})=0$，则说明其满足次序一致性，直接输出 $\boldsymbol{R}^{(h)}$；若 $OCI(\boldsymbol{R}^{(h)})\neq 0$，则说明 $\boldsymbol{R}^{(h)}$ 尚未满足次序一致性，转至步骤 4。

步骤 4　筛选对 $\boldsymbol{R}^{(h)}$ 次序一致性贡献最小的元素，即对于所有的 $i,i'=1,2,\cdots,n$，选取 $f_{ii'}$ 的最大值，将 $r_{ii'}$ 确定为需要修正的元素。

步骤 5　依据式（3-33），对选取的元素进行调整：

$$\langle \breve{r}_{ii'}^{(h+1)}, \breve{r}_{i'i}^{(h+1)} \rangle = \begin{cases} \langle (\mu_{r_{i'i}}^{(h)}, \eta_{r_{i'i}}^{(h)}, \nu_{r_{i'i}}^{(h)}), (\mu_{r_{ii'}}^{(h)}, \eta_{r_{ii'}}^{(h)}, \nu_{r_{ii'}}^{(h)}) \rangle, \\ \quad \text{若 } \breve{r}_{i'i}^{(h+1)} \neq (0.5,0,0.5) \\ \langle (0.4,0,0.6), (0.6,0,0.4) \rangle, \\ \quad \text{若 } \breve{r}_{i'i}^{(h+1)} = (0.5,0,0.5) \end{cases} \tag{3-33}$$

步骤 6　将调整后的元素替换至原图片模糊偏好关系 $\breve{\boldsymbol{R}}^{(h)}$ 的相应位置，构建新的图片模糊偏好关系。

步骤 7　令 $h=h+1$，转至步骤 2。重复该过程，直至 $OCI(\breve{\boldsymbol{R}}^{(h)})=0$，输出满足次序一致性的图片模糊偏好关系 $\breve{\boldsymbol{R}}(\breve{\boldsymbol{R}}=\breve{\boldsymbol{R}}^{(h)})$。

步骤 8　结束。

以上过程如图 3-5 所示。

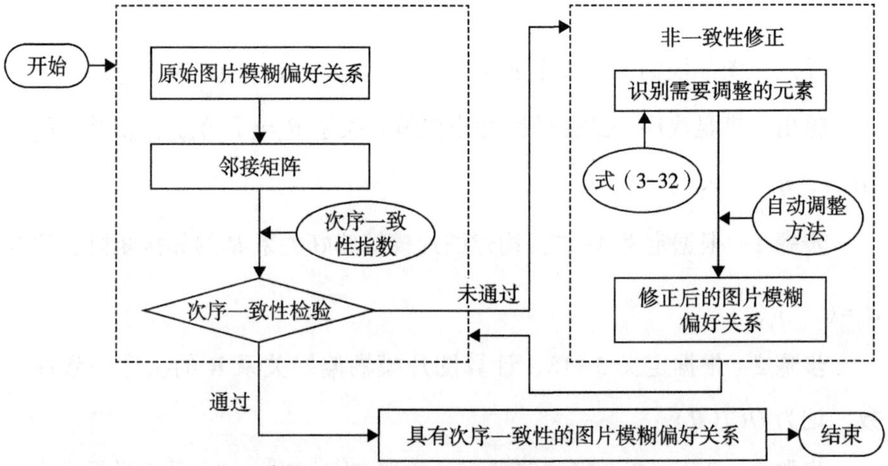

图 3-5　图片模糊偏好关系次序一致性检验及非一致性修正过程

可见，在算法 3-5 中，步骤 1 至步骤 3 为图片模糊偏好关系次序一致性检验过程。若图片模糊偏好关系满足次序一致性，则结束；否则，需要依照步骤 4 识别对图片模糊偏好关系次序一致性贡献最小的元素。随后，根据步骤 5 和步骤 6 对所选定的元素进行调整，并重新构建图片模糊偏好关系。步骤 7 对动态调整元素的迭代过程进行了阐述。

3.5.3　多准则决策方法的步骤

本小节通过结合图片模糊偏好关系自身的特性及基于图片模糊偏好信息的有向图，介绍基于图片模糊偏好关系次序一致性的多准则决策方法（包括数据预处理、次序一致性控制和方案排序过程）。

算法 3-6　基于图片模糊偏好关系次序一致性的多准则决策过程

输入　决策者的原始偏好信息。

输出　备选方案的排序结果。

步骤 1　收集决策者根据表 3-1 给出的偏好信息，并通过计算与每对备选方案相关的四种结果所占的比例对偏好信息进行统计，将每种结果所占比例表示为图片模糊数中的四个元素（$\mu_{r_{ii'}}$、$\eta_{r_{ii'}}$、$\nu_{r_{ii'}}$ 和 $\pi_{r_{ii'}}$）。

步骤 2　根据定义 3-6，构造位于 $\boldsymbol{R}$ 下三角形部分的元素，进而构建图片模糊偏好关系 $\boldsymbol{R}=(r_{ii'})_{n\times n}$，其中，$r_{ii'}=(\mu_{r_{ii'}},\eta_{r_{ii'}},\nu_{r_{ii'}})$。

步骤 3　利用算法 3-5 对 $\boldsymbol{R}$ 进行次序一致性检验及非一致性修正，得到满足次序一致性的图片模糊偏好关系 $\breve{\boldsymbol{R}}=(\breve{r}_{ii'})_{n\times n}$，其中，$\breve{r}_{ii'}=(\mu_{\breve{r}_{ii'}},\eta_{\breve{r}_{ii'}},\nu_{\breve{r}_{ii'}})$。

步骤 4　根据定义 3-17 画出满足次序一致性的图片模糊偏好关系 $\breve{\boldsymbol{R}}$ 的有向图。

步骤 5　依据 $\breve{\boldsymbol{R}}$ 的有向图，确定长度为 $n-1$ 的唯一有向路，并参照唯一有向路对备选方案进行排序。

步骤 6　结束。

基于图片模糊偏好关系次序一致性的多准则决策过程如图 3-6 所示。

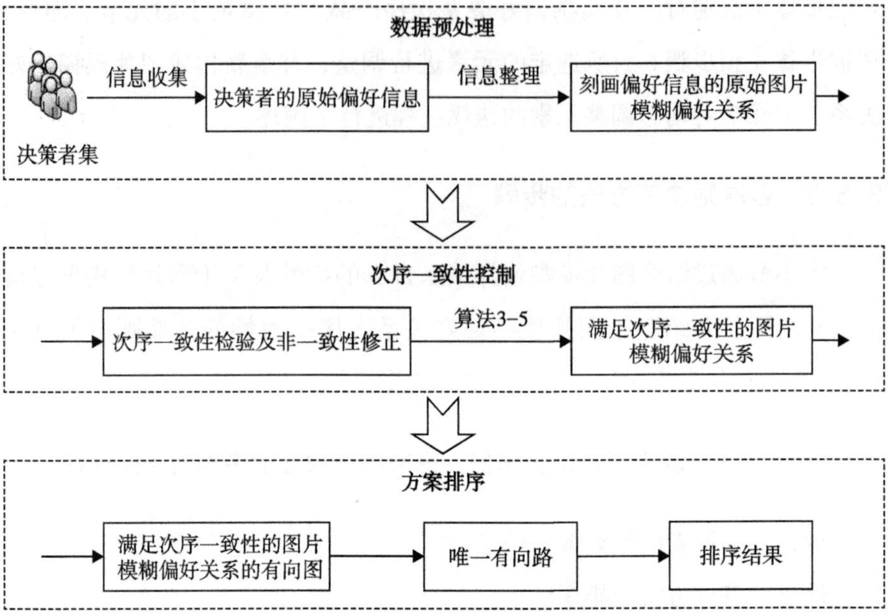

图 3-6 基于图片模糊偏好关系次序一致性的多准则决策过程

3.6 进一步讨论

有别于常见的基于偏好关系的多准则决策框架，本章所探讨的基于图片模糊偏好关系的多准则决策框架在一定程度上可以提高决策效率。一方面，通过利用图片模糊集的特性，采用图片模糊偏好关系表示所有决策者的偏好态度，可以确保不同决策者给出的有差异的偏好信息均能够得到完整的保留，使得群体中每位决策者的偏好态度得到充分的考虑，进而可以避免产生少数决策者因其意见难以被采纳而拒绝表达其真实判断结果的现象。另一方面，利用图片模糊偏好关系刻画所有决策者对方案的两两对比结果，根据本书所提出的多准则决策方法可知，在对个体信息进行收集的过程中已完成了个体信息的有效集结，因此不需要再对决策者个体进行赋权并对其提供的偏好信息进行融合。

本章对图片模糊偏好关系的次序一致性和加型一致性进行了研究。次序一致性旨在确保决策者给出的两两比较结果是合理且符合逻辑的；加型一致性旨在研究方案间偏好程度的关系，避免出现偏好程度偏差太大的情况。根据二者的特性，本章所提出的基于次序一致性的多准则决策方法和基于加型一致性的多准则决策方法可分别用于求解需要进行快速决策和精准决策的实际问题。与此同时，本章所提出的两种基于图片模糊偏好关系一致性的多准则决策方法是基于层次分析法构建的，不仅吸收了图片模糊数能够完整、有效地刻画决策者之间相互矛盾的偏好态度，而且充分利用了层次分析法可以通过构造层次结构对实际问题进行拆分以揭示问题的基本组成单元的优势。但是，本章并未探讨两种一致性之间的内在影响。因此，若将算法 3-4 和算法 3-6 进行结合，可能会产生一个更加完善的多准则决策过程，但该过程对一致性要求会更苛刻且其计算过程会更复杂。

3.7　本章小结

本章对图片模糊偏好关系及其多准则决策方法进行了研究。第 3.1 节构建了基于图片模糊偏好关系的多准则决策框架。第 3.2 节重新定义了图片模糊数的加法运算规则和比较规则，以完善图片模糊集的基础理论研究。第 3.3 节介绍了图片模糊偏好关系的概念，并讨论了图片模糊偏好关系的六种传递性性质；在此基础上，根据最基础和常见的弱传递性性质，引入了图片模糊偏好关系的加型一致性和次序一致性定义。第 3.4 节基于本书第 2 章提出的两种图片模糊偏好关系的加型一致性指数，定义了两种图片模糊偏好关系的加型一致性测度，给出了两种图片模糊偏好关系的加型一致性检验及非一致性修正算法，提出了基于图片模糊偏好关系加型一致性的决策方法的步骤。第 3.5 节通过结合图片模糊偏好关系的次序一致性和图论中有向图的相关研究内容，定义了图片模糊偏好关系的有向图，研究了如何对图片模糊偏好关系的次序一致性进行检验以及如何对其非一致性进行修正，给出了基于图片模糊偏好关系次序一致性的多准则决策方法的步骤。第 3.6 节讨论了所提出的基于图片模糊偏好关系一致性的多准则决策方法的优势，并进一步指明了未来的研究方向。可见，本章的研究既丰富了图片模糊集的基础理论体系，又开启了对图片模糊偏好关系的探索之路。

第4章　基于图片模糊决策矩阵的多准则决策方法

众所周知，决策的最终目的是对备选方案进行排序，选择令群体最满意的最优方案。不同于图片模糊偏好关系（表征方案之间的两两对比结果），图片模糊决策矩阵刻画的是决策群体提供的每个备选方案在不同准则下的评价结果。那么，当根据图片模糊决策矩阵对方案进行排序时，必然涉及准则权重系数。因此，本章遵循对权重敏感性低、获得排序结果的方式简单易懂以及计算过程简便且结果容易理解的原则，着重对若干基于图片模糊决策矩阵的多准则决策方法展开研究，旨在为本书第 6 章研究基于图片模糊决策矩阵的群体共识决策过程中的方案排序方法提供理论支撑。

4.1　基于图片模糊决策矩阵的多准则决策框架

考虑以下描述的图片模糊多准则决策问题。假设该多准则决策问题涉及由 q 位决策者组成的决策者集（记为 $D=\{d^{(1)},d^{(2)},\cdots,d^{(q)}\}$）、由 n 个备选方案构成的方案集（记为 $X=\{x_1,x_2,\cdots,x_n\}$）以及由 m 个准则形成的准则集（记为 $C=\{c_1,c_2,\cdots,c_m\}$）。其中，准则的权重向量为 $\boldsymbol{w}=(w_1,w_2,\cdots,w_m)$，且满足 $w_j\in[0,1]$ 和 $\sum_{j=1}^{m}w_j=1$。要求这些决策者分别对不同备选方案在各准则下的表现进行评价，通过判断其“是否认同备选方案 x_i

在准则 c_j 下的表现”，表明决策者对任一备选方案在不同准则下的表现的态度：赞同、不置可否、反对、无法判断。这四种态度对应的实际意义分别是“决策者认为备选方案 x_i 在准则 c_j 下的表现优秀”“决策者认为备选方案 x_i 在准则 c_j 下的表现平平”“决策者认为备选方案 x_i 在准则 c_j 下的表现较差”以及“决策者因缺乏对备选方案 x_i 或准则 c_j 的了解而无法评价备选方案 x_i 在准则 c_j 下的表现”。每位决策者的态度可由表 4-1 记录下来。

注意到，本章构建的多准则决策框架与常见的模糊多准则决策过程相同，决策个体和决策群体分别指的是一位决策者和由多位决策者组成的决策群体。但是，本框架并不要求每位决策者给出具体的隶属度数值，而是通过充分利用图片模糊集的优势，以统计的形式客观记录每位决策者提供的不同备选方案在各准则下的评价结果，确保每位决策者的原始评价信息都能得到完整的保留。

表 4-1　不同方案在不同准则下的评价信息

方案	评价结果	准则			
		c_1	c_2	…	c_m
x_1	赞同				
	不置可否				
	反对				
	无法判断				
x_2	赞同				
	不置可否				
	反对				
	无法判断				
……	……	……	……	……	……
x_n	赞同				
	不置可否				
	反对				
	无法判断				

显然，表 4-1 中的四种情况可以较完整地刻画实际多准则决策问题中不同决策者给出的各种相互矛盾的评价信息。根据图片模糊集的定义，以上四种类型的评价结果恰巧与图片模糊数中包含的四种隶属度（积极隶属度、中立度、消极隶属度和拒绝度）一一对应，因此，这 q 位决策者对备选方案 x_i 在准则 c_j 下的评价结果可由图片模糊数表示。通过统计所有决策者对每个备选方案在每个准则下的四种评价结果各自所占的比例，可将所有决策者对所有备选方案在不同准则下的表现的评价结果表示为图片模糊决策矩阵，记为 $\mathbf{Z}=(z_{ij})_{n\times m}$，其中，本书根据定义 2-4 将每个元素简记为 $z_{ij}=(\mu_{z_{ij}},\eta_{z_{ij}},\nu_{z_{ij}})$。

4.2　基于图片模糊决策矩阵的 TOPSIS 法

TOPSIS 法是借助多准则决策问题中的正理想解和负理想解对备选方案进行排序的多准则决策方法。本节旨在将经典 TOPSIS 法扩展至图片模糊环境，通过指出经典 TOPSIS 法的缺陷，并结合图片模糊集的特点，提出基于图片模糊决策矩阵的 TOPSIS 法。

4.2.1　基于图片模糊决策矩阵的 TOPSIS 法的求解思路

TOPSIS 法的基本原理，是通过测度备选方案与正、负理想解的距离对备选方案进行排序。其中，正、负理想解分别代表虚拟的最佳方案（该方案在不同准则下的表现均为最优）和最劣方案（该方案在不同准则下的表现均为最差）。利用 TOPSIS 法对备选方案进行排序的原则为：如果某备选方案与正理想解的差距最小同时又与负理想解的差距最大，那么此方案为最优；反之，此方案为最差。

通过结合图片模糊集的特点，可将经典 TOPSIS 法扩展到图片模糊环境。需要特别注意的是，利用经典 TOPSIS 法对方案进行排序的过程存在一些缺陷，主要体现在正、负理想解的确定和距离测度的选取方面。一方面，若分别选取备选方案评价值中的相对最大值和相对最小值作为正、负理想解，则最终得到的方案排序结果可能会因备选方案数量的变动而产生变化。换句话说，若增添或者删除一个或多个备选方案，则相较于新备选方案的排序结果，原备选方案可能出现逆序现象。另一方面，经典 TOPSIS 法中所采用的距离测度是欧氏距离，可能并不适用于所有的决策环境，需要根据实际决策问题应用不同的距离测度来衡量备选方案的评价值与正、负理想解的距离。考虑到上述两个方面，本书针对基于图片模糊决策矩阵的方案择优问题，拟选取图片模糊评价值中的绝对最大值和绝对最小值（绝对最大图片模糊数和绝对最小图片模糊数）作为正、负理想解，并采用广义图片距离测度计算备选方案评价值与正、负理想解的距离，以便求解各种类型的基于图片模糊决策矩阵测度的多准则决策问题。

4.2.2　基于图片模糊决策矩阵的 TOPSIS 法的步骤

本小节通过对经典 TOPSIS 法进行扩展，给出基于图片模糊决策矩阵的方案选择过程。

算法 4-1　基于图片模糊决策矩阵的 TOPSIS 法

输入　图片模糊决策矩阵 $\mathbf{Z}=(z_{ij})_{n\times m}$，且 $z_{ij}=(\mu_{z_{ij}},\eta_{z_{ij}},\nu_{z_{ij}})$。

输出　方案排序结果。

步骤 1　将图片模糊数中的绝对最大值和绝对最小值作为正理想解和负理想解，并分别记为 SP 和 SN：

$$SP=\{(\mu_{z_1}^P,\eta_{z_1}^P,\nu_{z_1}^P),(\mu_{z_2}^P,\eta_{z_2}^P,\nu_{z_2}^P),\cdots,(\mu_{z_m}^P,\eta_{z_m}^P,\nu_{z_m}^P)\} \tag{4-1}$$

$$SN=\{(\mu_{z_1}^N,\eta_{z_1}^N,\nu_{z_1}^N),(\mu_{z_2}^N,\eta_{z_2}^N,\nu_{z_2}^N),\cdots,(\mu_{z_m}^N,\eta_{z_m}^N,\nu_{z_m}^N)\} \tag{4-2}$$

步骤 2　基于定义 2-12，测度每个备选方案在各准则下的表现值的集合 $z_i=\{z_{i1},z_{i2},\cdots,z_{im}\}$ 与正、负理想解的距离，以衡量每个方案逼近正理想解和远离负理想解的程度，分别记为 $DP(x_i)$ 和 $DN(x_i)$：

$$DP(x_i)=\frac{\left\{\sum_{j=1}^{m}\left[\frac{1}{3}\left((\Delta\mu_{z_{ij}})^{\alpha}+(\Delta\eta_{z_{ij}})^{\alpha}+(\Delta\nu_{z_{ij}})^{\alpha}\right)+\max\{(\Delta\mu_{z_{ij}})^{\alpha},(\Delta\eta_{z_{ij}})^{\alpha},(\Delta\nu_{z_{ij}})^{\alpha}\}\right]\right\}^{\frac{1}{\alpha}}}{\left\{\sum_{j=1}^{m}\left[\frac{1}{3}\left((\Delta\mu_{z_{ij}})^{\alpha}+(\Delta\eta_{z_{ij}})^{\alpha}+(\Delta\nu_{z_{ij}})^{\alpha}\right)+\max\left\{(\Delta\mu_{z_{ij}})^{\alpha},(\Delta\eta_{z_{ij}})^{\alpha},(\Delta\nu_{z_{ij}})^{\alpha}\right\}\right]\right\}^{\frac{1}{\alpha}}+\left(\max_{1\leqslant j\leqslant m}\{\Phi_{ij},\Phi_j^P\}+\sum_{j=1}^{m}|\Phi_{ij}-\Phi_j^P|^{\alpha}\right)^{\frac{1}{\alpha}}+1} \tag{4-3}$$

$$DN(x_i)=\frac{\left\{\sum_{j=1}^{m}\left[\frac{1}{3}\left((\Delta\mu_{z_{ij}})^{\alpha}+(\Delta\eta_{z_{ij}})^{\alpha}+(\Delta\nu_{z_{ij}})^{\alpha}\right)+\max\{(\Delta\mu_{z_{ij}})^{\alpha},(\Delta\eta_{z_{ij}})^{\alpha},(\Delta\nu_{z_{ij}})^{\alpha}\}\right]\right\}^{\frac{1}{\alpha}}}{\left\{\sum_{j=1}^{m}\left[\frac{1}{3}\left((\Delta\mu_{z_{ij}})^{\alpha}+(\Delta\eta_{z_{ij}})^{\alpha}+(\Delta\nu_{z_{ij}})^{\alpha}\right)+\max\left\{(\Delta\mu_{z_{ij}})^{\alpha},(\Delta\eta_{z_{ij}})^{\alpha},(\Delta\nu_{z_{ij}})^{\alpha}\right\}\right]\right\}^{\frac{1}{\alpha}}+\left(\max_{1\leqslant j\leqslant m}\{\Phi_{ij},\Phi_j^N\}+\sum_{j=1}^{m}|\Phi_{ij}-\Phi_j^N|^{\alpha}\right)^{\frac{1}{\alpha}}+1} \tag{4-4}$$

其中，式（4-3）和式（4-4）中的参变量计算公式分别为 $\Delta\mu_{z_{ij}}=|w_j\mu_{z_{ij}}-\mu_{r_j}|$、$\Delta\eta_{z_{ij}}=|w_j\eta_{z_{ij}}-\eta_{r_j}|$、$\Delta\nu_{z_{ij}}=|w_j\nu_{z_{ij}}-\nu_{r_j}|$、$\Phi_{ij}=\mu_{z_{ij}}+\eta_{z_{ij}}+\nu_{z_{ij}}$、$\Phi_j^P=\mu_{z_j}^P+\eta_{z_j}^P+\nu_{z_j}^P$ 以及 $\Phi_j^N=\mu_{z_j}^N+\eta_{z_j}^N+\nu_{z_j}^N$。

步骤 3 根据各备选方案与正、负理想解的距离，算出各方案相对于正、负理想解的贴近系数，记为 $CC(x_i)$：

$$CC(x_i)=\frac{DN(x_i)}{DN(x_i)+DP(x_i)} \tag{4-5}$$

显而易见，对于所有的 $i = 1,2,\cdots,n$，$CC(x_i) \in [0,1]$。易知，与任一方案对应的贴近系数的值越趋近于 1，该方案就越逼近正理想解而远离负理想解；相反，与任一方案对应的贴近系数的值越趋近于 0，该方案就越逼近负理想解而远离正理想解。特别地，当与某一方案对应的贴近系数的值等于 1 时，此方案最优，即为正理想解；反之，当与某一方案对应的贴近系数的值等于 0 时，此方案最劣，即为负理想解。

步骤 4　依据与备选方案对应的贴近系数的值的大小，选取最优方案。

步骤 5　结束。

算法 4-1 的流程如图 4-1 所示。

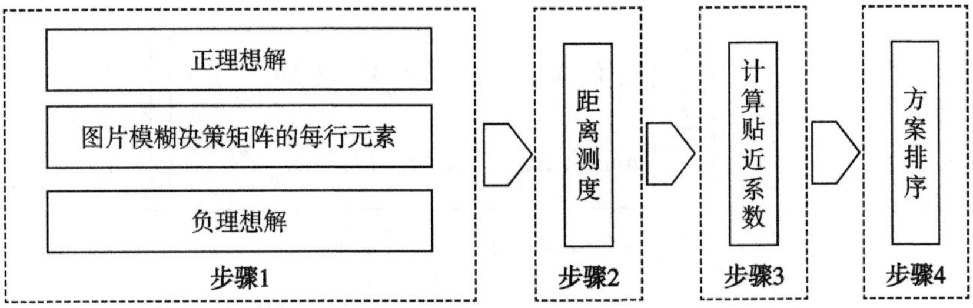

图 4-1　基于图片模糊决策矩阵的 TOPSIS 法

4.3　基于图片模糊决策矩阵的 ELECTRE-Ⅱ法

ELECTRE-Ⅱ法是通过构造优序关系对备选方案进行排序的多准则决策方法。鉴于本书研究的实际问题旨在获得备选方案的完全排序结果且不同准则的重要性程度不同，本节旨在将 ELECTRE-Ⅱ法扩展至图片模糊环境，通过结合图片模糊集的特点，提出基于图片模糊决策矩阵的 ELECTRE-Ⅱ法。

4.3.1　基于图片模糊决策矩阵的优序关系

本小节以图片模糊决策矩阵 $\mathbf{Z} = (z_{ij})_{n\times m}$ 为基础，构造优序关系。

基于定义 3-5，对每对备选方案 x_i 和 $x_{i'}$ 在每个准则 c_j 下的评价值 z_{ij} 和

$z_{i'j}$ 进行比较。若 $z_{ij} > z_{i'j}$，则称方案 x_i 在准则 c_j 下的表现优于方案 $x_{i'}$，记为 $x_i \underset{j}{>} x_{i'}$；若 $z_{ij} < z_{i'j}$，则称方案 x_i 在准则 c_j 下的表现劣于方案 $x_{i'}$，记为 $x_i \underset{j}{<} x_{i'}$；若 $z_{ij} \sim z_{i'j}$，则称方案 x_i 与方案 $x_{i'}$ 在准则 c_j 下的表现无差异，记为 $x_i \underset{j}{\sim} x_{i'}$。随后，依据比较结果，可将准则集合分为三个子集合：

（1）对于所有的 $i,i'=1,2,\cdots,n$ 和 $j=1,2,\cdots,m$，称满足"$x_i \underset{j}{>} x_{i'}$"的准则集合为一致性集合（Concordance Set），记为 $C^{>}(x_i,x_{i'})$，即

$$C^{>}(x_i,x_{i'})=\{j \mid 1 \leqslant j \leqslant m,\ z_{ij} > z_{i'j}\} \tag{4-6}$$

（2）对于所有的 $i,i'=1,2,\cdots,n$ 和 $j=1,2,\cdots,m$，称满足"$x_i \underset{j}{\sim} x_{i'}$"的准则集合为无差异集合（Indifference Set），记为 $C^{=}(x_i,x_{i'})$，即

$$C^{=}(x_i,x_{i'})=\{j \mid 1 \leqslant j \leqslant m,\ z_{ij} \sim z_{i'j}\} \tag{4-7}$$

（3）对于所有的 $i,i'=1,2,\cdots,n$ 和 $j=1,2,\cdots,m$，称满足"$x_i \underset{j}{<} x_{i'}$"的准则集合为非一致性集合（Discordance Set），记为 $C^{<}(x_i,x_{i'})$，即

$$C^{<}(x_i,x_{i'})=\{j \mid 1 \leqslant j \leqslant m,\ z_{ij} < z_{i'j}\} \tag{4-8}$$

定义 4-1　备选方案 x_i 和 $x_{i'}$ 的一致性集合 $C^{>}(x_i,x_{i'})$ 可进一步细分为强一致性集合 $C^{S>}(x_i,x_{i'})$、中等一致性集合 $C^{M>}(x_i,x_{i'})$ 和弱一致性集合 $C^{W>}(x_i,x_{i'})$。给定 $\xi^* > \xi^0$，定义 $C^{S>}(x_i,x_{i'})$、$C^{M>}(x_i,x_{i'})$ 和 $C^{W>}(x_i,x_{i'})$ 为：

（1）若 $\tilde{S}(z_{ij}) > \tilde{S}(z_{i'j})$，则

1）$C^{S>}(x_i,x_{i'})=\{j \mid \tilde{S}(z_{ij})-\tilde{S}(z_{i'j}) \geqslant \xi^*;\ i,i'=1,2,\cdots,n;\ i \neq i'\}$；

2）$C^{M>}(x_i,x_{i'})=\left\{j \,\middle|\, \begin{array}{l} \xi^* > \tilde{S}(z_{ij})-\tilde{S}(z_{i'j}) \geqslant \xi^0; \\ i,i'=1,2,\cdots,n;\ i \neq i' \end{array}\right\}$；

3）$C^{W>}(x_i,x_{i'})=\{j \mid \tilde{S}(z_{ij})-\tilde{S}(z_{i'j}) < \xi^0;\ i,i'=1,2,\cdots,n;\ i \neq i'\}$。

（2）若 $\tilde{S}(z_{ij})=\tilde{S}(z_{i'j})$，且 $AE(z_{ij})>AE(z_{i'j})$，则

1）$C^{S>}(x_i,x_{i'})=\left\{j\left|\begin{array}{l}AE(z_{ij})-AE(z_{i'j})\geqslant\xi^*;\\ i,i'=1,2,\cdots,n;\ i\neq i'\end{array}\right.\right\}$；

2）$C^{M>}(x_i,x_{i'})=\left\{j\left|\begin{array}{l}\xi^*>AE(z_{ij})-AE(z_{i'j})\geqslant\xi^0;\\ i,i'=1,2,\cdots,n;\ i\neq i'\end{array}\right.\right\}$；

3）$C^{W>}(x_i,x_{i'})=\left\{j\left|\begin{array}{l}AE(z_{ij})-AE(z_{i'j})<\xi^0;\\ i,i'=1,2,\cdots,n;\ i\neq i'\end{array}\right.\right\}$。

（3）若 $\tilde{S}(z_{ij})=\tilde{S}(z_{i'j})$、$AE(z_{ij})=AE(z_{i'j})$，且 $\mu_{z_{ij}}>\mu_{z_{i'j}}$，则

1）$C^{S>}(x_i,x_{i'})=\{j|\mu_{z_{ij}}-\mu_{z_{i'j}}\geqslant\xi^*;\ i,i'=1,2,\cdots,n;\ i\neq i'\}$；

2）$C^{M>}(x_i,x_{i'})=\{j|\xi^*>\mu_{z_{ij}}-\mu_{z_{i'j}}\geqslant\xi^0;\ i,i'=1,2,\cdots,n;\ i\neq i'\}$；

3）$C^{W>}(x_i,x_{i'})=\{j|\mu_{z_{ij}}-\mu_{z_{i'j}}<\xi^0;\ i,i'=1,2,\cdots,n;\ i\neq i'\}$。

其中，$AE(z_{ij})$ 和 $\tilde{S}(z_{ij})$ 分别为 z_{ij} 的累积期望函数和记分函数。

定义 4-2 令 $AE(z_{ij})$ 和 $\tilde{S}(z_{ij})$ 分别为 z_{ij} 的累积期望函数和记分函数，备选方案 x_i 和 $x_{i'}$ 的无差异集合 $C^=(x_i,\ x_{i'})$ 为

$$C^=(x_i,x_{i'})=\left\{j\left|\begin{array}{l}\tilde{S}(z_{ij})=\tilde{S}(z_{i'j});\ AE(z_{ij})=AE(z_{i'j});\\ \mu_{z_{ij}}=\mu_{z_{i'j}};\ i,i'=1,2,\cdots,n;\ i\neq i'\end{array}\right.\right\}$$

定义 4-3 备选方案 x_i 和 $x_{i'}$ 的非一致性集合 $C^<(x_i,x_{i'})$ 可进一步细分为强非一致性集合 $C^{S<}(x_i,x_{i'})$、中等非一致性集合 $C^{M<}(x_i,x_{i'})$ 和弱非一致性集合 $C^{W<}(x_i,x_{i'})$。给定 $\xi^*>\xi^0$，定义 $C^{S<}(x_i,x_{i'})$、$C^{M<}(x_i,x_{i'})$ 和 $C^{W<}(x_i,x_{i'})$ 为：

（1）若 $\tilde{S}(z_{i'j})>\tilde{S}(z_{ij})$，则

1）$C^{S<}(x_i,x_{i'})=\{j|\tilde{S}(z_{i'j})-\tilde{S}(z_{ij})\geqslant\xi^*;\ i,i'=1,2,\cdots,n;\ i\neq i'\}$；

2）$C^{M<}(x_i,x_{i'})=\left\{j\left|\begin{array}{l}\xi^*>\tilde{S}(z_{i'j})-\tilde{S}(z_{ij})\geqslant\xi^0;\\ i,i'=1,2,\cdots,n;\ i\neq i'\end{array}\right.\right\}$；

3) $C^{W<}(x_i,x_{i'})=\{j\,|\,\tilde{S}(z_{i'j})-\tilde{S}(z_{ij})<\xi^0;\ i,i'=1,2,\cdots,n;\ i\neq i'\}$。

(2) 若 $\tilde{S}(z_{i'j})=\tilde{S}(z_{ij})$，且 $AE(z_{i'j})>AE(z_{ij})$，则

1) $C^{S<}(x_i,x_{i'})=\left\{j\left|\begin{array}{l}AE(z_{i'j})-AE(z_{ij})\geqslant\xi^*;\\ i,i'=1,2,\cdots,n;\ i\neq i'\end{array}\right.\right\}$；

2) $C^{M<}(x_i,x_{i'})=\left\{j\left|\begin{array}{l}\xi^*>AE(z_{i'j})-AE(z_{ij})\geqslant\xi^0;\\ i,i'=1,2,\cdots,n;\ i\neq i'\end{array}\right.\right\}$；

3) $C^{W<}(x_i,x_{i'})=\left\{j\left|\begin{array}{l}AE(z_{i'j})-AE(z_{ij})<\xi^0;\\ i,i'=1,2,\cdots,n;\ i\neq i'\end{array}\right.\right\}$。

(3) 若 $\tilde{S}(z_{i'j})=\tilde{S}(z_{ij})$、$AE(z_{i'j})=AE(z_{ij})$，且 $\mu_{z_{i'j}}>\mu_{z_{ij}}$，则

1) $C^{S>}(x_i,x_{i'})=\{j\,|\,\mu_{z_{i'j}}-\mu_{z_{ij}}\geqslant\xi^*;\ i,i'=1,2,\cdots,n;\ i\neq i'\}$；

2) $C^{M>}(x_i,x_{i'})=\{j\,|\,\xi^*>\mu_{z_{i'j}}-\mu_{z_{ij}}\geqslant\xi^0;\ i,i'=1,2,\cdots,n;\ i\neq i'\}$；

3) $C^{W>}(x_i,x_{i'})=\{j\,|\,\mu_{z_{i'j}}-\mu_{z_{ij}}<\xi^0;\ i,i'=1,2,\cdots,n;\ i\neq i'\}$。

其中，$AE(z_{ij})$ 和 $\tilde{S}(z_{ij})$ 分别为 z_{ij} 的累积期望函数和记分函数。

性质 4-1　强一致性集合 $C^{S>}(x_i,x_{i'})$、中等一致性集合 $C^{M>}(x_i,x_{i'})$、弱一致性集合 $C^{W>}(x_i,x_{i'})$、强非一致性集合 $C^{S<}(x_i,x_{i'})$、中等非一致性集合 $C^{M<}(x_i,x_{i'})$ 和弱非一致性集合 $C^{W<}(x_i,x_{i'})$ 满足下列性质：

(1) $C^{S>}(x_i,x_{i'})\cap C^{M>}(x_i,x_{i'})\cap C^{W>}(x_i,x_{i'})=\varnothing$；

(2) $C^{S>}(x_i,x_{i'})\cup C^{M>}(x_i,x_{i'})\cup C^{W>}(x_i,x_{i'})=C^{>}(x_i,x_{i'})$；

(3) $C^{S<}(x_i,x_{i'})\cap C^{M<}(x_i,x_{i'})\cap C^{W<}(x_i,x_{i'})=\varnothing$；

(4) $C^{S<}(x_i,x_{i'})\cup C^{M<}(x_i,x_{i'})\cup C^{W<}(x_i,x_{i'})=C^{<}(x_i,x_{i'})$。

根据定义 4-1 和定义 4-3，易证性质 4-1，此处省略具体证明过程。

4.3.2　基于图片模糊决策矩阵的 ELECTRE-Ⅱ法的步骤

本小节基于经典 ELECTRE-Ⅱ法，构造基于图片模糊数累积期望函数、记分函数和积极隶属度的基于图片模糊决策矩阵的 ELECTRE-Ⅱ法。其中，

备选方案的评价值由图片模糊数表示，备选方案在不同准则下的评价结果由图片模糊决策矩阵刻画。基于图片模糊决策矩阵的多准则决策问题的具体求解过程如下。

算法 4-2 基于图片模糊决策矩阵的 ELECTRE-Ⅱ 法

输入 图片模糊决策矩阵 $\boldsymbol{Z}=(z_{ij})_{n\times m}$，且 $z_{ij}=(\mu_{z_{ij}},\eta_{z_{ij}},\nu_{z_{ij}})$。

输出 方案排序结果。

步骤 1 根据定义 3-3，计算每个备选方案不同准则值的累积期望函数值和记分函数值，分别记为 $AE(z_{ij})$ 和 $\tilde{S}(z_{ij})(i=1,2,\cdots,n;j=1,2,\cdots,m)$。

步骤 2 根据定义 4-1，构造强一致性集合 $C^{S>}(x_i,x_{i'})$、中等一致性集合 $C^{M>}(x_i,x_{i'})$ 和弱一致性集合 $C^{W>}(x_i,x_{i'})$。

步骤 3 根据定义 4-2，构造无差异集合 $C^{=}(x_i,x_{i'})$。

步骤 4 根据定义 4-3，构造强非一致性集合 $C^{S<}(x_i,x_{i'})$、中等非一致性集合 $C^{M<}(x_i,x_{i'})$ 和弱非一致性集合 $C^{W<}(x_i,x_{i'})$。

步骤 5 计算一致性系数和非一致性系数：

$$I_{ii'}^{>}=w_{C^{S>}}\times\sum_{j\in C^{S>}(x_i,x_{i'})}w_j+w_{C^{M>}}\times\sum_{j\in C^{M>}(x_i,x_{i'})}w_j+w_{C^{W>}}\times\sum_{j\in C^{W>}(x_i,x_{i'})}w_j+w_{C^{=}}\times\sum_{j\in C^{=}(x_i,x_{i'})}w_j \tag{4-9}$$

$$I_{ii'}^{<}(x_i,x_{i'})=w_{C^{S<}}\times\sum_{j\in C^{S<}(x_i,x_{i'})}w_j+w_{C^{M<}}\times\sum_{j\in C^{M<}(x_i,x_{i'})}w_j+w_{C^{W<}}\times\sum_{j\in C^{W<}(x_i,x_{i'})}w_j \tag{4-10}$$

其中，$\boldsymbol{w}_C=(w_{C^{S>}},w_{C^{M>}},w_{C^{W>}},w_{C^{=}},w_{C^{S<}},w_{C^{M<}},w_{C^{W<}})$ 表示的是 $C^{S>}(x_i,x_{i'})$、$C^{M>}(x_i,x_{i'})$、$C^{W>}(x_i,x_{i'})$、$C^{=}(x_i,x_{i'})$、$C^{S<}(x_i,x_{i'})$、$C^{M<}(x_i,x_{i'})$ 和 $C^{W<}(x_i,x_{i'})$ 的权重向量。

步骤 6 基于式（4-9）和式（4-10），构建一致性系数矩阵和非一致性系数矩阵，分别记为 $\boldsymbol{I}^{>}=(I_{ii'}^{>})_{n\times n}$ 和 $\boldsymbol{I}^{<}=(I_{ii'}^{<})_{n\times n}$。

步骤 7　计算备选方案 x_i 的优先指数，记为 $Y(x_i)(i=1,2,\cdots,n)$。具体计算公式为

$$Y(x_i)=\frac{1}{n-1}\sum_{i'=1,i'\neq i}^{n}\frac{I_{*}^{>}-I_{ii'}^{>}}{(I_{*}^{>}-I_{ii'}^{>})+(I_{*}^{<}-I_{ii'}^{<})} \tag{4-11}$$

其中，$I_{*}^{>}$ 和 $I_{*}^{<}$ 分别为一致性系数矩阵和非一致性系数矩阵的最大值，即 $I_{*}^{>}=\max\limits_{1\leqslant i,i'\leqslant n;i'\neq i}\{I_{ii'}^{>}\}$ 和 $I_{*}^{<}=\max\limits_{1\leqslant i,i'\leqslant n;i'\neq i}\{I_{ii'}^{<}\}$。显然，$Y(x_i)$ 越小，说明备选方案 x_i 的优先程度越高。

步骤 8　根据不同备选方案 x_i 的优先指数，对备选方案进行排序并择优。

步骤 9　结束。

算法 4-2 的流程如图 4-2 所示。

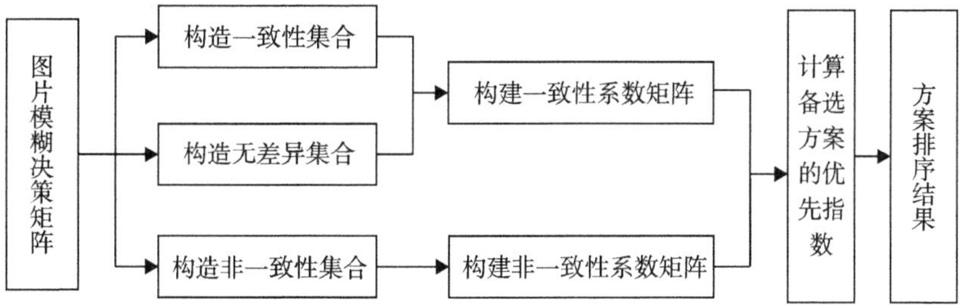

图 4-2　基于图片模糊决策矩阵的 ELECTRE-Ⅱ法

4.4　基于图片模糊决策矩阵的 PROMETHEE-Ⅱ法

类似于 ELECTRE-Ⅱ法，PROMETHEE-Ⅱ法也是基于优序关系的方案排序方法。考虑到本书的目的在于对备选方案进行完整排序，本节将经典 PROMETHEE-Ⅱ法扩展至图片模糊环境，通过结合图片模糊集的特点，构造基于图片模糊决策矩阵的优先函数，提出基于图片模糊决策矩阵的 PROMETHEE-Ⅱ法。

4.4.1 基于图片模糊决策矩阵的优先函数

基于优先关系的多准则决策方法的首要任务是确定每个准则下每对方案的相对优劣程度。但是，基于图片模糊决策矩阵的 ELECTRE-Ⅱ法会忽略各准则值之间差距大小的信息。为了弥补这个缺陷，本小节基于前文所提图片模糊数的相关基础理论，定义基于图片模糊决策矩阵的优先函数，描述不同准则下每对方案之间的优先程度，即根据各准则值（图片模糊决策矩阵的每列元素）的差距来判断每对方案之间的优劣程度。

定义 4-4 方案 x_i 与方案 $x_{i'}(i'=1,2,\cdots,n;\ i'\neq i)$ 在准则 c_j 下评价值的优先函数 $P_j(x_i,x_{i'})$ 定义如下：

（1）若 $\tilde{S}(z_{ij})\neq\tilde{S}(z_{i'j})$，则

$$P_j(x_i,x_{i'})=\begin{cases}AE(z_{ij})-AE(z_{i'j}), & \text{若 } AE(z_{ij})>AE(z_{i'j})\\ 0, & \text{若 } AE(z_{ij})<AE(z_{i'j})\end{cases}\tag{4-12}$$

（2）若 $\tilde{S}(z_{ij})=\tilde{S}(z_{i'j})$，且 $AE(z_{ij})\neq AE(z_{i'j})$，则

$$P_j(x_i,x_{i'})=\begin{cases}\tilde{S}(z_{ij})-\tilde{S}(z_{i'j}), & \text{若 } \tilde{S}(z_{ij})>\tilde{S}(z_{i'j})\\ 0, & \text{若 } \tilde{S}(z_{ij})<\tilde{S}(z_{i'j})\end{cases}\tag{4-13}$$

（3）若 $\tilde{S}(z_{ij})=\tilde{S}(z_{i'j})$、$AE(z_{ij})=AE(z_{i'j})$，且 $\mu_{z_{i'j}}\neq\mu_{z_{ij}}$，则

$$P_j(x_i,x_{i'})=\begin{cases}\mu_{z_{ij}}-\mu_{z_{i'j}}, & \text{若 } \mu_{z_{ij}}>\mu_{z_{i'j}}\\ 0, & \text{若 } \mu_{z_{ij}}<\mu_{z_{i'j}}\end{cases}\tag{4-14}$$

其中，$AE(z_{ij})$ 和 $\tilde{S}(z_{ij})$ 分别为 z_{ij} 的累积期望函数和记分函数。

性质 4-2 方案 x_i、方案 $x_{i'}$ 与方案 $x_{i''}(i,i',i''=1,2,\cdots,n;\ i'\neq i\neq$

i''）在准则 c_j 下评价值的优先函数满足以下性质：

（1）对于所有的 $j=1,2,\cdots,m$，$P_j(x_i,x_{i'})\in[0,1]$；

（2）对于所有的 $j=1,2,\cdots,m$，$P_j(x_i,x_{i'})+P_j(x_{i'},x_i)\in[0,1]$；

（3）如果方案 x_i 与方案 $x_{i'}$ 在准则 c_j 下的评价值满足 $\tilde{S}(z_{ij})\neq\tilde{S}(z_{i'j})$，那么，$P_j(x_i,x_{i'})+P_j(x_{i'},x_i)+\tilde{S}(z_{i'j})=\tilde{S}(z_{ij})$；

（4）如果方案 x_i 与方案 $x_{i'}$ 在准则 c_j 下的评价值同时满足以下条件：$\tilde{S}(z_{ij})=\tilde{S}(z_{i'j})$ 和 $AE(z_{ij})\neq AE(z_{i'j})$，那么，$P_j(x_i,x_{i'})+P_j(x_{i'},x_i)+AE(z_{i'j})=AE(z_{ij})$；

（5）如果方案 x_i 与方案 $x_{i'}$ 在准则 c_j 下的评价值同时满足以下条件：$\tilde{S}(z_{ij})=\tilde{S}(z_{i'j})$、$AE(z_{ij})=AE(z_{i'j})$ 和 $\mu_{z_{i'j}}\neq\mu_{z_{ij}}$，那么，$P_j(x_i,x_{i'})+P_j(x_{i'},x_i)+\mu_{z_{i'j}}=\mu_{z_{ij}}$；

（6）如果方案 x_i、方案 $x_{i'}$ 与方案 $x_{i''}$ 在准则 c_j 下的评价值满足以下条件：$\tilde{S}(z_{ij})\neq\tilde{S}(z_{i'j})\neq\tilde{S}(z_{i''j})$ 且 $P_j(x_i,x_{i'})=P_j(x_{i'},x_{i''})=0$，那么，$P_j(x_i,x_{i''})=0$；

（7）如果方案 x_i、方案 $x_{i'}$ 与方案 $x_{i''}$ 在准则 c_j 下的评价值满足以下条件：$\tilde{S}(z_{ij})=\tilde{S}(z_{i'j})=\tilde{S}(z_{i''j})$ 和 $AE(z_{ij})\neq AE(z_{i'j})\neq AE(z_{i''j})$，且 $P_j(x_i,x_{i'})=P_j(x_{i'},x_{i''})=0$，那么，$P_j(x_i,x_{i''})=0$；

（8）如果方案 x_i、方案 $x_{i'}$ 与方案 $x_{i''}$ 在准则 c_j 下的评价值满足以下条件：$\tilde{S}(z_{ij})=\tilde{S}(z_{i'j})=\tilde{S}(z_{i''j})$、$AE(z_{ij})=AE(z_{i'j})=AE(z_{i''j})$ 和 $\mu_{z_{ij}}\neq\mu_{z_{i'j}}\neq\mu_{z_{i''j}}$，且 $P_j(x_i,x_{i'})=P_j(x_{i'},x_{i''})=0$，那么，$P_j(x_i,x_{i''})=0$。

根据定义 3-3 和定义 4-4，易知以上八个性质显然成立，故此处省略性质 4-2 的具体证明过程。

4.4.2　基于图片模糊决策矩阵的 PROMETHEE-Ⅱ法的步骤

本小节基于经典 PROMETHEE-Ⅱ法，构造基于图片模糊数累积期望函数、记分函数和积极隶属度的基于图片模糊决策矩阵的 PROMETHEE-Ⅱ法。其中，备选方案的评价值由图片模糊数表示，备选方案在不同准则下的评价结果由图片模糊决策矩阵刻画。基于图片模糊决策矩阵的多准则决策问题的具体求解过程如下。

算法 4-3　基于图片模糊决策矩阵的 PROMETHEE-Ⅱ法

输入　图片模糊决策矩阵 $\mathbf{Z}=(z_{ij})_{n\times m}$，且 $z_{ij}=(\mu_{z_{ij}},\eta_{z_{ij}},\nu_{z_{ij}})$。

输出　方案排序结果。

步骤 1　根据定义 3-3，计算每个备选方案不同准则值的累积期望函数值和记分函数值，分别记为 $AE(z_{ij})$ 和 $\tilde{S}(z_{ij})(i=1,2,\cdots,n;j=1,2,\cdots,m)$。

步骤 2　根据定义 4-4，计算方案 x_i 与方案 $x_{i'}(i'=1,2,\cdots,n;\ i'\neq i)$ 在准则 c_j 下评价值的优先函数 $P_j(x_i,x_{i'})$ 的值，并构造每个准则下表示每对方案间优先程度的矩阵，记为 $\boldsymbol{P}_j$。

步骤 3　计算每个准则下方案 x_i 优先于其他所有方案的程度，称为方案 x_i 基于准则 c_j 的优先指数，记为 $P_j(x_i)$，计算公式为

$$P_j(x_i)=\sum_{i'=1,i'\neq i}^{n}P_j(x_i,x_{i'}) \tag{4-15}$$

步骤 4　计算方案 x_i 优先于其他所有方案的综合程度，称为方案 x_i 的综合优先指数，记为 $P(x_i)$，计算公式为

$$P(x_i)=\sum_{j=1}^{m}w_jP_j(x_i) \tag{4-16}$$

其中，w_j 为准则 c_j 的权重系数，且满足 $w_j\in[0,1]$ 和 $\sum_{j=1}^{m}w_j=1$。

步骤 5　依次计算方案 x_i 的流出、流入以及净流，分别记为 $\Omega^+(x_i)$、$\Omega^-(x_i)$ 和 $\Omega(x_i)$，具体计算公式为

$$\Omega^{+}(x_i) = \frac{1}{n-1} P(x_i) \tag{4-17}$$

$$\Omega^{-}(x_i) = \frac{1}{n-1} \sum_{j=1}^{m} \sum_{i'=1, i' \neq i}^{n} w_j P_j(x_i, x_{i'}) \tag{4-18}$$

$$\Omega(x_i) = \Omega^{+}(x_i) - \Omega^{-}(x_i) \tag{4-19}$$

步骤 6　根据每个方案净流的大小确定方案间的优序关系，其规则为：

（1）若对于方案 x_i 和方案 $x_{i'}$，存在 $\Omega(x_i) > \Omega(x_{i'})$，则说明方案 x_i 优于方案 $x_{i'}$，记为 $x_i P x_{i'}$；

（2）若对于方案 x_i 和方案 $x_{i'}$，存在 $\Omega(x_i) = \Omega(x_{i'})$，则说明方案 x_i 与方案 $x_{i'}$ 等价，记为 $x_i I x_{i'}$。

步骤 7　基于方案间的优序关系，给出方案的排序结果。

步骤 8　结束。

算法 4-3 的流程如图 4-3 所示。

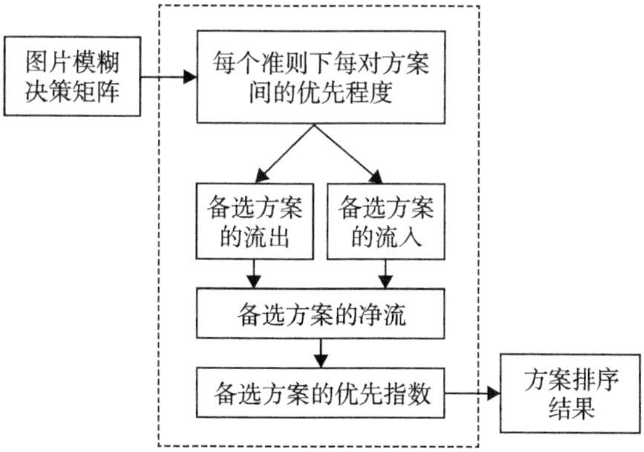

图 4-3　基于图片模糊决策矩阵的 PROMETHEE-Ⅱ法

4.5　进一步讨论

不同于常见的基于决策矩阵的多准则决策框架，本章所探讨的基于图片模糊决策矩阵的多准则决策框架在决策信息表达方面略胜一筹。通过结合图片模糊集的特性，采用图片模糊决策矩阵表示所有决策者对每个方案在不同准则下的评价结果，可以完整地保留并记录不同决策者给出的积极、中立、消极以及拒绝的评价信息，在对决策者给出的评价信息进行收集的过程中，已合理地完成了个体信息的融合，以避免产生少数决策者因其意见难以被采纳而拒绝表达其真实评价结果的现象。

方案排序方法是基于决策矩阵的多准则决策方法研究中最重要和热门的话题。本章针对基于图片模糊决策矩阵的多准则决策问题，遵循对权重敏感性低、获取排序结果的方式简单易懂以及计算过程简便且结果容易理解的原则，提出了三种方案排序方法。其中，基于图片模糊决策矩阵的 TOPSIS 法从客观的角度对备选方案进行排序，而基于图片模糊决策矩阵的 ELECTRE-Ⅱ法和基于图片模糊决策矩阵的 PROMETHEE-Ⅱ法是基于决策者的主观意愿来确定最优方案。由此可见，本章所提出的这三种方法相辅相成，分别适用于不同的决策环境，进一步丰富了图片模糊多准则决策方法的研究。

基于图片模糊决策矩阵的 TOPSIS 法是基于图片模糊数的距离测度的多准则决策方法，利用该方法求解基于图片模糊决策矩阵的多准则决策问题可以较为客观地获得方案的排序结果，且克服了传统 TOPSIS 法的局限性。本书所提出的基于图片模糊决策矩阵的 TOPSIS 法的原理简单且较为贴合实际，并且该方法采用了广义图片距离测度衡量方案的评价值与正、负理想解的差距，根据参数的不同可将其变换为不同类型的距离测度，如 Hamming 距离、欧氏距离等，可应用于各个领域中涉及多位决策者、多个准则和多个备选方案的决策问题。美中不足的是，广义图片距离测度的计算过程相对比较复杂，必须借助编程软件才能完成该过程。

与此同时，基于图片模糊决策矩阵的 ELECTRE-Ⅱ法和基于图片模糊决策矩阵的 PROMETHEE-Ⅱ法是基于优序关系的多准则决策方法，这两种方法结合了图片模糊数的特性，在一定程度上避免了因传统 ELECTRE 法和 PROMETHEE 法的主观性较强而引起的决策结果差异。然而，这两种方法并非十全十美。一方面，基于图片模糊决策矩阵的 ELECTRE-Ⅱ法需要预先确定准则的权重值，由于该方法不包含权重确定过程，因而不能单独利用该方法获得方案的排序结果，需要结合权重求解模型才能进一步处理多准则决策问题。另一方面，尽管确定基于图片模糊决策矩阵的 PROMETHEE-Ⅱ法中的参数并不困难，但在选择优先函数以及确定参数时，不同决策者因其价值观的差异会做出不同的决定，因而需要与不同决策者进行沟通和交流，导致这两个过程会比较烦琐。此外，在应用方面，基于图片模糊决策矩阵的 ELECTRE-Ⅱ法因其易懂且赋予决策者数据设定权而适用于各种需要决策者承担较多责任的决策问题；同时，基于图片模糊决策矩阵的 PROMETHEE-Ⅱ法的主观性较强，能够较好地体现决策者的意愿，适用于决策者愿意主导决策过程的实际问题。

4.6 本章小结

本章对基于图片模糊决策矩阵的多准则决策方法进行了研究。第 4.1 节构建了基于图片模糊决策矩阵的多准则决策框架。第 4.2 节介绍了基于距离测度的基于图片模糊决策矩阵的 TOPSIS 法的求解思路和具体步骤。第 4.3 节和第 4.4 节提出了两种基于优序关系的图片模糊多准则决策方法。第一种是基于图片模糊决策矩阵的 ELECTRE-Ⅱ法，该方法是通过构造基于图片模糊决策矩阵的优序关系，并结合经典 ELECTRE-Ⅱ法以及图片模糊数的特性而提出的。第二种是基于图片模糊决策矩阵的 PROMETHEE-Ⅱ法，通过结合本书第 2 章所提出的图片模糊数的累积期望函数和记分函数，构造了基于图片模糊决策矩阵的优先函数，进而给出了利用基于图片模糊决策矩阵的 PROMETHEE-Ⅱ法求解多准则决策问题的具体步骤。第 4.5 节对本章所提出的方法进行了分析和讨论。总之，本章研究为求解不同情形下具有图片模糊信息的群体决策问题提供了理论支撑，完善了图片模糊群体决策方法的体系。

第5章 基于图片模糊偏好关系的群体共识决策方法

在实际群体决策过程中，决策问题往往比较复杂，常常需要邀请不同领域或具有不同知识背景的决策群体共同参与决策。首先，由于不同决策群体中的决策者来自不同领域且偏好各不相同，其所提供的偏好信息往往存在较大差异。其次，主观赋予决策群体权重值可能产生不公平的结果，引起决策群体的不满情绪及抱怨，因而需要客观地确定决策群体的权重值。最后，为了得到令人满意的决策结果，需要所有决策群体在一定程度上达成共识。共识水平较低的决策结果往往毫无意义且难以得到所有决策群体的全力支持。群体共识达成过程旨在通过衡量个体意见的共识度，检验并提高所有决策者的群体共识水平，以形成全体认可的决策结果。由此可见，在基于偏好信息的群体决策过程中，往往涉及以下几类问题：如何对互相矛盾的偏好信息进行量化，如何确定决策者的重要性程度，如何达成群体共识，以及如何合理地对备选方案进行排序。其中，第 3 章已对偏好信息量化和决策方案排序问题进行了研究。因此，本章主要针对剩余的问题，充分利用第 3 章的研究成果，提出在权重信息完全未知的情形下基于图片模糊偏好关系的群体共识决策方法，旨在保证在个体偏好信息满足一致性的前提下，获得依次达成准则层群体共识和目标层群体共识的决策结果。

5.1　基于图片模糊偏好关系的群体共识决策框架

根据现实生活中的复杂群体决策情形，本章考虑如下描述的群体决策问题。假设有 q 位决策者［记为 $d^{(k)}(k=1,2,\cdots,q)$］参与该群体决策过程，并组成决策委员会。要求这些决策者基于不同准则［记为 $c_j(j=1,2,\cdots,m)$］分别判断每对备选方案［记为 $x_i(i=1,2,\cdots,n)$］之间的偏好关系。由于 q 位决策者具有不同的教育背景和专业水平，因而他们对准则和方案的要求和期望存在差异。为了保证决策过程顺利进行，现对决策者进行划分，形成不同的决策群体，记为 $D_{g^{(K)}}=\{d_{g^{(K)}}^{(1)},d_{g^{(K)}}^{(2)},\cdots,d_{g^{(K)}}^{(\#g^{(K)})}\}$（$K=1,2,\cdots,Q$）。其中，$\#g^{(K)}$ 指的是组成决策群体 $D_{g^{(K)}}$ 的决策者人数。显然，$\sum_{K=1}^{Q}\#g^{(K)}=q$。要求每位决策者分别基于每个准则，通过判断"方案 x_i 在准则 c_j 下的表现是否优于方案 $x_{i'}$"，表明其对任意一组备选方案在不同准则下的两两对比结果。随后，以决策群体为单位，将结果依次记录在表 5-1 中。

表 5-1　决策群体 $D_{g^{(K)}}$ 对备选方案在准则 c_j 下的两两对比结果

<table>
<tr><th rowspan="2">决策者</th><th rowspan="2">方案</th><th rowspan="2">偏好信息</th><th colspan="4">方案</th></tr>
<tr><th>x_1</th><th>x_2</th><th>……</th><th>x_n</th></tr>
<tr><td rowspan="9">$d_{g^{(K)}}^{(1)}$</td><td rowspan="4">x_1</td><td>是</td><td rowspan="4">—</td><td></td><td></td><td></td></tr>
<tr><td>中立</td><td></td><td></td><td></td></tr>
<tr><td>否</td><td></td><td></td><td></td></tr>
<tr><td>拒绝</td><td></td><td></td><td></td></tr>
<tr><td>……</td><td>……</td><td>……</td><td>……</td><td>……</td><td>……</td></tr>
<tr><td rowspan="4">x_n</td><td>是</td><td></td><td></td><td></td><td rowspan="4">—</td></tr>
<tr><td>中立</td><td></td><td></td><td></td></tr>
<tr><td>否</td><td></td><td></td><td></td></tr>
<tr><td>拒绝</td><td></td><td></td><td></td></tr>
</table>

续表

决策者	方案	偏好信息	方案			
			x_1	x_2	……	x_n
$d_{g^{(K)}}^{(2)}$	x_1	是	—			
		中立				
		否				
		拒绝				
	……	……	……	……	……	……
	x_n	是				—
		中立				
		否				
		拒绝				
……	……	……	……	……	……	……
$d_{g^{(K)}}^{(\#g^{(K)})}$	x_1	是	—			
		中立				
		否				
		拒绝				
	……	……	……	……	……	……
	x_n	是				—
		中立				
		否				
		拒绝				

注意到，本章所研究的图片模糊群体共识决策问题中的决策个体和决策群体分别指的是每个决策群体和整个决策委员会。通过将每个决策群体的偏好信息表示为一个图片模糊偏好关系，充分利用图片模糊数的优势，完整、有效地刻画决策者之间相互矛盾的偏好态度，构建实际问题与基于图片模糊偏好关系的群体共识决策问题的联系，使得每位决策者的意见均得到充分的考虑。

由表 5-1 可知，常见的群体决策问题涉及的决策信息较多，如何利用简易的方式完整地记录这些信息并基于简化后的结果进行最终决策亟待解决。为此，本章所研究的基于图片模糊偏好关系的群体共识决策框架包括以下四个部分。

（1）偏好信息的量化过程。该过程旨在应用图片模糊偏好关系完整地记录每个决策群体内具有不同学术背景和实践经验的决策者给出的大量相互矛盾的偏好信息，通过对每个准则下每个决策群体对每对方案的四种对比结果进行收集和统计，计算其各自所占该决策群体内决策者总人数的比例，可将偏好信息量化为图片模糊数，进而构建基于不同准则的个体图片模糊偏好关系。本书将由表 5-1 统计所得的表征准则 c_j 下决策群体偏好信息的个体图片模糊偏好关系记为 $\boldsymbol{R}(c_j)^{(K)}=(r(c_j)_{ii'}^{(K)})_{n\times n}$，其中，$r(c_j)_{ii'}^{(K)}=(\mu_{r(c_j)_{ii'}}^{(K)},\eta_{r(c_j)_{ii'}}^{(K)},\nu_{r(c_j)_{ii'}}^{(K)})$。

（2）个体图片模糊偏好关系一致性检验及非一致性修正过程。该过程旨在确保每个决策群体提供的偏好信息不会引起自相矛盾的决策结果。

（3）群体共识达成过程。该过程旨在保证所有决策者给出的对方案的偏好信息均得到充分考虑且最终形成的综合偏好信息能够得到决策委员会所有成员的认可。类似于 AHP 的层次结构，该过程具体包括以下两个子过程。

1）个体信息融合和准则层群体共识达成过程。该过程旨在基于加型一致性分别确定不同准则下决策群体的权重信息，集结同一准则下不同决策群体给出的具有可接受加型一致性的个体图片模糊偏好关系，设计准则层共识达成过程，获得不同准则下达成共识的群体图片模糊偏好关系。

2）群体信息融合和目标层群体共识达成过程。该过程旨在基于群体共识指数求解不同准则的权重系数，集结不同准则下达成共识的群体图片模糊偏好关系，设计目标层群体共识达成过程，获得达成共识的综合图片模糊偏好关系。

（4）方案择优过程。该过程旨在根据综合图片模糊偏好关系对备选方案进行排序，选出所有决策者均认可的最优方案。

5.2　准则层群体共识达成方法

如前文所述，利用图片模糊偏好关系刻画每个决策群体对方案的两两对比结果，可以保证该决策群体内不同决策者给出的偏好信息得到完整、有效的记录和整合，但是不同决策群体对方案在同一准则下的对比结果是相互独立的，分别表现为不同个体图片模糊偏好关系。那么，在基于同一准则的个体图片模糊偏好关系经过一致性检验及非一致性修正后，需要考虑同一准则下个体图片模糊偏好关系之间的差异，并构建基于同一准则的群体图片模糊偏好关系。为了获得有效的群体偏好信息，本节研究基于图片模糊偏好关系的群体共识决策问题中第三阶段的第一个子过程：根据个体图片模糊偏好关系的加型一致性指数确定决策群体的相对重要性程度；引入基于图片模糊偏好关系加型一致性的集结算子，以融合不同决策群体提供的备选方案在同一准则下的两两对比结果；通过准则层群体共识达成过程检验并提升每一准则下不同决策群体的共识水平。

5.2.1　基于同一准则的个体偏好信息融合方法

依据“一致性水平越高，意见越重要”的原则，本书基于 $\boldsymbol{R}(c_j)^{(K)}$ 的加型一致性指数 [$D-ACI(\boldsymbol{R}(c_j)^{(K)})$ 或 $AS-ACI(\boldsymbol{R}(c_j)^{(K)})$] 分别依次确定同一准则下不同决策群体的相对重要性程度，即决策群体在不同准则下的权重值，记为 $\omega_{(j)}^{o(K')}$。据此，本小节构建两种基于图片模糊偏好关系加型一致性的决策群体权重系数求解模型，具体见式（5-1）和式（5-2）。

（1）基于图片模糊偏好关系加型一致性指数 [$D-ACI(\boldsymbol{R}(c_j)^{(K)})$] 的决策群体权重系数求解模型：

$$\omega_{(j)}^{o(K')} = \begin{cases} \left[\dfrac{D-ACI(\boldsymbol{R}(c_j)^{o(1)})}{\sum\limits_{K=1}^{Q} D-ACI(\boldsymbol{R}(c_j)^{(K)})} \right]^{0.9}, \\ \left[\dfrac{\sum\limits_{K'=1}^{Q'} (D-ACI(\boldsymbol{R}(c_j)^{o(K')}))}{\sum\limits_{K=1}^{Q} D-ACI(\boldsymbol{R}(c_j)^{(K)}]} \right]^{0.9} - \\ \left[\dfrac{\sum\limits_{K'=1}^{Q'-1} D-ACI(\boldsymbol{R}(c_j)^{o(K')})}{\sum\limits_{K=1}^{Q} D-ACI(\boldsymbol{R}(c_j)^{(K)})} \right]^{0.9}, Q' = 2,3,\cdots,Q \end{cases} \tag{5-1}$$

其中，$\omega_{(j)}^{o(K')}$ 满足 $\omega_{(j)}^{o(K')} \in [0,1]$ 和 $\sum\limits_{K'=1}^{Q} \omega_{(j)}^{o(K')} = 1$。$D-ACI(\boldsymbol{R}(c_j)^{o(K')})$ 表示对 $D-ACI(\boldsymbol{R}(c_j)^{(K)})$ 的值进行降序排列时，排在第 K' 位的加型一致性指数。也就是说，集合 $\{D-ACI(\boldsymbol{R}(c_j)^{o(1)}), D-ACI(\boldsymbol{R}(c_j)^{o(2)}), \cdots, D-ACI(\boldsymbol{R}(c_j)^{o(n)})\}$ 是按照从大到小的顺序对集合 $\{D-ACI(\boldsymbol{R}(c_j)^{(1)}), D-ACI(\boldsymbol{R}(c_j)^{(2)}), \cdots, D-ACI(\boldsymbol{R}(c_j)^{(n)})\}$ 中的元素进行重新排序的结果。相应地，将与加型一致性指数 $D-ACI(\boldsymbol{R}(c_j)^{o(K')})$ 一一对应的个体图片模糊偏好关系记为 $\boldsymbol{R}(c_j)^{o(K')} = (r(c_j)_{ii'}^{o(K')})_{n\times n} = (\mu_{r(c_j)_{ii'}}^{o(K')}, \eta_{r(c_j)_{ii'}}^{o(K')}, \nu_{r(c_j)_{ii'}}^{o(K')})_{n\times n}$。

（2）基于图片模糊偏好关系加型一致性指数 [$AS-ACI(\boldsymbol{R}(c_j)^{(K)})$] 的决策群体权重系数求解模型：

$$\omega_{(j)}^{o(K')}=\begin{cases}\left[\dfrac{AS-ACI(\boldsymbol{R}(c_j)^{o(1)})}{\sum_{K=1}^{Q}AS-ACI(\boldsymbol{R}(c_j)^{(K)})}\right]^{0.9},\\ \left[\dfrac{\sum_{K'=1}^{Q'}(AS-ACI(\boldsymbol{R}(c_j)^{o(K')}))}{\sum_{K=1}^{Q}AS-ACI(\boldsymbol{R}(c_j)^{(K)})}\right]^{0.9}-\\ \left[\dfrac{\sum_{K'=1}^{Q'-1}AS-ACI(\boldsymbol{R}(c_j)^{o(K')})}{\sum_{K=1}^{Q}AS-ACI(\boldsymbol{R}(c_j)^{(K)})}\right]^{0.9},Q'=2,3,\cdots,Q\end{cases}\tag{5-2}$$

类似于式（5-1），式（5-2）所得决策群体的权重值 $\omega_{(j)}^{o(K')}$ 满足 $\omega_{(j)}^{o(K')}\in[0,1]$ 和 $\sum_{K'=1}^{Q}\omega_{(j)}^{o(K')}=1$。$\{AS-ACI(\boldsymbol{R}(c_j)^{o(1)}),AS-ACI(\boldsymbol{R}(c_j)^{o(2)}),\cdots,AS-ACI(\boldsymbol{R}(c_j)^{o(n)})\}$ 是按照从大到小的顺序对 $\{AS-ACI(\boldsymbol{R}(c_j)^{(1)}),AS-ACI(\boldsymbol{R}(c_j)^{(2)}),\cdots,AS-ACI(\boldsymbol{R}(c_j)^{(n)})\}$ 进行重新排序的结果。与加型一致性指数 $AS-ACI(\boldsymbol{R}(c_j)^{o(K')})$ 对应的个体图片模糊偏好关系为 $\boldsymbol{R}(c_j)^{o(K')}$。需要说明的是，为了避免所得权重差别过大或过小，式（5-1）和式（5-2）在对权重系数进行归一化的过程中加入了参数 0.9。

接下来，基于本书第 2 章所提出的基于凸组合的图片模糊数的加法运算规则，下文首先引入图片模糊诱导有序加权平均（Picture Fuzzy Induced Ordered Weighted Averaging，PFIOWA）算子。

定义 5-1　假设 $p=\{p_l=(\mu_l,\eta_l,\nu_l)\mid\mu_l,\eta_l,\nu_l\in[0,1],l=1,2,\cdots,n\}$ 为一组图片模糊数，定义函数 $PFIOWA$：$(p)^n\rightarrow p$ 为集结 n 个图片模糊数的 PFIOWA 算子，具体如下：

$$
\begin{aligned}
& PFIOWA(\langle \varepsilon_1, p_1 \rangle, \langle \varepsilon_2, p_2 \rangle, \cdots, \langle \varepsilon_n, p_n \rangle) \\
& = \sum_{l'=1}^{n} [\omega_{o(l')} \cdot p_{o(l')}] \\
& = \omega_{o(1)} p_{o(1)} \overline{\oplus} \omega_{o(2)} p_{o(2)} \overline{\oplus} \cdots \overline{\oplus} \omega_{o(n)} p_{o(n)} \\
& = \left(\begin{array}{l}
\dfrac{\sum_{l'=1}^{n-1} \varepsilon_{o(l')}}{\sum_{l=1}^{n} \varepsilon_l} \times \mu_{C_\partial}(p_{o(n-1)}) + \dfrac{\varepsilon_{o(n)}}{\sum_{l=1}^{n} \varepsilon_l} \{1 - [1 - \mu_{o(n)}]^{\omega_{o(n)}}\}, \\
\dfrac{\sum_{l'=1}^{n-1} \varepsilon_{o(l')}}{\sum_{l=1}^{n} \varepsilon_l} \times \eta_{C_\partial}(p_{o(n-1)}) + \dfrac{\varepsilon_{o(n)}}{\sum_{l=1}^{n} \varepsilon_l} (\eta_{o(n)})^{\omega_{o(n)}}, \\
\dfrac{\sum_{l'=1}^{n-1} \varepsilon_{o(l')}}{\sum_{l=1}^{n} \varepsilon_l} \times \nu_{C_\partial}(p_{o(n-1)}) + \dfrac{\varepsilon_{o(n)}}{\sum_{l'=1}^{n} \varepsilon_{o(l')}} \{[\eta_{o(n)} + \nu_{o(n)}]^{\omega_{o(n)}} - [\eta_{o(n)}]^{\omega_{o(n)}}\}
\end{array} \right) \\
& = \left(\begin{array}{l}
\sum_{l'=1}^{n} \dfrac{\varepsilon_{o(l')}}{\sum_{l=1}^{n} \varepsilon_l} \{1 - [1 - \mu_{o(l')}]^{\omega_{o(l')}}\}, \sum_{l'=1}^{n} \dfrac{\varepsilon_{o(l')}}{\sum_{l=1}^{n} \varepsilon_l} [\eta_{o(l')}]^{\omega_{o(l')}}, \\
\sum_{l'=1}^{n} \dfrac{\varepsilon_{o(l')}}{\sum_{l=1}^{n} \varepsilon_l} \{[\eta_{o(l')} + \nu_{o(l')}]^{\omega_{o(l')}} - [\eta_{o(l')}]^{\omega_{o(l')}}\}
\end{array} \right\}
\end{aligned} \tag{5-3}
$$

其中，$\mu_{C_\partial}(p_{o(n-1)})$、$\eta_{C_\partial}(p_{o(n-1)})$ 和 $\nu_{C_\partial}(p_{o(n-1)})$ 分别为

$$
\begin{aligned}
& \mu_{C_\partial}(p_{o(n-1)}) \\
& = \frac{\sum_{l'=1}^{n-2} \varepsilon_{o(l')}}{\sum_{l=1}^{n-1} \varepsilon_l} \times \mu_{C_\partial}(p_{o(n-2)}) + \frac{\varepsilon_{o(n-1)}}{\sum_{l=1}^{n-1} \varepsilon_l} \{1 - [1 - \mu_{o(n-1)}]^{\omega_{o(n-1)}}\}
\end{aligned}
$$

$$\eta_{C_{\partial}}(p_{o(n-1)})=\frac{\sum_{l'=1}^{n-2}\varepsilon_{o(l')}}{\sum_{l=1}^{n-1}\varepsilon_{l}}\times\eta_{C_{\partial}}(p_{o(n-2)})+\frac{\varepsilon_{o(n-1)}}{\sum_{l=1}^{n-1}\varepsilon_{l}}[\eta_{o(n-1)}]^{\omega_{o(n-1)}}$$

$$\nu_{C_{\partial}}(p_{o(n-1)})=\frac{\sum_{l'=1}^{n-2}\varepsilon_{o(l')}}{\sum_{l=1}^{n-1}\varepsilon_{l}}\times\nu_{C_{\partial}}(p_{o(n-2)})+$$

$$\frac{\varepsilon_{o(n-1)}}{\sum_{l'=1}^{n-1}\varepsilon_{o(l')}}\{[\eta_{o(n-1)}+\nu_{o(n-1)}]^{\omega_{o(n-1)}}-[\eta_{o(n-1)}]^{\omega_{o(n-1)}}\}$$

以此类推，可知：

$$\mu_{C_{\partial}}(p_{o(3)})=\frac{\sum_{l'=1}^{2}\varepsilon_{o(l')}}{\sum_{l'=1}^{3}\varepsilon_{o(l')}}\times\left\{\begin{array}{l}\dfrac{\varepsilon_{o(1)}[1-(1-\mu_{o(1)})^{\omega_{o(1)}}]}{\varepsilon_{o(1)}+\varepsilon_{o(2)}}+\\[2ex]\dfrac{\varepsilon_{o(2)}[1-(1-\mu_{o(2)})^{\omega_{o(2)}}]}{\varepsilon_{o(1)}+\varepsilon_{o(2)}}\end{array}\right\}+$$

$$\frac{\varepsilon_{o(3)}}{\sum_{l'=1}^{3}\varepsilon_{o(l')}}\{1-[1-\mu_{o(3)}]^{\omega_{o(3)}}\}$$

$$\eta_{C_{\partial}}(p_{o(3)})=\frac{\sum_{l'=1}^{2}\varepsilon_{o(l')}}{\sum_{l'=1}^{3}\varepsilon_{o(l')}}\times\left\{\frac{\varepsilon_{o(1)}[\eta_{o(1)}]^{\omega_{o(1)}}}{\varepsilon_{o(1)}+\varepsilon_{o(2)}}+\frac{\varepsilon_{o(2)}[\eta_{o(2)}]^{\omega_{o(2)}}}{\varepsilon_{o(1)}+\varepsilon_{o(2)}}\right\}+$$

$$\frac{\varepsilon_{o(3)}}{\sum_{l'=1}^{3}\varepsilon_{o(l')}}[\eta_{o(3)}]^{\omega_{o(3)}}$$

$$\nu_{C_\partial}(p_{o(3)})=\frac{\sum_{l'=1}^{2}\varepsilon_{o(l')}}{\sum_{l'=1}^{3}\varepsilon_{o(l')}}\times\left\{\begin{array}{l}\dfrac{\varepsilon_{o(1)}[(\eta_{o(1)}+\nu_{o(1)})^{\omega_{o(1)}}-(\eta_{o(1)})^{\omega_{o(1)}}]}{\varepsilon_{o(1)}+\varepsilon_{o(2)}}+\\ \dfrac{\varepsilon_{o(2)}[(\eta_{o(2)}+\nu_{o(2)})^{\omega_{o(2)}}-(\eta_{o(2)})^{\omega_{o(2)}}]}{\varepsilon_{o(1)}+\varepsilon_{o(2)}}\end{array}\right\}+$$

$$\frac{\varepsilon_{o(3)}}{\sum_{l'=1}^{3}\varepsilon_{o(l')}}\{[\eta_{o(3)}+\nu_{o(3)}]^{\omega_{o(3)}}-[\eta_{o(3)}]^{\omega_{o(3)}}\}$$

在式（5-3）中，$(\omega_{o(1)},\omega_{o(2)},\cdots,\omega_{o(n)})$ 为与函数相关联的权重向量，且满足 $\sum_{l'=1}^{n}\omega_{o(l')}=1$ 和 $\omega_{o(l')}\in[0,1]$；$o:\{1,2,\cdots,n\}\rightarrow\{1,2,\cdots,n\}$ 表示一个置换，使得对于所有的 $l'=1,2,\cdots,n-1$，均存在不等式 $\varepsilon_{o(l')}\geqslant\varepsilon_{o(l'+1)}$。若将记分函数作为序诱导变量，则有 $\tilde{S}(p_{o(l')})\geqslant\tilde{S}(p_{o(l'+1)})$。此外，需要说明的是，$\varepsilon_l(l=1,2,\cdots,n)$ 是序诱导变量，$p_l(l=1,2,\cdots,n)$ 是决策变量。与此同时，对于所有的 $l=1,2,\cdots,n$，称 $\langle\varepsilon_l,p_l\rangle$ 为 PFIOWA 对（PFIOWA Pair）。

下面讨论 PFIOWA 算子的性质。

性质 5-1 令 $p=\{p_l=(\mu_l,\eta_l,\nu_l)|\mu_l,\eta_l,\nu_l\in[0,1],l=1,2,\cdots,n\}$ 为一组图片模糊数，采用 PFIOWA 算子对 p_l 进行集结，所得结果仍为图片模糊数。

证明：由式（5-3）可知，所得结果为

$$\left(\begin{array}{l}\sum_{l'=1}^{n}\dfrac{\varepsilon_{o(l')}}{\sum_{l=1}^{n}\varepsilon_l}\{1-[1-\mu_{o(l')}]^{\omega_{o(l')}}\},\sum_{l'=1}^{n}\dfrac{\varepsilon_{o(l')}}{\sum_{l=1}^{n}\varepsilon_l}[\eta_{o(l')}]^{\omega_{o(l')}},\\ \sum_{l'=1}^{n}\dfrac{\varepsilon_{o(l')}}{\sum_{l=1}^{n}\varepsilon_l}\{[\eta_{o(l')}+\nu_{o(l')}]^{\omega_{o(l')}}-[\eta_{o(l')}]^{\omega_{o(l')}}\}\end{array}\right)$$

由定义 2-4 可知，对于所有的 $l=1,2,\cdots,n$，均有 $\mu_l\in[0,1]$、$\eta_l\in[0,1]$ 及 $\nu_l\in[0,1]$，进而易得到以下结论：$\sum_{l'=1}^{n}\frac{\varepsilon_{o(l')}}{\sum_{l=1}^{n}\varepsilon_l}\{1-[1-\mu_{o(l')}]^{\omega_{o(l')}}\}\in[0,1]$、

$\sum_{l'=1}^{n}\frac{\varepsilon_{o(l')}}{\sum_{l=1}^{n}\varepsilon_l}[\eta_{o(l')}]^{\omega_{o(l')}}\in[0,1]$ 以及 $\sum_{l'=1}^{n}\frac{\varepsilon_{o(l')}}{\sum_{l=1}^{n}\varepsilon_l}\{[\eta_{o(l')}+\nu_{o(l')}]^{\omega_{o(l')}}-[\eta_{o(l')}]^{\omega_{o(l')}}\}\in[0,1]$；且构成集结结果的这三个元素之和属于区间 $[0,1]$。综上，集结结果具备成为图片模糊数的基本条件。因此，性质 5-1 得证。

性质 5-2　令 $p=\{p_l=(\mu_l,\ \eta_l,\ \nu_l)\,|\,\mu_l,\ \eta_l,\ \nu_l\in[0,\ 1],\ l=1,\ 2,\ \cdots,\ n\}$ 为一组图片模糊数，有：

（1）如果对于所有的 $l=1,2,\cdots,n$，存在 $p_l=p'=(\mu',\eta',\nu')$，那么

$$PFIOWA(\langle\varepsilon_1,p_1\rangle,\langle\varepsilon_2,p_2\rangle,\cdots,\langle\varepsilon_n,p_n\rangle)=(\mu',\eta',\nu')$$

（2）令 $p''=\{p_l''\mid l=1,2,\cdots,n\}$ 为另一组图片模糊数，且对于所有的 $l=1,2,\cdots,n$，均存在 $\mu_l\geqslant\mu_l''$、$\eta_l\geqslant\eta_l''$ 和 $\nu_l\leqslant\nu_l''$，那么

$$PFIOWA(\langle\varepsilon_1,p_1\rangle,\langle\varepsilon_2,p_2\rangle,\cdots,\langle\varepsilon_n,p_n\rangle)\geqslant$$
$$PFIOWA(\langle\varepsilon_1'',p_1''\rangle,\langle\varepsilon_2'',p_2''\rangle,\cdots,\langle\varepsilon_n'',p_n''\rangle)$$

（3）设 $\{p_1''',p_2''',\cdots,p_n'''\}$ 为 $\{p_1,p_2,\cdots,p_n\}$ 的一种置换，那么

$$PFIOWA(\langle\varepsilon_1,p_1\rangle,\langle\varepsilon_2,p_2\rangle,\cdots,\langle\varepsilon_n,p_n\rangle)=$$
$$PFIOWA(\langle\varepsilon_1''',p_1'''\rangle,\langle\varepsilon_2''',p_2'''\rangle,\cdots,\langle\varepsilon_n''',p_n'''\rangle)$$

（4）$\min\limits_{1\leqslant l\leqslant n}(p_l)\leqslant PFIOWA(\langle\varepsilon_1,p_1\rangle,\langle\varepsilon_2,p_2\rangle,\cdots,\langle\varepsilon_n,p_n\rangle)\leqslant\max\limits_{1\leqslant l\leqslant n}(p_l)$。

上述 PFIOWA 算子的四个性质依次为幂等性、单调性、交换性和有界性。根据式（5-3）易知性质 5-2 自然成立，因此本书在此处省略其证明过程。

下文基于本书第 3 章对图片模糊偏好关系加型一致性指数的研究以及前文所提的决策群体权重求解公式，分别将两种加型一致性指数作为序诱导变量，对 PFIOWA 算子进行拓展，以集结同一准则下表征不同决策群体偏好信息的个体图片模糊偏好关系。

定义 5-2　令 $\boldsymbol{R}(c_j)^{(K)}=(r(c_j)_{ii'}^{(K)})_{n\times n}(K=1,2,\cdots,Q)$ 为 Q 个图片模糊偏好关系，且 $r(c_j)_{ii'}^{(K)}=(\mu_{r(c_j)_{ii'}}^{(K)},\eta_{r(c_j)_{ii'}}^{(K)},\nu_{r(c_j)_{ii'}}^{(K)})$，表征决策群体基于准则 c_j 对方案的两两对比结果。$D-ACI(\boldsymbol{R}(c_j)^{(K)})$ 为 $\boldsymbol{R}(c_j)^{(K)}$ 的加型一致性指数（基于图片模糊偏好关系的距离测度），代表 $\boldsymbol{R}(c_j)^{(K)}$ 的一致性水平。定义基于 $D-ACI(\boldsymbol{R}(c_j)^{(K)})$ 的图片模糊诱导有序加权平均（D-ACI-PFIOWA）算子为

$$
\begin{aligned}
&D-ACI-PFIOWA\begin{pmatrix} <D-ACI(\boldsymbol{R}(c_j)^{(1)}),r(c_j)_{ii'}^{(1)}>, \\ <D-ACI(\boldsymbol{R}(c_j)^{(2)}),r(c_j)_{ii'}^{(2)}>,\cdots, \\ <D-ACI(\boldsymbol{R}(c_j)^{(Q)}),r(c_j)_{ii'}^{(Q)}> \end{pmatrix} \\
&=D-ACI-PFIOWA\begin{pmatrix} <D-ACI(\boldsymbol{R}(c_j)^{o(1)}),r(c_j)_{ii'}^{o(1)}>, \\ <D-ACI(\boldsymbol{R}(c_j)^{o(2)}),r(c_j)_{ii'}^{o(2)}>,\cdots, \\ <D-ACI(\boldsymbol{R}(c_j)^{o(Q)}),r(c_j)_{ii'}^{o(Q)}> \end{pmatrix} \\
&=\begin{pmatrix} \sum\limits_{K'=1}^{Q}\dfrac{D-ACI(\boldsymbol{R}(c_j)^{o(K')})}{\sum\limits_{K=1}^{Q}D-ACI(\boldsymbol{R}(c_j)^{(K)})}\{1-[1-\mu_{r(c_j)_{ii'}}^{o(K')}]^{\omega_{(j)}^{o(K')}}\}, \\ \sum\limits_{K'=1}^{Q}\dfrac{D-ACI(\boldsymbol{R}(c_j)^{o(K')})}{\sum\limits_{K=1}^{Q}D-ACI(\boldsymbol{R}(c_j)^{(K)})}[\eta_{r(c_j)_{ii'}}^{o(K')}]^{\omega_{(j)}^{o(K')}}, \\ \sum\limits_{K'=1}^{Q}\dfrac{D-ACI(\boldsymbol{R}(c_j)^{o(K')})}{\sum\limits_{K=1}^{Q}D-ACI(\boldsymbol{R}(c_j)^{(K)})}\{[\eta_{r(c_j)_{ii'}}^{o(K')}+\nu_{r(c_j)_{ii'}}^{o(K')}]^{\omega_{(j)}^{o(K')}}-[\eta_{o(l')}]^{\omega_{(j)}^{o(K')}}\} \end{pmatrix}
\end{aligned}
\tag{5-4}
$$

其中，$\omega_{(j)}^{o(K')}$ 由式（5-1）计算得到。$\mu_{r(c_j)_{ii'}}^{o(K')}$、$\eta_{r(c_j)_{ii'}}^{o(K')}$ 和 $\nu_{r(c_j)_{ii'}}^{o(K')}$ 指的是 $\boldsymbol{R}(c_j)^{o(K')}$ 中位于第 i 行和第 i' 列的元素 $r(c_j)_{ii'}^{o(K')}$ 的三个构成部分，而 $\boldsymbol{R}(c_j)^{o(K')}$ 对应的是对 $D-ACI(\boldsymbol{R}(c_j)^{(K)})$ 进行降序排列时，排在第 K' 位的

加型一致性指数所对应的图片模糊偏好关系。

定义 5-3 令 $\boldsymbol{R}(c_j)^{(K)}=(r(c_j)_{ii'}^{(K)})_{n\times n}(K=1,2,\cdots,Q)$ 为 Q 个图片模糊偏好关系，且 $r(c_j)_{ii'}^{(K)}=(\mu_{r(c_j)_{ii'}}^{(K)},\eta_{r(c_j)_{ii'}}^{(K)},\nu_{r(c_j)_{ii'}}^{(K)})$，表征决策群体基于准则 c_j 对方案的两两对比结果。$AS-ACI(\boldsymbol{R}(c_j)^{(K)})$ 为 $\boldsymbol{R}(c_j)^{(K)}$ 的加型一致性指数（基于图片模糊数的记分函数），代表 $\boldsymbol{R}(c_j)^{(K)}$ 的一致性水平。定义基于 $AS-ACI(\boldsymbol{R}(c_j)^{(K)})$ 的图片模糊诱导有序加权平均（AS-ACI-PFIOWA）算子为

$$AS-ACI-PFIOWA\begin{pmatrix}<AS-ACI(\boldsymbol{R}(c_j)^{(1)}),r(c_j)_{ii'}^{(1)}>,\\<AS-ACI(\boldsymbol{R}(c_j)^{(2)}),r(c_j)_{ii'}^{(2)}>,\cdots,\\<AS-ACI(\boldsymbol{R}(c_j)^{(Q)}),r(c_j)_{ii'}^{(Q)}>\end{pmatrix}$$

$$=AS-ACI-PFIOWA\begin{pmatrix}<AS-ACI(\boldsymbol{R}(c_j)^{o(1)}),r(c_j)_{ii'}^{o(1)}>,\\<AS-ACI(\boldsymbol{R}(c_j)^{o(2)}),r(c_j)_{ii'}^{o(2)}>,\cdots,\\<AS-ACI(\boldsymbol{R}(c_j)^{o(Q)}),r(c_j)_{ii'}^{o(Q)}>\end{pmatrix}$$

$$=\begin{pmatrix}\sum_{K'=1}^{Q}\dfrac{AS-ACI(\boldsymbol{R}(c_j)^{o(K')})}{\sum_{K=1}^{Q}AS-ACI(\boldsymbol{R}(c_j)^{(K)})}\{1-[1-\mu_{r(c_j)_{ii'}}^{o(K')}]^{\omega_{(j)}^{o(K')}}\},\\\sum_{K'=1}^{Q}\dfrac{AS-ACI(\boldsymbol{R}(c_j)^{o(K')})}{\sum_{K=1}^{Q}AS-ACI(\boldsymbol{R}(c_j)^{(K)})}[\eta_{r(c_j)_{ii'}}^{o(K')}]^{\omega_{(j)}^{o(K')}},\\\sum_{K'=1}^{Q}\dfrac{AS-ACI(\boldsymbol{R}(c_j)^{o(K')})}{\sum_{K=1}^{Q}AS-ACI(\boldsymbol{R}(c_j)^{(K)})}\{[\eta_{r(c_j)_{ii'}}^{o(K')}+\nu_{r(c_j)_{ii'}}^{o(K')}]^{\omega_{(j)}^{o(K')}}-[\eta_{o(l')}]^{\omega_{(j)}^{o(K')}}\}\end{pmatrix}$$

(5-5)

其中，$\omega_{(j)}^{o(K')}$ 由式（5-2）计算得到。$\boldsymbol{R}(c_j)^{o(K')}$ 是与 $AS-ACI(\boldsymbol{R}(c_j)^{o(K')})$ 相关联的图片模糊偏好关系。$\mu_{r(c_j)_{ii'}}^{o(K')}$、$\eta_{r(c_j)_{ii'}}^{o(K')}$ 和 $\nu_{r(c_j)_{ii'}}^{o(K')}$ 指的是 $\boldsymbol{R}(c_j)^{o(K')}$ 中位于第

i 行和第 i' 列的元素 $r(c_j)_{ii'}^{o(K')}$ 的三个构成部分。

由于 D-ACI-PFIOWA 算子和 AS-ACI-PFIOWA 算子是 PFIOWG 算子的扩展形式，因此这两个算子也分别具有幂等性、单调性、交换性和有界性性质，且由式（5-4）和式（5-5）求得的结果仍为图片模糊数。进一步地，这些图片模糊数构成 m 个群体图片模糊偏好关系，记为 $\boldsymbol{R}(c_j)(j=1,2,\cdots,m)$，分别表示每一准则下所有决策群体对方案的两两对比结果。

5.2.2　准则层群体共识指数的定义及性质

本小节通过考虑两个决策群体经过主观判断提供的方案在同一准则下的两两对比结果的差异，定义图片模糊群体共识决策过程第三阶段中的准则层群体共识指数，以衡量准则层的群体共识水平。

首先，需要衡量任意两个决策群体基于同一准则给出的方案之间偏好信息的差异，基于式（3-19）可计算准则 c_j 下任意两个图片模糊偏好关系的距离，见式（5-6）：

$$d_G(\boldsymbol{R}(c_j)^{(K)},\boldsymbol{R}(c_j)^{(T)})=\frac{\left\{\dfrac{2}{n(n-1)}\sum_{i=1}^{n-1}\sum_{i'=i+1}^{n}\left[\begin{array}{l}\frac{1}{3}((\Delta\mu_{r(c_j)_{ii'}}^{(KT)})^{\alpha}+(\Delta\eta_{r(c_j)_{ii'}}^{(KT)})^{\alpha}+(\Delta\nu_{r(c_j)_{ii'}}^{(KT)})^{\alpha})+\\ \max\{(\Delta\mu_{r(c_j)_{ii'}}^{(KT)})^{\alpha},(\Delta\eta_{r(c_j)_{ii'}}^{(KT)})^{\alpha},(\Delta\nu_{r(c_j)_{ii'}}^{(KT)})^{\alpha}\}\end{array}\right]\right\}^{\frac{1}{\alpha}}}{\left(\begin{array}{l}\left\{\dfrac{2}{n(n-1)}\sum_{i=1}^{n-1}\sum_{i'=i+1}^{n}\left[\begin{array}{l}\frac{1}{3}((\Delta\mu_{r(c_j)_{ii'}}^{(KT)})^{\alpha}+(\Delta\eta_{r(c_j)_{ii'}}^{(KT)})^{\alpha}+(\Delta\nu_{r(c_j)_{ii'}}^{(KT)})^{\alpha})+\\ \max\{(\Delta\mu_{r(c_j)_{ii'}}^{(KT)})^{\alpha},(\Delta\eta_{r(c_j)_{ii'}}^{(KT)})^{\alpha},(\Delta\nu_{r(c_j)_{ii'}}^{(KT)})^{\alpha}\}\end{array}\right]\right\}^{\frac{1}{\alpha}}+\\ \left[\begin{array}{l}\max\limits_{\substack{1\leqslant i\leqslant n-1,\\ i+1\leqslant i'\leqslant n}}\{\boldsymbol{\Phi}_{ii'}^{R(c_j)^{(K)}},\boldsymbol{\Phi}_{ii'}^{R(c_j)^{(T)}}\}+\\ \dfrac{2}{n(n-1)}\sum_{i=1}^{n-1}\sum_{i'=i+1}^{n}|\boldsymbol{\Phi}_{ii'}^{R(c_j)^{(K)}}-\boldsymbol{\Phi}_{ii'}^{R(c_j)^{(T)}}|^{\alpha}\end{array}\right]^{\frac{1}{\alpha}}+1\end{array}\right)}\tag{5-6}$$

其中，对于所有的 $i=1,2,\cdots,n-1$ 和 $i'=i+1,i+2,\cdots,n$，参变量的计算公式分别如下：$\Delta\mu_{r(c_j)_{ii'}}^{(KT)}=|\mu_{r(c_j)_{ii'}}^{(K)}-\mu_{r(c_j)_{ii'}}^{(T)}|$、$\Delta\eta_{r(c_j)_{ii'}}^{(KT)}=|\eta_{r(c_j)_{ii'}}^{(K)}-\eta_{r(c_j)_{ii'}}^{(T)}|$、$\Delta\nu_{r(c_j)_{ii'}}^{(KT)}=|\nu_{r(c_j)_{ii'}}^{(K)}-\nu_{r(c_j)_{ii'}}^{(T)}|$ 以及 $\Phi_{ii'}^{R(c_j)^{(K)}}=\mu_{r(c_j)_{ii'}}^{(K)}+\eta_{r(c_j)_{ii'}}^{(K)}+\nu_{r(c_j)_{ii'}}^{(K)}$。

其次，基于不同决策群体对方案在每一准则下的两两对比结果间的差异，引入准则层群体共识指数定义。

定义 5-4　令 $\boldsymbol{R}(c_j)^{(K)}$ 和 $\boldsymbol{R}(c_j)^{(T)}$ 为表征决策群体 $D_{g^{(K)}}$ 和 $D_{g^{(T)}}$ 对备选方案在准则 c_j 下两两对比结果的任意两个个体图片模糊偏好关系，$d_G(\boldsymbol{R}(c_j)^{(K)},\boldsymbol{R}(c_j)^{(T)})$ 为 $\boldsymbol{R}(c_j)^{(K)}$ 和 $\boldsymbol{R}(c_j)^{(T)}$ 的距离，其中，$T,K=1,2,\cdots,Q$ 且 $T\neq K$。定义：

$$GCI(c_j)=\min_{\substack{1\leqslant K,T\leqslant Q;\\K\neq T}}\{1-d_G(\boldsymbol{R}(c_j)^{(K)},\boldsymbol{R}(c_j)^{(T)})\} \tag{5-7}$$

为准则层群体共识指数。

性质 5-3　准则层群体共识指数 $GCI(c_j)$ 满足以下性质：

（1）$GCI(c_j)\in[0,1]$；

（2）$GCI(c_j)+d_G(\boldsymbol{R}(c_j)^{(K)},\boldsymbol{R}(c_j)^{(T)})\leqslant 1$；

（3）$GCI(c_j)+\max\limits_{\substack{1\leqslant K,T\leqslant Q;\\K\neq T}}\{d_G(\boldsymbol{R}(c_j)^{(K)},\boldsymbol{R}(c_j)^{(T)})\}=1$。

由式（5-6）和式（5-7）易知，上述 $GCI(c_j)$ 的三个性质成立，此处省略其证明过程。

5.2.3　准则层群体共识达成过程

在实际决策过程中，不同决策群体基于同一准则对备选方案的期望和要求往往存在差异，因此每个决策群体提供的基于同一准则对备选方案的两两对比结果可能与其他决策群体给出的对比结果有较大差别，这种差别表现为同一准则下个体图片模糊偏好关系间的区别。为了得到所有决策群体均认可的对比结果，需要缩小同一准则下个体偏好信息的差距。为此，本小节基于前文的研究，给出准则层群体共识达成过程。

算法 5-1　准则层群体共识达成过程

输入　不同准则下满足可接受一致性的表征决策群体对方案偏好信息的个体图片模糊偏好关系 $\bar{\boldsymbol{R}}(c_j)^{(K)}=(\bar{r}(c_j)_{ii'}^{(K)})_{n\times n}(K=1,2,\cdots,Q)$，其中，每个元素分别表示为图片模糊数 $\bar{r}(c_j)_{ii'}^{(K)}=(\mu_{\bar{r}(c_j)_{ii'}}^{(K)},\eta_{\bar{r}(c_j)_{ii'}}^{(K)},\nu_{\bar{r}(c_j)_{ii'}}^{(K)})$。

输出　每一准则下达成群体共识的群体图片模糊偏好关系 $\boldsymbol{R}(c_j)=(r(c_j)_{ii'})_{n\times n}\ (j=1,2,\cdots,m)$，其中，$r(c_j)_{ii'}=(\mu_{r(c_j)_{ii'}},\eta_{r(c_j)_{ii'}},\nu_{r(c_j)_{ii'}})$，以及相应的准则层群体共识指数 $GCI(c_j)\ (j=1,2,\cdots,m)$。

步骤1　要求每个决策群体给出不同准则层群体共识指数的阈值，记为 $\vartheta(c_j)^{(K)}\ (j=1,2,\cdots,m;\ K=1,2,\cdots,Q)$。

步骤2　对于所有的 $j=1,2,\cdots,m$，分别选取 $\vartheta(c_j)^{(K)}(K=1,2,\cdots,Q)$ 的最大值作为每个准则下群体共识指数的阈值，即 $\vartheta(c_j)=\max\{\vartheta(c_j)^{(1)},\vartheta(c_j)^{(2)},\cdots,\vartheta(c_j)^{(Q)}\}$。

步骤3　令 $h=0$，且 $\bar{\boldsymbol{R}}(c_j)^{(K)^{(0)}}=(\bar{r}(c_j)_{ii'}^{(K)^{(0)}})_{n\times n}=\bar{\boldsymbol{R}}(c_j)^{(K)}=(\bar{r}(c_j)_{ii'}^{(K)})_{n\times n}$。

步骤4　对于 $K,T=1,2,\cdots,Q(T\neq K)$，采用式（5-6）计算任意两个表征决策群体偏好信息的个体图片模糊偏好关系的距离，记为 $d_G(\bar{\boldsymbol{R}}(c_j)^{(K)^{(0)}},\bar{\boldsymbol{R}}(c_j)^{(T)^{(0)}})$。

步骤5　利用式（5-7）计算与每个准则相对应的准则层群体共识指数，记为 $GCI(c_j)$。如果对于所有的 $j=1,2,\cdots,m$，$GCI(c_j)\geqslant\vartheta(c_j)$，那么，转至步骤10；否则，转至步骤6。

步骤6　筛选应当重新讨论并需要修正的基于准则 c_j 的个体图片模糊偏好关系的一对决策群体，记为 $MPD(c_j)$，其规则为：该对决策群体给出的备选方案在准则 c_j 下的偏好信息的差异最大，即

$$MPD(c_j)=\left\{(D_{g^{(K)}},D_{g^{(T)}})\ \middle|\ d_G\begin{pmatrix}\bar{\boldsymbol{R}}(c_j)^{(K)^{(0)}},\\ \bar{\boldsymbol{R}}(c_j)^{(T)^{(0)}}\end{pmatrix}=\max_{\substack{1\leqslant K\leqslant Q,\\1\leqslant T\leqslant Q,T\neq Q}}\left\{d_G\begin{pmatrix}\bar{\boldsymbol{R}}(c_j)^{(K)^{(0)}},\\ \bar{\boldsymbol{R}}(c_j)^{(T)^{(0)}}\end{pmatrix}\right\}\right\}$$

(5-8)

步骤 7 判定应当重新讨论并修正其基于准则 c_j 的个体图片模糊偏好关系的决策群体，记为 $MD(c_j)$ 。判定规则为：若不考虑该决策群体的个体偏好信息，则剩余决策群体的共识水平应当更高，即

$$MD(c_j)=\left\{D_{g^{(\bar{K})}}\ \middle|\ \begin{array}{l}\max\limits_{\bar{K}\in MPD(c_j)}\min\limits_{\substack{1\leqslant K\leqslant Q,\\1\leqslant T\leqslant Q,\\T\neq K\neq \bar{K}}}\left\{1-d_G\begin{pmatrix}\bar{\boldsymbol{R}}(c_j)^{(K)^{(0)}},\\ \bar{\boldsymbol{R}}(c_j)^{(T)^{(0)}}\end{pmatrix}\right\},\\ \text{s.t. } K,T=\{1,2,\cdots,Q\}\setminus\{\bar{K}\}\end{array}\right\} \tag{5-9}$$

其中，$D_{g^{(\bar{K})}}$ ($\bar{K}\in\{1,\ 2,\ \cdots,\ Q\}$) 表示最终选定需要修正个体偏好信息的决策群体。

步骤 8 依据式（2-9）计算所选定的个体图片模糊偏好关系中上三角形部分每个元素与其他个体图片模糊偏好关系中相对应元素的差异，并将差异最大的元素选定为需要调整的个体偏好信息。

步骤 9 基于不同准则，分别对选定的个体偏好信息进行修正。修正策略为

$$\hat{r}(c_j)_{ii'}^{(K)^{(h+1)}}=\begin{cases}\zeta\hat{r}(c_j)_{ii'}^{(K)^{h}}\ \bar{\oplus}\ (1-\zeta)\hat{r}(c_j)_{ii'}^{(h)}, & K=\bar{K}\\ \hat{r}(c_j)_{ii'}^{(K)}, & K\neq\bar{K}\end{cases} \tag{5-10}$$

其中，$\zeta\in(0,1]$，控制每一轮修正过程中调整个体偏好信息的程度。$\hat{r}(c_j)_{ii'}^{(h)}$ 为基于准则 c_j 的群体图片模糊偏好关系中的元素，$\hat{r}(c_j)_{ii'}^{(h)}$ 可由式（5-4）或式（5-5）计算得到。

步骤 10 利用第 3 章所提出的算法对修正后的个体图片模糊偏好关系进行一致性检验及非一致性修正。令 $h=h+1$，转至步骤 4。

步骤 11　利用式（5-4）或式（5-5）构建不同准则下达成群体共识的群体图片模糊偏好关系 $\boldsymbol{R}(c_j)=(r(c_j)_{ii'})_{n\times n}(j=1,2,\cdots,m)$。

步骤 12　结束。

在以上算法的执行过程中，基于每个准则的群体图片模糊偏好关系随着算法的执行在不断改变，旨在达成对方案排序结果的群体共识。其中，步骤 1 和步骤 2 用于确定每个准则下群体共识指数的阈值。步骤 3 至步骤 10 为检验及提升准则层群体共识水平的反馈机制，以获得令所有决策者满意的群体图片模糊偏好信息。步骤 11 旨在根据修正后的个体图片模糊偏好关系，构建表征每个准则下所有决策群体偏好信息的群体图片模糊偏好关系。该算法的过程如图 5-1 所示。

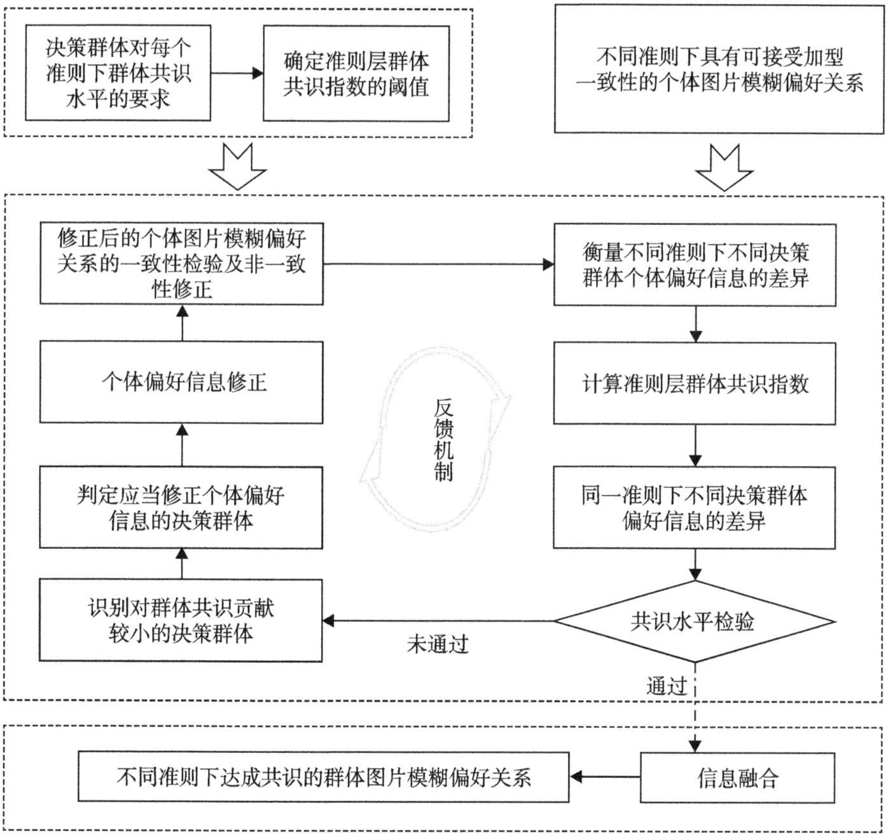

图 5-1　准则层群体共识达成过程

对图 5-1 进行分析可知，准则层群体共识达成过程具有以下特征：

（1）考虑到准则之间的差异性，在确定准则层群体共识指标的阈值时，不同准则下群体共识指数的阈值可能不同。

（2）考虑到不同决策群体对共识水平的要求参差不齐，群体共识指标阈值的可能值来源于不同决策群体，通过取这些可能值的最大值，即采用对共识水平要求最高的决策群体给出的阈值作为群体共识指标的阈值，可满足所有决策群体对共识水平的最低要求。

（3）考虑到图片模糊偏好关系各元素之间的内在关联，修改其中一个元素可能需要修改与该元素相关的若干元素，以上算法给出了自动修正个体偏好信息的方法，只需决策者给出其对方案的原始偏好信息，不仅为决策者提供了方便，而且使得决策过程易于操作。

5.3 目标层群体共识达成方法

本节研究基于图片模糊偏好关系的群体共识决策问题中第三阶段的第二个子过程：根据不同准则下群体图片模糊偏好关系的群体共识指数确定准则的相对重要性程度，构建综合图片模糊偏好关系；在此基础上，设计目标层群体共识达成过程，以检验并提升群体共识水平。

5.3.1 基于不同准则的群体偏好信息融合方法

通常情况下，若所有决策者基于同一准则提供的偏好信息差异越大，则说明该准则越值得进一步讨论。因此，本小节根据“某一准则下的群体共识水平越低，准则意见越重要”的原则，基于不同准则下的群体共识指数 $GCI(c_j)\ (j=1,2,\cdots,m)$ 确定不同准则的相对重要性程度，记为 $w_j(j=1,2,\cdots,m)$。

$$w_{o(j')}=\begin{cases}\left(\dfrac{1-GCI(c_{o(1)})}{\sum\limits_{j=1}^{m}[1-GCI(c_j)]}\right)^{0.9}, \\ \left(\dfrac{\sum\limits_{j'=2}^{m'}[1-GCI(c_{o(j')})]}{\sum\limits_{j=1}^{m}[1-GCI(c_j)]}\right)^{0.9}- \\ \left(\dfrac{\sum\limits_{j'=2}^{m'-1}[1-GCI(c_{o(j')})]}{\sum\limits_{j=1}^{m}[1-GCI(c_j)]}\right)^{0.9}, m'=2,3,4,\cdots,m\end{cases} \tag{5-11}$$

其中，$w_{o(j')}$ 满足 $w_{o(j')}\in[0,1]$ 和 $\sum\limits_{j'=1}^{m}w_{o(j')}=1$。$GCI(c_{o(j')})(j'=1,2,\cdots,m)$ 表示对 $GCI(c_{o(j)})(j=1,2,\cdots,m)$ 的值进行升序排列时，排在第 j' 位的准则层群体共识指数。

下面，基于前文所提出的 PFIOWA 算子，引入基于准则层群体共识指数的 PFIOWA 算子。

定义 5-5　令 $\boldsymbol{R}(c_j)=(r(c_j)_{ii'})_{n\times n}(j=1,2,\cdots,m)$ 为不同准则下达成群体共识的群体图片模糊偏好关系，其中，每个元素记为 $r(c_j)_{ii'}=(\mu_{r(c_j)_{ii'}},\eta_{r(c_j)_{ii'}},\nu_{r(c_j)_{ii'}})$，相应的准则层群体共识指数为 $GCI(c_j)(j=1,2,\cdots,m)$。定义基于 $GCI(c_j)$ 的图片模糊诱导有序加权平均（GCI-PFIOWA）算子为

$$GCI-PFIOWA(\langle GCI(c_{o(1)}),r(c_{o(1)})_{ii'}\rangle,\langle GCI(c_{o(2)}),r(c_{o(2)})_{ii'}\rangle,\cdots,\langle GCI(c_{o(m)}),r(c_{o(m)})_{ii'}\rangle)$$

$$=\begin{pmatrix}\sum_{j'=1}^{m}\frac{GCI(c_{o(j')})}{\sum_{j=1}^{m}GCI(c_{o(j)})}\{1-[1-\mu_{r(c_{o(j')})_{ii'}}]^{w_{o(j')}}\},\\ \sum_{j'=1}^{m}\frac{GCI(c_{o(j')})}{\sum_{j=1}^{m}GCI(c_{o(j)})}[\eta_{r(c_{o(j')})_{ii'}}]^{w_{o(j')}},\\ \sum_{j'=1}^{m}\frac{GCI(c_{o(j')})}{\sum_{j=1}^{m}GCI(c_{o(j)})}\{[\eta_{r(c_{o(j')})_{ii'}}+\nu_{r(c_{o(j')})_{ii'}}]^{w_{o(j')}}-[\eta_{r(c_{o(j')})_{ii'}}]^{w_{o(j')}}\}\end{pmatrix}\tag{5-12}$$

其中，$w_{o(j')}$ 由式（5-11）计算得到。$\mu_{r(c_{o(j')})_{ii'}}$、$\eta_{r(c_{o(j')})_{ii'}}$ 和 $\nu_{r(c_{o(j')})_{ii'}}$ 指的是与 $GCI(c_{o(j')})$ 对应的 $\boldsymbol{R}(c_{o(j')})$ 中位于第 i 行和第 i' 列的元素 $r(c_{o(j')})_{ii'}$ 的三个构成部分。

类似于 D-ACI-PFIOWA 算子和 AS-ACI-PFIOWA 算子，GCI-PFIOWA 算子也是 PFIOWA 算子的扩展形式之一，具有幂等性、单调性、交换性和有界性性质，且由式（5-12）求得的结果仍为图片模糊数。

5.3.2　目标层群体共识指数的定义及性质

为了获得合理的方案排序结果，需要进一步达成不同准则下不同决策群体之间的共识。本小节通过衡量不同准则下群体偏好信息的差异，结合准则的相对重要性程度，定义图片模糊群体共识决策过程第三阶段中的目标层群体共识指数，以衡量目标层的群体共识水平。

定义 5-6　令 $\boldsymbol{R}(c_j)(j=1,2,\cdots,m)$ 和 $\boldsymbol{R}$ 分别为表征准则 c_j 下所有决策者对方案偏好信息的群体图片模糊偏好关系和综合图片模糊偏好关系，$d_G(\boldsymbol{R}(c_j),\boldsymbol{R})$ 表示 $\boldsymbol{R}(c_j)$ 和 $\boldsymbol{R}$ 之间的差异，准则权重向量为 $(w_1,w_2,\cdots,w_m)$，满足 $\sum_{j'=1}^{m}w_j=1$ 和 $w_j\in[0,1]$。定义目标层群体共识指

数 GCI 为

$$GCI = \sum_{j=1}^{m} w_j [1 - d_G(\boldsymbol{R}(c_j), \boldsymbol{R})] \tag{5-13}$$

性质 5-4　目标层群体共识指数 GCI 满足以下性质：

(1) $GCI \in [0,1]$；

(2) $\min\limits_{1 \leqslant j \leqslant m} \{d_G(\boldsymbol{R}(c_j)_{ii'}, \boldsymbol{R}_{ii'})\} \leqslant 1 - GCI \leqslant \max\limits_{1 \leqslant j \leqslant m} \{d_G(\boldsymbol{R}(c_j)_{ii'}, \boldsymbol{R}_{ii'})\}$；

(3) 若对于所有的 $j = 1,2,\cdots,m$，均满足条件：$d_G(\boldsymbol{R}(c_j)_{ii'}, \boldsymbol{R}_{ii'}) = \overline{d_G(\boldsymbol{R}(c_j)_{ii'}, \boldsymbol{R}_{ii'})}$，则有 $d_G(\boldsymbol{R}(c_j)_{ii'}, \boldsymbol{R}_{ii'}) + GCI = 1$。

根据式（5-13）易知，目标层群体共识指数 GCI 的以上三个性质显然成立。此处省略其证明过程。

5.3.3　目标层群体共识达成过程

经过个体图片模糊偏好关系的加型一致性检验及非一致性修正过程以及准则层群体共识过程，决策群体的原始个体偏好信息可能已经出现了某种程度上的客观改变。因此，本小节旨在保证每个准则下决策群体达成共识的前提下，使得所有准则下群体图片模糊偏好关系的整体调整量最小，达成目标层的群体共识，得到令所有决策者均满意的决策结果。目标层群体共识达成过程如算法 5-2 所示。

算法 5-2　目标层群体共识达成过程

输入　不同准则下达成群体共识的群体图片模糊偏好关系 $\boldsymbol{R}(c_j) = (r(c_j)_{ii'})_{n \times n}$ $(j = 1,2,\cdots,m)$，其中，$r(c_j)_{ii'} = (\mu_{r(c_j)_{ii'}}, \eta_{r(c_j)_{ii'}}, \nu_{r(c_j)_{ii'}})$。

输出　达成群体共识的综合图片模糊偏好关系 $\boldsymbol{R} = (r_{ii'})_{n \times n}$，其中，每个元素满足 $r_{ii'} = (\mu_{r_{ii'}}, \eta_{r_{ii'}}, \nu_{r_{ii'}})$。

步骤 1　要求每个决策群体给出目标层群体共识指数的阈值，记为 $\vartheta^{(K)}$ $(K = 1,2,\cdots,Q)$。

步骤 2 对于所有的 $K=1,2,\cdots,Q$，选取 $\vartheta^{(K)}$ 的最大值作为目标层群体共识指数的阈值，即 $\vartheta=\max\{\vartheta^{(1)},\vartheta^{(2)},\cdots,\vartheta^{(Q)}\}$。

步骤 3 利用 GCI-PFIOWA 算子集结不同准则下达成群体共识的群体图片模糊偏好关系，获得表征所有决策群体对备选方案的总体偏好信息的综合图片模糊偏好关系，记为 $\boldsymbol{R}=(r_{ii'})_{n\times n}$，其中，$r_{ii'}=(\mu_{r_{ii'}},\eta_{r_{ii'}},\nu_{r_{ii'}})$。

步骤 4 对于 $j=1,2,\cdots,m$，根据定义 5-6 计算目标层群体共识指数，记为 GCI。若 $GCI\geqslant\vartheta$，则转至步骤 7；否则，转至步骤 5。

步骤 5 识别应当修正的目标层群体图片模糊偏好关系，识别规则为：该群体的图片模糊偏好关系与综合图片模糊偏好关系的距离最大。

步骤 6 对选定的群体图片模糊偏好关系进行修正。修正模型为

$$
\min\sum_{j=1}^{m}\sum_{i=1}^{n}\sum_{i'=1}^{n}d_G(r(c_j)_{ii'},\hat{r}(c_j)_{ii'})
$$

$$
\text{s.t.}\begin{cases}\sum\limits_{j'=1}^{m}w_{o(j')}[1-d_G(\boldsymbol{R}(c_j),\boldsymbol{R})]\geqslant\vartheta,\ j=1,2,\cdots,m\\ \hat{r}(c_j)_{ii'}=\zeta r(c_j)_{ii'}\oplus(1-\zeta)r_{ii'}, & j=\bar{j}\\ \hat{r}(c_j)_{ii'}=r(c_j)_{ii'}, & j\neq\bar{j}\end{cases}\tag{5-14}
$$

其中，$\zeta\in(0,1]$，控制每一轮修正过程中调整群体偏好信息的程度。$r(c_j)_{ii'}$ 为需要修正的群体图片模糊偏好关系的元素，$\hat{r}(c_j)_{ii'}$ 为对 $r(c_j)_{ii'}$ 进行修正后的元素。此外，以上目标规划模型中的限制条件 $\sum\limits_{j'=1}^{m}w_{o(j')}[1-d_G(\boldsymbol{R}(c_j)_{ii'},\boldsymbol{R}_{ii'})]\geqslant\vartheta$ 旨在确保所有决策群体达成共识。

步骤 7 输出达成群体共识的综合群体图片模糊偏好关系。

步骤 8 结束。

该算法的过程如图 5-2 所示。

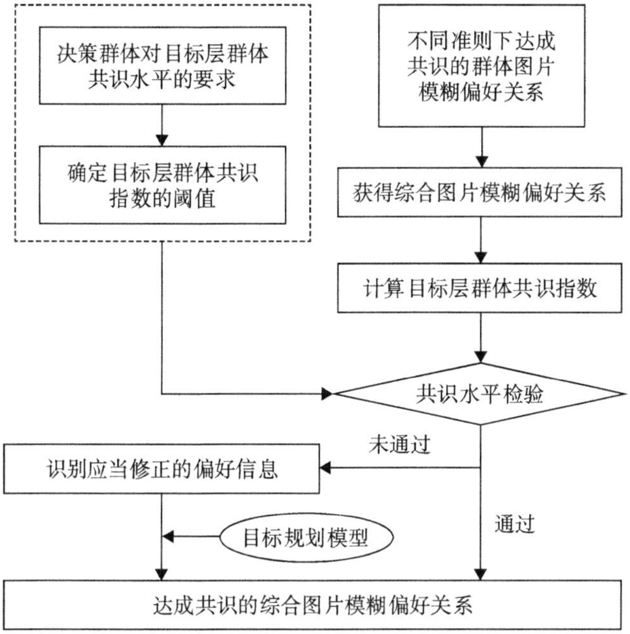

图 5-2　目标层群体共识达成过程

显然，算法 5-2 的主要特点是目标层群体共识指数和修正偏好信息的目标规划模型。一方面，不同于众多群体共识指数的定义，该算法在求解目标层群体共识指数时，考虑到准则的相对重要性程度；另一方面，该算法不涉及反馈机制，通过构建修正模型，在保证达成群体共识的前提下，尽量减少偏好信息的调整量，以保留尽量多的原始偏好信息。

5.4　基于图片模糊偏好关系的群体共识决策方法的步骤

基于图片模糊偏好关系的群体决策问题之所以复杂，是因为具有不同知识背景的决策者所提供的偏好信息可能存在冲突。一方面，表征决策群体偏好信息的个体图片模糊偏好关系内可能存在自相矛盾的偏好信息；另一方面，表征不同决策群体偏好信息的不同个体图片模糊偏好关系间常常存在相互矛盾的偏好信息。理论上，这两种矛盾信息分别影响了个体偏好信息的一致性和群体共识水平，导致决策结果的不一致性和决策者不认可决策结果的现象。因此，前文对这两类问题进行了研究，以避免存在冲突的偏好信息在某种程度上对决策结果造成误导，导致决策结果偏离决策者的期望。通过结合前述研究成果，本节针对图片模糊环境下权重信息未知的群体决策问题，给出基于图片模糊偏好关系的群体共识决策过程。

算法 5-3　基于图片模糊偏好关系的群体共识决策过程

输入　决策者对备选方案的评价信息。

输出　最优方案。

步骤 1　数据预处理。根据表 5-1 依次记录的每个决策群体中每位决策者基于不同准则对备选方案的两两对比结果，统计该决策群体对各备选方案的偏好信息，表示为图片模糊数。基于此，结合定义 3-6，构建 $m \times Q$ 个原始个体图片模糊偏好关系，并分别记为矩阵 $\boldsymbol{R}(c_j)^{(K)} = (r(c_j)_{ii'}^{(K)})_{n \times n}(K = 1,2,\cdots,Q\ ;\ j = 1,2,\cdots,m)$。其中，每个矩阵中的元素表示为图片模糊数 $r(c_j)_{ii'}^{(K)} = (\mu_{r(c_j)_{ii'}}^{(K)}, \eta_{r(c_j)_{ii'}}^{(K)}, \nu_{r(c_j)_{ii'}}^{(K)})$。

步骤 2　个体图片模糊偏好关系一致性检验及非一致性修正。利用本书第 3 章所提出的图片模糊偏好关系一致性检验及非一致性修正算法完成该过程。若决策群体的权重值已知，则可选用算法 3-2、算法 3-3 或算法 3-5；若决策群体的权重值未知，则需选择算法 3-2 或算法 3-3。

步骤 3　达成群体共识。依次采用算法 5-1 和算法 5-2，以获得每位决策者均认可的综合偏好信息。

步骤 4　选取最优方案。利用算法 3-4 或算法 3-6 对备选方案进行排序。

步骤 5　结束。

该算法的整体流程如图 5-3 所示。

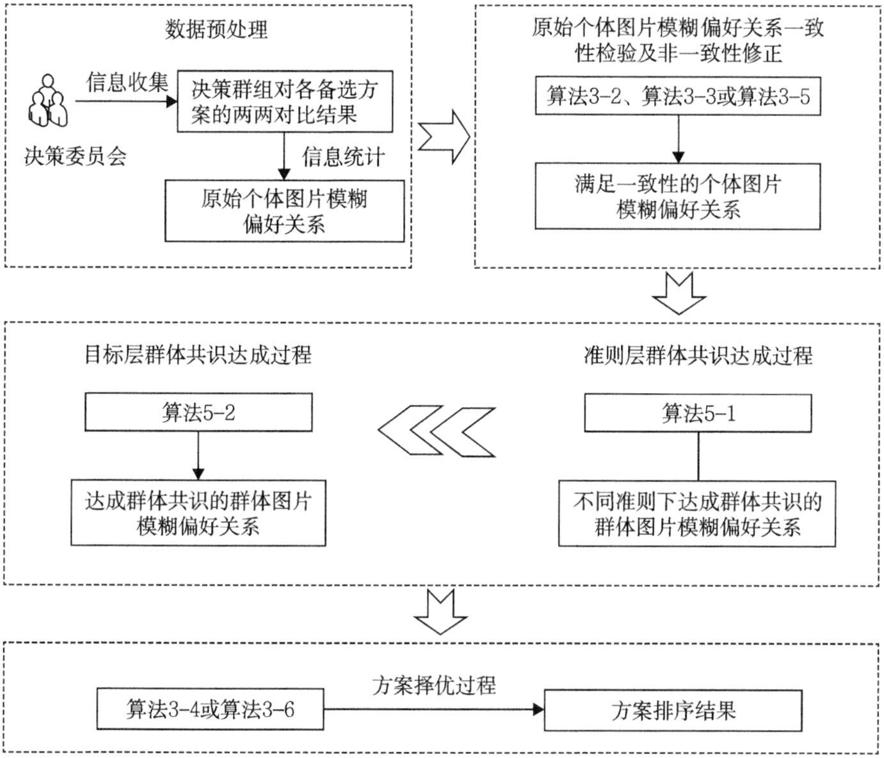

图 5-3　基于图片模糊偏好关系的群体共识决策过程

5.5　算例分析

本节通过解决储能技术的选择[177] 这一多准则群体决策问题来演示如何利用基于图片模糊偏好关系的群体共识决策方法求解实际问题。

鉴于可再生能源具有高度不稳定和间歇性的特征，储能技术对促进可再生能源的发展起着至关重要的作用，探讨如何有效地筛选最佳储能技术势在必行。然而，单个决策者或利益相关者常常难以直接在众多各具优势的储能技术中选出最符合可持续发展要求的技术，因此，储能技术的选择是一个复杂的群体决策问题。该问题通常涉及一个决策委员会、多个准则和多个备选方案。设该决策委员会包含 10 位具有不同学术背景和实践经验的专家，记为 $D=\{d^{(1)},d^{(2)},\cdots,d^{(10)}\}$。考虑到专家们的专业水平参差不齐，现将这些专家划分为 2 个决策群体，记为 $\{D_{g^{(1)}},D_{g^{(2)}}\}$。其中，每个决策群体 $D_{g^{(K)}}(K=1,2)$ 分别由 5 位专家组成，表示为 $\{d_{g^{(K)}}^{(1)},d_{g^{(K)}}^{(2)},d_{g^{(K)}}^{(3)},d_{g^{(K)}}^{(4)},d_{g^{(K)}}^{(5)}\}$。要求每个决策群体从经济（$c_1$）、环境（$c_2$）、技术（$c_3$）和社会可接受性（$c_4$）四个方面对抽水储能（$x_1$）、压缩空气储能（$x_2$）、锂离子电池（$x_3$）和飞轮储能系统（$x_4$）四种储能技术的可持续性进行评价。

为了便于统计每个决策群体对四种储能技术的初步评价结果，要求每位专家根据表 3-1 依次提供其在每一准则下对任意一对储能技术的偏好信息，随后将每个决策群体给出的偏好信息统计在表 5-1 中。因此，每位专家通过对储能技术进行两两比较给出的偏好结果存在四种可能。第一种可能是，若某一专家认为储能技术 x_i 在准则 c_j 下的表现优于储能技术 $x_{i'}$，则其需要在记录该专家所在群体基于准则 c_j 给出的偏好信息的表格中将相应元素记为“是”。第二种可能是，若某一专家认为储能技术 x_i 在准则 c_j 下的表现与储能技术 $x_{i'}$ 无差异，则其需要将相应元素记为“中立”。第三种可能是，若某一专家认为储能技术 x_i 在准则 c_j 下的表现劣于储能技术 $x_{i'}$，则其需要将相应元素记为“否”。第四种可能是，若某一专家无法判断储能技术 x_i 和储能技术 $x_{i'}$ 在准则 c_j 下的表现的优劣关系，则其可以拒绝给出该偏好信息，只需将相应元素记为“拒绝”。经过模拟实验，统计得到的两个决策群体给出的评价信息见表 5-2～表 5-5。

表 5-2　准则 c_1 下不同决策群体对储能技术的偏好信息

决策者	方案	x_1	x_2	x_3	x_4	决策者	方案	x_1	x_2	x_3	x_4
$d_{g^{(1)}}^{(1)}$	x_1	—	否	中立	是	$d_{g^{(2)}}^{(1)}$	x_1	—	否	是	中立
	x_2	—	—	是	是		x_2	—	—	是	是
	x_3	—	—	—	是		x_3	—	—	—	中立
	x_4	—	—	—	—		x_4	—	—	—	—

续表

决策者	方案	x_1	x_2	x_3	x_4	决策者	方案	x_1	x_2	x_3	x_4
$d_{g(1)}^{(2)}$	x_1	—	否	是	是	$d_{g(2)}^{(2)}$	x_1	—	否	拒绝	是
	x_2	—	—	中立	拒绝		x_2	—	—	中立	拒绝
	x_3	—	—	—	是		x_3	—	—	—	是
	x_4	—	—	—	—		x_4	—	—	—	—
$d_{g(1)}^{(3)}$	x_1	—	中立	是	是	$d_{g(2)}^{(3)}$	x_1	—	中立	是	拒绝
	x_2	—	—	中立	中立		x_2	—	—	是	中立
	x_3	—	—	—	拒绝		x_3	—	—	—	是
	x_4	—	—	—	—		x_4	—	—	—	—
$d_{g(1)}^{(4)}$	x_1	—	拒绝	否	是	$d_{g(2)}^{(4)}$	x_1	—	拒绝	否	中立
	x_2	—	—	是	是		x_2	—	—	拒绝	是
	x_3	—	—	—	中立		x_3	—	—	—	中立
	x_4	—	—	—	—		x_4	—	—	—	—
$d_{g(1)}^{(5)}$	x_1	—	是	是	拒绝	$d_{g(2)}^{(5)}$	x_1	—	是	是	拒绝
	x_2	—	—	拒绝	中立		x_2	—	—	拒绝	中立
	x_3	—	—	—	否		x_3	—	—	—	否
	x_4	—	—	—	—		x_4	—	—	—	—

表 5-3　准则 c_2 下不同决策群体对储能技术的偏好信息

决策者	方案	x_1	x_2	x_3	x_4	决策者	方案	x_1	x_2	x_3	x_4
$d_{g(1)}^{(1)}$	x_1	—	否	是	中立	$d_{g(2)}^{(1)}$	x_1	—	否	是	中立
	x_2	—	—	是	是		x_2	—	—	拒绝	拒绝
	x_3	—	—	—	否		x_3	—	—	—	否
	x_4	—	—	—	—		x_4	—	—	—	—
$d_{g(1)}^{(2)}$	x_1	—	是	是	中立	$d_{g(2)}^{(2)}$	x_1	—	拒绝	是	是
	x_2	—	—	中立	拒绝		x_2	—	—	是	拒绝
	x_3	—	—	—	拒绝		x_3	—	—	—	否
	x_4	—	—	—	—		x_4	—	—	—	—

续表

决策者	方案	x_1	x_2	x_3	x_4	决策者	方案	x_1	x_2	x_3	x_4
$d_{g(1)}^{(3)}$	x_1	—	是	是	是	$d_{g(2)}^{(3)}$	x_1	—	是	是	是
	x_2	—	—	中立	中立		x_2	—	—	中立	拒绝
	x_3	—	—	—	中立		x_3	—	—	—	中立
	x_4	—	—	—	—		x_4	—	—	—	—
$d_{g(1)}^{(4)}$	x_1	—	是	否	否	$d_{g(2)}^{(4)}$	x_1	—	拒绝	否	中立
	x_2	—	—	是	是		x_2	—	—	中立	是
	x_3	—	—	—	否		x_3	—	—	—	否
	x_4	—	—	—	—		x_4	—	—	—	—
$d_{g(1)}^{(5)}$	x_1	—	是	是	拒绝	$d_{g(2)}^{(5)}$	x_1	—	中立	是	是
	x_2	—	—	否	中立		x_2	—	—	中立	拒绝
	x_3	—	—	—	否		x_3	—	—	—	中立
	x_4	—	—	—	—		x_4	—	—	—	—

表 5-4 准则 c_3 下不同决策群体对储能技术的偏好信息

决策者	方案	x_1	x_2	x_3	x_4	决策者	方案	x_1	x_2	x_3	x_4
$d_{g(1)}^{(1)}$	x_1	—	是	是	拒绝	$d_{g(2)}^{(1)}$	x_1	—	是	是	中立
	x_2	—	—	否	否		x_2	—	—	拒绝	拒绝
	x_3	—	—	—	否		x_3	—	—	—	拒绝
	x_4	—	—	—	—		x_4	—	—	—	—
$d_{g(1)}^{(2)}$	x_1	—	否	是	拒绝	$d_{g(2)}^{(2)}$	x_1	—	拒绝	中立	是
	x_2	—	—	中立	中立		x_2	—	—	否	中立
	x_3	—	—	—	中立		x_3	—	—	—	否
	x_4	—	—	—	—		x_4	—	—	—	—
$d_{g(1)}^{(3)}$	x_1	—	中立	是	是	$d_{g(2)}^{(3)}$	x_1	—	中立	中立	是
	x_2	—	—	是	拒绝		x_2	—	—	拒绝	否
	x_3	—	—	—	中立		x_3	—	—	—	中立
	x_4	—	—	—	—		x_4	—	—	—	—

续表

决策者	方案	x_1	x_2	x_3	x_4	决策者	方案	x_1	x_2	x_3	x_4
$d_{g(1)}^{(4)}$	x_1	—	是	是	是	$d_{g(2)}^{(4)}$	x_1	—	否	中立	是
	x_2	—	—	否	中立		x_2	—	—	否	中立
	x_3	—	—	—	拒绝		x_3	—	—	—	拒绝
	x_4	—	—	—	—		x_4	—	—	—	—
$d_{g(1)}^{(5)}$	x_1	—	是	拒绝	拒绝	$d_{g(2)}^{(5)}$	x_1	—	是	否	是
	x_2	—	—	是	是		x_2	—	—	中立	是
	x_3	—	—	—	否		x_3	—	—	—	否
	x_4	—	—	—	—		x_4	—	—	—	—

表 5-5　准则 c_4 下不同决策群体对储能技术的偏好信息

决策者	方案	x_1	x_2	x_3	x_4	决策者	方案	x_1	x_2	x_3	x_4
$d_{g(1)}^{(1)}$	x_1	—	否	中立	否	$d_{g(2)}^{(1)}$	x_1	—	拒绝	中立	否
	x_2	—	—	否	否		x_2	—	—	拒绝	否
	x_3	—	—	—	是		x_3	—	—	—	是
	x_4	—	—	—	—		x_4	—	—	—	—
$d_{g(1)}^{(2)}$	x_1	—	否	是	是	$d_{g(2)}^{(2)}$	x_1	—	否	是	否
	x_2	—	—	中立	拒绝		x_2	—	—	中立	拒绝
	x_3	—	—	—	是		x_3	—	—	—	否
	x_4	—	—	—	—		x_4	—	—	—	—
$d_{g(1)}^{(3)}$	x_1	—	中立	是	是	$d_{g(2)}^{(3)}$	x_1	—	是	是	是
	x_2	—	—	中立	否		x_2	—	—	中立	否
	x_3	—	—	—	是		x_3	—	—	—	中立
	x_4	—	—	—	—		x_4	—	—	—	—
$d_{g(1)}^{(4)}$	x_1	—	中立	否	是	$d_{g(2)}^{(4)}$	x_1	—	中立	否	是
	x_2	—	—	中立	否		x_2	—	—	中立	拒绝
	x_3	—	—	—	中立		x_3	—	—	—	否
	x_4	—	—	—	—		x_4	—	—	—	—

续表

决策者	方案	x_1	x_2	x_3	x_4	决策者	方案	x_1	x_2	x_3	x_4
$d_{g(1)}^{(5)}$	x_1	—	是	否	拒绝	$d_{g(2)}^{(5)}$	x_1	—	是	拒绝	是
	x_2	—	—	否	中立		x_2	—	—	否	中立
	x_3	—	—	—	拒绝		x_3	—	—	—	是
	x_4	—	—	—	—		x_4	—	—	—	—

下文采用算法 5-3 对该实际问题进行求解。该问题的求解过程可划分为如下四个阶段。

阶段一　数据预处理

依次计算表 5-2～表 5-5 中不同决策群体给出的每组储能技术在不同准则下的四种偏好结果的数量所占总数的比例，将每组储能技术在每个准则下的原始偏好信息分别表示为图片模糊数。随后，结合定义 3-6，构造如下八个表示两个决策群体原始偏好信息的图片模糊偏好关系：

$$\boldsymbol{R}(c_1)^{(1)}=\begin{bmatrix}(0.5,0,0.5) & (0.2,0.2,0.4) & (0.6,0.2,0.2) & (0.4,0,0)\\(0.4,0.2,0.2) & (0.5,0,0.5) & (0.4,0.4,0) & (0.4,0.4,0)\\(0.2,0.2,0.6) & (0,0.4,0.4) & (0.5,0,0.5) & (0.4,0.2,0.2)\\(0,0,0.4) & (0,0.4,0.4) & (0.2,0.2,0.4) & (0.5,0,0.5)\end{bmatrix}$$

$$\boldsymbol{R}(c_2)^{(1)}=\begin{bmatrix}(0.5,0,0.5) & (0.8,0,0.2) & (0.2,0.4,0) & (0.2,0.4,0.2)\\(0.2,0,0.8) & (0.5,0,0.5) & (0.4,0.4,0.2) & (0.4,0.4,0)\\(0,0.4,0.2) & (0.2,0.4,0.4) & (0.5,0,0.5) & (0,0.2,0.6)\\(0.2,0.4,0.2) & (0,0.4,0.4) & (0.6,0.2,0) & (0.5,0,0.5)\end{bmatrix}$$

$$\boldsymbol{R}(c_3)^{(1)}=\begin{bmatrix}(0.5,0,0.5) & (0.6,0.2,0.2) & (0.8,0,0) & (0.8,0,0)\\(0.2,0.2,0.6) & (0.5,0,0.5) & (0.4,0.2,0.4) & (0.2,0.4,0.2)\\(0,0,0.8) & (0.4,0.2,0.4) & (0.5,0,0.5) & (0,0.4,0.4)\\(0,0,0.8) & (0.2,0.4,0.2) & (0.4,0.4,0) & (0.5,0,0.5)\end{bmatrix}$$

$$
\boldsymbol{R}(c_4)^{(1)} = \begin{bmatrix} (0.5,0,0.5) & (0.2,0.4,0.4) & (0.4,0.2,0.4) & (0.6,0,0.2) \\ (0.4,0.4,0.2) & (0.5,0,0.5) & (0,0.6,0.4) & (0,0.2,0.6) \\ (0.4,0.2,0.4) & (0.4,0.6,0) & (0.5,0,0.5) & (0.6,0.2,0) \\ (0.2,0,0.6) & (0.6,0.2,0) & (0,0.2,0.6) & (0.5,0,0.5) \end{bmatrix}
$$

$$
\boldsymbol{R}(c_1)^{(2)} = \begin{bmatrix} (0.5,0,0.5) & (0.2,0.2,0.4) & (0.6,0,0.2) & (0.2,0.4,0) \\ (0.4,0.2,0.2) & (0.5,0,0.5) & (0.4,0.2,0) & (0.4,0.4,0) \\ (0.2,0,0.6) & (0,0.2,0.4) & (0.5,0,0.5) & (0.4,0.4,0.2) \\ (0,0.4,0.2) & (0,0.4,0.4) & (0.2,0.4,0.4) & (0.5,0,0.5) \end{bmatrix}
$$

$$
\boldsymbol{R}(c_2)^{(2)} = \begin{bmatrix} (0.5,0,0.5) & (0.2,0.2,0.2) & (0.8,0,0.2) & (0.6,0.4,0) \\ (0.2,0.2,0.2) & (0.5,0,0.5) & (0.2,0.6,0) & (0.2,0,0) \\ (0.2,0,0.8) & (0,0.6,0.2) & (0.5,0,0.5) & (0,0.4,0.6) \\ (0,0.4,0.6) & (0,0,0.2) & (0.6,0.4,0) & (0.5,0,0.5) \end{bmatrix}
$$

$$
\boldsymbol{R}(c_3)^{(2)} = \begin{bmatrix} (0.5,0,0.5) & (0.4,0.2,0.2) & (0.2,0.6,0.2) & (0.8,0.2,0) \\ (0.2,0.2,0.4) & (0.5,0,0.5) & (0,0.2,0.4) & (0.2,0.4,0.2) \\ (0.2,0.6,0.2) & (0.4,0.2,0) & (0.5,0,0.5) & (0,0.2,0.4) \\ (0,0.2,0.8) & (0.2,0.4,0.2) & (0.4,0.2,0) & (0.5,0,0.5) \end{bmatrix}
$$

$$
\boldsymbol{R}(c_4)^{(2)} = \begin{bmatrix} (0.5,0,0.5) & (0.4,0.2,0.2) & (0.4,0.2,0.2) & (0.6,0,0.4) \\ (0.2,0.2,0.4) & (0.5,0,0.5) & (0,0.6,0.2) & (0,0.2,0.4) \\ (0.2,0.2,0.4) & (0.2,0.6,0) & (0.5,0,0.5) & (0.4,0.2,0.4) \\ (0.4,0,0.6) & (0.4,0.2,0) & (0.4,0.2,0.4) & (0.5,0,0.5) \end{bmatrix}
$$

阶段二　个体图片模糊偏好关系的一致性检验及非一致性修正

据参考文献［177］所述，储能技术的选择旨在选出最符合可持续发展要求的一项技术，但是准则和决策群体的权重信息是未知的。考虑到算法 3-2、算法 3-3 和算法 3-5 的作用，本节选用算法 3-3 完成原始个体图片模糊偏好关系的加型一致性检验及非一致性修正过程，以确保所选最佳储能技术的唯一性。

首先，利用式（3-23）和式（3-24）计算原始个体图片模糊偏好关系的基于图片模糊数记分函数的加型一致性指数，结果如下：

$AS-ACI(\boldsymbol{R}(c_1)^{(1)})=0.8000, AS-ACI(\boldsymbol{R}(c_2)^{(1)})=0.8111,$

$AS-ACI(\boldsymbol{R}(c_3)^{(1)})=0.7111, AS-ACI(\boldsymbol{R}(c_4)^{(1)})=0.8111,$

$AS-ACI(\boldsymbol{R}(c_1)^{(2)})=0.8222, AS-ACI(\boldsymbol{R}(c_2)^{(2)})=0.7556,$

$AS-ACI(\boldsymbol{R}(c_3)^{(2)})=0.8111, AS-ACI(\boldsymbol{R}(c_4)^{(2)})=0.8778$

设加型一致性阈值 $\theta=0.8$。那么，根据定义 3-15，易知原始个体图片模糊偏好关系 $\boldsymbol{R}(c_3)^{(1)}$ 和 $\boldsymbol{R}(c_2)^{(2)}$ 不满足可接受的加型一致性。因此，需要分别对以上两个图片模糊偏好关系中的部分元素进行修正。下面以 $\boldsymbol{R}(c_2)^{(2)}$ 为例，演示基于记分函数的图片模糊偏好关系非一致性修正过程。

利用式（3-22）和式（3-28）依次衡量关于 $\boldsymbol{R}(c_2)^{(2)}$ 主对角线对称的每组元素对 $\boldsymbol{R}(c_2)^{(2)}$ 加型一致性的贡献，结果如下：

$AS-ACI_{(1,2)}(\boldsymbol{R}(c_2)^{(2)})=0.7333, AS-ACI_{(1,3)}(\boldsymbol{R}(c_2)^{(2)})=0.8000,$

$AS-ACI_{(1,4)}(\boldsymbol{R}(c_2)^{(2)})=0.8333, AS-ACI_{(2,3)}(\boldsymbol{R}(c_2)^{(2)})=0.8333,$

$AS-ACI_{(2,4)}(\boldsymbol{R}(c_2)^{(2)})=0.7667, AS-ACI_{(3,4)}(\boldsymbol{R}(c_2)^{(2)})=0.7000$

对以上结果进行比较易知，需要采用式（3-27）（设 $\beta=0$）和定义 3-6 对 $\boldsymbol{R}(c_2)^{(2)}$ 中的一组元素，即 $r(c_2)_{34}^{(2)}$ 和 $r(c_2)_{43}^{(2)}$ 进行修正。以第一轮修正过程为例，每轮修正过程主要包括以下四个部分：

（1）利用式（3-16）~式（3-18）算出基于 $\boldsymbol{R}(c_2)^{(2)}$ 得到的完全满足加型一致性的个体图片模糊偏好关系 $\tilde{\boldsymbol{R}}(c_2)^{(2)}$ 中与 $r(c_2)_{34}^{(2)}$ 相对应的元素 $\tilde{r}(c_2)_{34}^{(2)}$ 的值为图片模糊数 $(0.2,0.1,0.2)$。

（2）采用式（3-27）求得经该轮修正后的元素 $\bar{r}(c_2)_{34}^{(2)}$ 的值为 $(0.2,0.1,0.2)$。

（3）根据定义 3-6，获得与 $\bar{r}(c_2)_{34}^{(2)}$ 关于矩阵主对角线对称的元素 $\bar{r}(c_2)_{43}^{(2)}$ 的值为 $(0.2,0.1,0.2)$。

（4）由式（3-23）和式（3-24）计算得出经该轮修正后的个体图片模糊偏好关系的加型一致性指数为 0.8。

由上可知，对 $\boldsymbol{R}(c_2)^{(2)}$ 进行第一轮修正后，所得个体图片模糊偏好关系 $\bar{\boldsymbol{R}}(c_2)^{(2)}$ 满足可接受的加型一致性，完成对不满足可接受的加型一致性的原始个体图片模糊偏好关系 $\boldsymbol{R}(c_2)^{(2)}$ 的非一致性修正过程。

同理，可对原始个体图片模糊偏好关系 $\boldsymbol{R}(c_3)^{(1)}$ 进行非一致性修正，该迭代过程所得计算结果见表 5-6。

表 5-6　$\boldsymbol{R}(c_3)^{(1)}$ 的非一致性修正过程所得计算结果

迭代次数	需要修正的元素	修正前的值	完全满足加型一致性的值	修正后的值	$AS-ACI(\bar{\boldsymbol{R}}(c_3)^{(1)})$
1	$r(c_3)_{14}^{(1)}$	(0.8,0,0)	(0.4,0.1,0.1)	(0.4,0.1,0.1)	0.8014
	$r(c_3)_{41}^{(1)}$	(0,0,0.8)	—	(0.1,0.1,0.4)	
	$r(c_3)_{34}^{(1)}$	(0,0.4,0.4)	(0.1,0.3,0.1)	(0.1,0.3,0.1)	
	$r(c_3)_{43}^{(1)}$	(0.4,0.4,0)	—	(0.1,0.3,0.1)	

综上，经过该阶段后，输出满足可接受的加型一致性的个体图片模糊偏好关系：$\boldsymbol{R}(c_1)^{(1)}$、$\boldsymbol{R}(c_2)^{(1)}$、$\bar{\boldsymbol{R}}(c_3)^{(1)}$、$\boldsymbol{R}(c_4)^{(1)}$、$\boldsymbol{R}(c_1)^{(2)}$、$\bar{\boldsymbol{R}}(c_2)^{(2)}$、$\boldsymbol{R}(c_3)^{(2)}$ 和 $\boldsymbol{R}(c_4)^{(2)}$。其中，$\bar{\boldsymbol{R}}(c_3)^{(1)}$ 和 $\bar{\boldsymbol{R}}(c_2)^{(2)}$ 为

$$\bar{\boldsymbol{R}}(c_3)^{(1)}=\begin{bmatrix}(0.5,0,0.5) & (0.6,0.2,0.2) & (0.8,0,0) & (0.4,0.1,0.1)\\(0.2,0.2,0.6) & (0.5,0,0.5) & (0.4,0.2,0.4) & (0.2,0.4,0.2)\\(0,0,0.8) & (0.4,0.2,0.4) & (0.5,0,0.5) & (0.1,0.3,0.1)\\(0.1,0.1,0.4) & (0.2,0.4,0.2) & (0.1,0.3,0.1) & (0.5,0,0.5)\end{bmatrix}$$

$$\bar{\boldsymbol{R}}(c_2)^{(2)}=\begin{bmatrix}(0.5,0,0.5) & (0.2,0.2,0.2) & (0.8,0,0.2) & (0.6,0.4,0)\\(0.2,0.2,0.2) & (0.5,0,0.5) & (0.2,0.6,0) & (0.2,0,0)\\(0.2,0,0.8) & (0,0.6,0.2) & (0.5,0,0.5) & (0.2,0.1,0.2)\\(0,0.4,0.6) & (0,0,0.2) & (0.2,0.1,0.2) & (0.5,0,0.5)\end{bmatrix}$$

阶段三　达成群体共识

本阶段包括两个层次的群体共识达成过程，旨在获得每位专家均认同

的对储能技术的两两对比结果。

第一层次：根据算法 5-1 完成准则层群体共识达成过程。具体计算过程如下。

设两个决策群体经商议后主观提供的准则层群体共识指数的阈值分别为 $\vartheta(c_j)^{(1)}=0.8$ 和 $\vartheta(c_j)^{(2)}=0.7(j=1,2,3,4)$。由此可知，准则 c_j 下的群体共识指数的阈值为

$$\vartheta(c_j)=\max\{\vartheta(c_j)^{(1)},\vartheta(c_j)^{(2)}\}=0.8$$

首先，采用式（5-6）（令 $\alpha=0.5$）计算表征两个决策群体基于不同准则给出的方案间偏好信息的差异，在此基础上，利用式（5-7）计算与每个准则相对应的准则层群体共识指数。使用 LINGO 软件可实现上述过程，求得的结果见表 5-7。

表 5-7 准则层个体偏好信息差异及群体共识指数

准则	个体偏好信息差异	群体共识指数
c_1	$d_G(\boldsymbol{R}(c_1)^{(1)},\boldsymbol{R}(c_1)^{(2)})=0.1120$	$GCI(c_1)=0.8880$
c_2	$d_G(\boldsymbol{R}(c_2)^{(1)},\boldsymbol{R}(c_2)^{(2)})=0.2095$	$GCI(c_2)=0.7905$
c_3	$d_G(\boldsymbol{R}(c_3)^{(1)},\boldsymbol{R}(c_3)^{(2)})=0.1819$	$GCI(c_3)=0.8181$
c_4	$d_G(\boldsymbol{R}(c_4)^{(1)},\boldsymbol{R}(c_4)^{(2)})=0.1272$	$GCI(c_4)=0.8728$

根据表 5-7 呈现出的结果易知，两个决策群体对准则 c_2 下四种储能技术的优劣关系存在争议。根据算法 5-1 中的判定规则可知，需要对 $\boldsymbol{R}(c_2)^{(1)}$ 中的元素进行调整。

然后，利用式（2-9）计算 $\boldsymbol{R}(c_2)^{(1)}$ 中上三角形部分的每个元素与 $\boldsymbol{R}(c_2)^{(2)}$ 中相应元素的差异，结果如下：

$d_G(r(c_2)_{12}^{(1)},r(c_2)_{12}^{(2)})=0.2527$，$d_G(r(c_2)_{13}^{(1)},r(c_2)_{13}^{(2)})=0.2625$，

$d_G(r(c_2)_{14}^{(1)},r(c_2)_{14}^{(2)})=0.1908$，$d_G(r(c_2)_{23}^{(1)},r(c_2)_{23}^{(2)})=0.1228$，

$d_G(r(c_2)_{24}^{(1)},r(c_2)_{24}^{(2)})=0.1802$，$d_G(r(c_2)_{34}^{(1)},r(c_2)_{34}^{(2)})=0.1900$

由上述结果可知，需要对元素 $r(c_2)_{14}^{(1)}$ 和 $r(c_2)_{41}^{(1)}$ 进行修正，根据式

(5-10)（令 $\zeta = 0$）可求得修正后的元素值为 (0.5,0.4,0.1) 和 (0.1,0.4,0.5)。那么，再次计算准则 c_2 下的群体共识指数可得 $GCI(c_2) = 0.8003 > 0.8$，同时得到修正后的个体图片模糊偏好关系 $\hat{\boldsymbol{R}}(c_2)^{(1)}$ 为

$$\hat{\boldsymbol{R}}(c_2)^{(1)} = \begin{bmatrix} (0.5,0,0.5) & (0.8,0,0.2) & (0.2,0.4,0) & (0.5,0.4,0.1) \\ (0.2,0,0.8) & (0.5,0,0.5) & (0.4,0.4,0.2) & (0.4,0.4,0) \\ (0,0.4,0.2) & (0.2,0.4,0.4) & (0.5,0,0.5) & (0,0.2,0.6) \\ (0.1,0.4,0.5) & (0,0.4,0.4) & (0.6,0.2,0) & (0.5,0,0.5) \end{bmatrix}$$

由于原始个体图片模糊偏好关系 $\boldsymbol{R}(c_2)^{(1)}$ 中部分元素的值有所变动，因此需要对重新构建的个体图片模糊偏好关系 $\hat{\boldsymbol{R}}(c_2)^{(1)}$ 进行加型一致性检验。那么，利用式（3-23）和式（3-24）计算得到 $\hat{\boldsymbol{R}}(c_2)^{(1)}$ 的基于图片模糊数记分函数的加型一致性指数为：$AS-ACI(\hat{\boldsymbol{R}}(c_2)^{(1)}) = 0.8000 = \theta$，说明 $\hat{\boldsymbol{R}}(c_2)^{(1)}$ 已达到可接受的一致性水平。至此，两组决策群体在不同准则下对不同储能技术的偏好在某种程度上达成了共识。

最后，根据式（5-2）确定不同准则下两个决策群体的重要性权重值（见表 5-8），并采用式（5-5）构建多个表征不同准则下达成群体共识的偏好信息的群体图片模糊偏好关系，分别记为 $\boldsymbol{R}(c_j) = (r(c_j)_{ii'})_{n\times n}(j = 1, 2, \cdots, m)$。具体结果如下。

表 5-8　决策群体的重要性权重值

决策群体	c_1		c_2		c_3		c_4	
	排序	权重	排序	权重	排序	权重	排序	权重
$D_{g^{(1)}}$	$o(2)$	0.4575	—	0.5000	$o(2)$	0.4612	$o(2)$	0.4451
$D_{g^{(2)}}$	$o(1)$	0.5425	—	0.5000	$o(1)$	0.5388	$o(1)$	0.5549

$$\boldsymbol{R}(c_1) = \begin{bmatrix} (0.5,0,0.5) & (0.1,0.4,0.3) & (0.4,0.2,0.3) & (0.2,0.3,0) \\ (0.3,0.4,0.1) & (0.5,0,0.5) & (0.2,0.5,0) & (0.2,0.6,0) \\ (0.3,0.2,0.4) & (0,0.5,0.2) & (0.5,0,0.5) & (0.2,0.5,0.2) \\ (0,0.3,0.2) & (0,0.6,0.2) & (0.2,0.5,0.2) & (0.5,0,0.5) \end{bmatrix}$$

$$R(c_2)=\begin{bmatrix}(0.5,0,0.5) & (0.3,0.2,0.3) & (0.3,0.3,0.2) & (0.3,0.6,0)\\(0.3,0.2,0.3) & (0.5,0,0.5) & (0.2,0.7,0.1) & (0.2,0.3,0)\\(0.2,0.3,0.3) & (0.1,0.7,0.2) & (0.5,0,0.5) & (0.1,0.4,0.3)\\(0,0.6,0.3) & (0,0.3,0.2) & (0.3,0.4,0.1) & (0.5,0,0.5)\end{bmatrix}$$

$$R(c_3)=\begin{bmatrix}(0.5,0,0.5) & (0.3,0.4,0.2) & (0.3,0.4,0.1) & (0.4,0.4,0.1)\\(0.2,0.4,0.3) & (0.5,0,0.5) & (0.1,0.4,0.3) & (0.1,0.6,0.1)\\(0.1,0.4,0.3) & (0.3,0.4,0.1) & (0.5,0,0.5) & (0,0.5,0.2)\\(0.1,0.4,0.4) & (0.1,0.6,0.1) & (0.2,0.5,0) & (0.5,0,0.5)\end{bmatrix}$$

$$R(c_4)=\begin{bmatrix}(0.5,0,0.5) & (0.2,0.5,0.2) & (0.2,0.4,0.2) & (0.4,0,0.5)\\(0.2,0.5,0.2) & (0.5,0,0.5) & (0,0.8,0.2) & (0,0.4,0.4)\\(0.2,0.4,0.2) & (0.2,0.8,0) & (0.5,0,0.5) & (0.3,0.4,0.2)\\(0.5,0,0.4) & (0.4,0.4,0) & (0.2,0.4,0.3) & (0.5,0,0.5)\end{bmatrix}$$

第二层次：根据算法 5-2 完成目标层群体共识达成过程。具体计算过程如下。

令两个决策群体给出的目标层群体共识指数的阈值分别为 $\vartheta^{(1)}=0.8$ 和 $\vartheta^{(2)}=0.7$。那么，目标层群体共识指数的阈值为 $\vartheta=\max\{\vartheta^{(1)},\vartheta^{(2)}\}=0.8$。

首先，利用 GCI-PFIOWA 算子获得表征两个决策群体对不同储能技术的总体偏好信息的综合图片模糊偏好关系为

$$R=\begin{bmatrix}(0.5,0,0.5) & (0.1,0.8,0.1) & (0.1,0.8,0.1) & (0.1,0.6,0.2)\\(0.1,0.8,0.1) & (0.5,0,0.5) & (0,0.9,0) & (0,0.8,0)\\(0.1,0.8,0.1) & (0,0.9,0) & (0.5,0,0.5) & (0,0.8,0.1)\\(0.2,0.6,0.1) & (0,0.8,0) & (0.1,0.8,0) & (0.5,0,0.5)\end{bmatrix}$$

然后，根据定义 5-6 计算目标层群体共识指数为 $GCI=0.8117>0.8$。因此，两个决策群体对不同储能技术的综合偏好结果达成共识，不需要对群体图片模糊偏好关系进行修正。

阶段四　选取最优方案

与上一阶段相对应，本阶段选择算法 3-4 对四种储能技术进行排序。

首先，利用式（3-23）和式（3-24）计算综合图片模糊偏好关系 $\boldsymbol{R}$ 的加型一致性指数为：$AS-ACI(\boldsymbol{R})=0.9736>0.8$。由此可知，$\boldsymbol{R}$ 的一致性达到了可接受的水平，基于 $\boldsymbol{R}$ 对不同储能技术排序是可靠而且唯一的。其次，采用式（3-6）集结 $\boldsymbol{R}$ 中的每行元素，得到每种储能技术偏好于其他备选方案的综合值，结果分别表示为：$O(x_1)=(0.1,0.7,0.1)$，$O(x_2)=(0,0.8,0)$，$O(x_3)=(0,0.8,0.1)$ 以及 $O(x_4)=(0.2,0.7,0)$。根据式（3-2）和式（3-3），计算 $O(x_i)$ 的累积期望函数和记分函数，并参照定义 3-5 对各种储能技术进行比较排序，排序结果为 $x_4>x_1>x_2>x_3$。因此，所有专家一致认为相比于抽水储能、压缩空气储能和锂离子电池，飞轮储能系统较好。

5.6　进一步讨论

本章所提出的基于图片模糊偏好关系的群体共识决策方法，一方面用图片模糊数刻画实际群体决策过程中常见的四种偏好态度，另一方面通过构建准则层和目标层群体共识达成算法来获取达成群体共识的综合偏好信息，既可以确保每位决策者的意见得到充分考虑，又能得到众望所归的方案排序结果。与此同时，该方法中的权重信息是基于原始偏好信息客观确定的，可以有效地避免群体决策过程中可能出现的策略性权重操纵，即决策者通过对准则主观赋权，来获得其期望的方案排序结果。然而，参考文献［177］所提出的基于直觉模糊信息的决策方法并未考虑到前述几类问题，相比之下，本章所提出的方法更能够满足不同决策者的要求和期望，得到较为服众的决策结果。

从整体来看，在求解含有模糊偏好关系及其扩展形式的群体共识决策问题时，现有研究主要集中于单个准则下的群体共识达成方法，并未进一步考虑多个准则下如何达成群体共识。然而，由于实际决策环境的复杂性和不确定性，决策者往往需要借助多个准则从多个方面对备选方案进行考量，并且准则权重值常常是存在争议的。不同于现有基于偏好关系的群体共识决策方法，本章基于层次分析法的思想，将群体共识达成过程细分为两个子过程，以确保每位决策者的意见在每个准则下均得到充分考虑。首先是准则层群体共识达成过程，主要出现在同一准则下对个体图片模糊偏好关系的处理过程中。由于图片模糊偏好关系是用图片模糊数表示每对备选方案间的两两对比结果，因此每个准则下不同决策群体提供的偏好信息构成的个体图片模糊偏好关系之间存在差异。为了获得不同准则下所有决策者对备选方案的评价信息，不同决策群体在同一准则下的评价意见需要达成共识。其次是目标层群体共识达成过程，考虑到准则间的差异性，易知不同准则下形成的群体图片模糊偏好关系之间也可能存在较大区别。为了获得一致的决策结果，需要衡量并缩小不同准则下群体偏好信息之间的差距。由此可见，现有相关研究对应的是本章第 5.2 节的准则层群体共识达成过程。因此，相比于现有研究，本章所构建的群体共识决策问题与实际问题的贴合度更高，所提出的基于图片模糊偏好关系的群体共识决策方法的应用性更强。

需要说明的是，在本章所构建的基于图片模糊偏好关系的群体共识决策框架中，不同决策群体所包含的决策者人数相等，而实际决策过程中不同决策群体中的专家人数可能存在较大差异。鉴于本章所提出的方法中数据预处理过程是通过对原始数据进行统计分析得到的，不同决策群体中的专家人数差异并不影响本章所提出的方法的可行性。那么，由于实际决策过程中往往包含多个阶段的评估过程，而参与每个评估过程的专家可能来自不同领域，需要将其划分为不同的群体，本章所提出的方法也可适用于求解包含多个阶段评估过程的决策问题。

但是，本章未考虑任一决策群体中所有专家拒绝对备选方案进行两两对比的情况，即偏好信息为 (0,0,0)。因此，未来研究将在算法 5-3 的基础上考虑前述情形，以期形成一种适用范围更广的群体共识决策方法。

5.7　本章小结

本章主要研究在权重信息完全未知的情形下基于图片模糊偏好关系的群体共识决策问题。第 5.1 节阐述了基于图片模糊偏好关系的群体共识决策框架。第 5.2 节和第 5.3 节分别研究了准则层群体共识达成方法和目标层群体共识达成方法，包括如何根据不同指标客观地确定决策群体权重系数以及准则权重值，如何对同一准则下不同个体图片模糊偏好信息以及不同准则下群体图片模糊偏好信息进行集结，以及如何使得决策群体达成不同层次的群体共识。由此可见，这两节是基于图片模糊偏好关系的群体共识决策方法的核心内容，为研究图片模糊环境下的群体共识问题奠定了基础。第 5.4 节介绍了基于图片模糊偏好关系的群体共识决策方法的步骤。第 5.5 节将所提出的方法应用于求解实际问题，说明了该方法的可行性和实用性。第 5.6 节对本章研究进行了进一步讨论，总结了所提出的方法的优势及不足。综上，本章对基于图片模糊偏好关系的群体共识决策问题进行了初探，可以为未来的相关研究提供借鉴。

第6章　基于图片模糊决策矩阵的群体共识决策方法

考虑到实际决策环境的复杂性和决策信息的不确定性，群体决策过程中往往难以直接得到令所有决策者满意的决策结果，这就需要构建合理的协调机制，以获得达成群体共识的结果。与此同时，在对个体信息进行融合时，如果主观地赋予不同决策群体的相对重要性程度，可能会引起某一决策群体抱怨其受到不公平待遇的现象。可见，实际群体决策过程通常涉及以下一系列问题：如何有效处理众多决策者之间相互矛盾的评价信息，如何衡量不同决策群体意见的相似程度，如何确定不同决策群体的相对重要性程度，如何融合个体评价信息，如何达成群体共识，以及如何选取最优方案等。其中，本书第 4 章已对评价信息的处理方式以及最优方案的选取方法进行了研究。因此，本章主要针对剩余问题，定义基于图片模糊决策矩阵的相似度和共识度测度，构建决策群体权重求解模型，设计不同视角下的群体共识达成过程，充分利用第 4 章的研究成果，进一步提出在权重信息完全未知的情形下基于图片模糊决策矩阵的群体共识决策方法，旨在确保最终决策结果能够满足每位决策者的要求。

6.1　基于图片模糊决策矩阵的群体共识决策框架

假设 $D=\{d^{(1)},d^{(2)},\cdots,d^{(q)}\}$ 为决策者集，表示由 q 位受邀对不同备选方案进行评价的决策者组成的决策委员会，现根据决策者的专业知识水平和背景将这些决策者划分为不同的决策群体，记为 $D_{g^{(K)}}=\{d_{g^{(K)}}^{(1)},d_{g^{(K)}}^{(2)},\cdots,d_{g^{(K)}}^{(\#g^{(K)})}\}(K=1,2,\cdots,Q)$。其中，$d_{g^{(K)}}^{(1)}$ 表示每个决策群体中的其中一位决策者，$\#g^{(K)}$ 代表每个决策群体包含的决策者人数。因此，$\#g^{(1)}+\#g^{(2)}+\cdots+\#g^{(Q)}=q$。由此可知，本章研究的群体决策问题中涉及的个体和群体分别指的是单个决策群体和由多个不同层次的决策群体构成的决策委员会，而大多数群体决策问题涉及的个体和群体分别为某一位决策者和由多位决策者构成的群体。

与此同时，该群体共识决策框架包含由 n 个不同备选方案构成的方案集 $X=\{x_1,x_2,\cdots,x_n\}$ 和由 m 个准则构成的准则集 $C=\{c_1,c_2,\cdots,c_m\}$，每个备选方案和每个准则分别记为 x_i 和 c_j。决策群体和准则的权重信息完全未知。要求所有决策者 $d^{(k)}(k=1,2,\cdots,q)$ 通过判断“方案 x_i 在准则 c_j 下的表现是否符合要求”，表明决策者对任一备选方案在 m 个准则下的表现的态度：赞同、不置可否、反对、无法判断，并将每个决策群体给出的评价结果依次记录在表 6-1 中。

表 6-1 决策群体对备选方案的评价结果

决策者	方案	评价信息	准则			
			c_1	c_2	……	c_m
$d_{g^{(K)}}^{(1)}$	x_1	赞同				
		不置可否				
		反对				
		无法判断				
	……	……	……	……	……	……
	x_n	赞同				
		不置可否				
		反对				
		无法判断				

续表

决策者	方案	评价信息	准则			
			c_1	c_2	……	c_m
$d^{(2)}_{g^{(K)}}$	x_1	赞同				
		不置可否				
		反对				
		无法判断				
	……	……	……	……	……	……
	x_n	赞同				
		不置可否				
		反对				
		无法判断				
……	……	……	……	……	……	……
$d^{(\#g^{(K)})}_{g^{(K)}}$	x_1	赞同				
		不置可否				
		反对				
		无法判断				
	……	……	……	……	……	……
	x_n	赞同				
		不置可否				
		反对				
		无法判断				

根据表 6-1 记录的信息，基于图片模糊决策矩阵的群体共识决策框架包括以下四个部分。

（1）评价信息的量化过程。利用图片模糊决策矩阵的特性，完整地量化每个决策群体内具有不同学术背景和实践经验的决策者们对备选方案在不同准则下的表现的评价信息，获得表征每个决策群体对备选方案评价结果的个体图片模糊决策矩阵。

（2）个体信息融合过程。该过程通过考虑决策群体的相对重要性程度，对个体图片模糊决策矩阵进行集结，获得表征所有决策者对备选方案的评价信息的综合图片模糊决策矩阵。

（3）群体共识达成过程。该过程旨在保证所有决策者的意见均得到充分考虑，且最终形成的群体评价信息能够得到决策委员会所有成员的认可。

（4）方案择优过程。该过程旨在对备选方案进行排序，选出所有决策者均认可的最优方案。

6.2　基于图片模糊决策矩阵相似度的集结方法

如前文所述，现有基于图片模糊集的投影模型存在局限性，因此，本节构建基于图片模糊集的相对投影模型。在此基础上，给出基于图片模糊决策矩阵相对投影模型的相似度定义。通过利用不同决策个体间的相似度结果，提出基于图片模糊决策矩阵相似度的集结方法。

6.2.1　基于图片模糊决策矩阵相对投影模型的相似度测度

基于现有文献对模糊环境下相对投影模型的研究，本小节引入图片模糊环境下的相对投影模型。

定义 6-1　令 $p_l = (\mu_l, \eta_l, \nu_l)$（$l = 1,2$）为任意两个图片模糊数，定义

$$RP_{p_2}(p_1) = \frac{\mu_1\mu_2 + \eta_1\eta_2 + (1 - \nu_1)(1 - \nu_2)}{\mu_2^{\ 2} + \eta_2^{\ 2} + (1 - \nu_2)^2} \tag{6-1}$$

为图片模糊数 p_1 在图片模糊数 p_2 上的相对投影。

显然，式（6-1）只能描述图片模糊数 p_1 相对于图片模糊数 p_2 的接近程度，且 $RP_{p_2}(p_1)$ 的值越趋近于 1，说明图片模糊数 p_1 越接近图片模糊数 p_2。可见，式（6-1）呈现的结果是单向的。那么，同理可知，图片模糊数 p_2 在图片模糊数 p_1 上的相对投影为

$$RP_{p_1}(p_2) = \frac{\mu_1\mu_2 + \eta_1\eta_2 + (1 - \nu_1)(1 - \nu_2)}{\mu_1^{\ 2} + \eta_1^{\ 2} + (1 - \nu_1)^2} \tag{6-2}$$

需要注意的是，本书所构建的相对投影模型不要求所得结果一定位于闭区间 $[0,1]$ 内，这也是所提出的模型与经典距离测度模型的区别之一。此外，由式（6-1）和式（6-2）易知，$RP_{p_2}(p_1)$ 和 $RP_{p_1}(p_2)$ 的值之间存在以下两种关系：

（1）当 $RP_{p_2}(p_1)=0$ 时，$RP_{p_1}(p_2)=0$；

（2）当 $RP_{p_2}(p_1)\in(0,1]$ 时，$RP_{p_1}(p_2)\in[1,+\infty)$。

可见，无法直接对 $RP_{p_2}(p_1)$ 和 $RP_{p_1}(p_2)$ 进行比较和加减运算，因此，采用投影模型衡量 p_1 和 p_2 的相似度时，需要进一步对 $RP_{p_2}(p_1)$ 和 $RP_{p_1}(p_2)$ 进行归一化处理。

下文通过延续定义 6-1 的概念，定义图片模糊决策矩阵的相对投影模型，旨在衡量两个图片模糊决策矩阵的相似度。

定义 6-2　令 $\mathbf{Z}^{(K)}=(z_{ij}^{(K)})_{n\times m}=(\mu_{z_{ij}}^{(K)},\eta_{z_{ij}}^{(K)},\nu_{z_{ij}}^{(K)})_{n\times m}(K=1,2)$ 为任意两个图片模糊决策矩阵，定义

$$RP_{Z^{(2)}}(\mathbf{Z}^{(1)})=\frac{1}{nm}\sum_{i=1}^{n}\sum_{j=1}^{m}\frac{|RP_{z_{ij}^{(2)}}(z_{ij}^{(1)})-1|-\min\limits_{1\leqslant i\leqslant n,1\leqslant j\leqslant m}\{|RP_{z_{ij}^{(2)}}(z_{ij}^{(1)})-1|\}}{\max\limits_{1\leqslant i\leqslant n,1\leqslant j\leqslant m}\{|RP_{z_{ij}^{(2)}}(z_{ij}^{(1)})-1|\}-\min\limits_{1\leqslant i\leqslant n,1\leqslant j\leqslant m}\{|RP_{z_{ij}^{(2)}}(z_{ij}^{(1)})-1|\}} \tag{6-3}$$

为图片模糊决策矩阵 $\mathbf{Z}^{(1)}$ 在图片模糊决策矩阵 $\mathbf{Z}^{(2)}$ 上的相对投影。

相反，图片模糊决策矩阵 $\mathbf{Z}^{(2)}$ 在图片模糊决策矩阵 $\mathbf{Z}^{(1)}$ 上的相对投影为

$$RP_{Z^{(1)}}(\mathbf{Z}^{(2)})=\frac{1}{nm}\sum_{i=1}^{n}\sum_{j=1}^{m}\frac{|RP_{z_{ij}^{(1)}}(z_{ij}^{(2)})-1|-\min\limits_{1\leqslant i\leqslant n,1\leqslant j\leqslant m}\{|RP_{z_{ij}^{(1)}}(z_{ij}^{(2)})-1|\}}{\max\limits_{1\leqslant i\leqslant n,1\leqslant j\leqslant m}\{|RP_{z_{ij}^{(1)}}(z_{ij}^{(2)})-1|\}-\min\limits_{1\leqslant i\leqslant n,1\leqslant j\leqslant m}\{|RP_{z_{ij}^{(1)}}(z_{ij}^{(2)})-1|\}} \tag{6-4}$$

其中，相对投影 $RP_{z_{ij}^{(2)}}(z_{ij}^{(1)})$ 和 $RP_{z_{ij}^{(1)}}(z_{ij}^{(2)})$ 的值是基于式（6-1）和式（6-2）获得的，其计算公式分别为

$$RP_{z_{ij}^{(2)}}(z_{ij}^{(1)}) = \frac{\mu_{z_{ij}}^{(1)}\mu_{z_{ij}}^{(2)} + \eta_{z_{ij}}^{(1)}\eta_{z_{ij}}^{(2)} + (1 - \nu_{z_{ij}}^{(1)})(1 - \nu_{z_{ij}}^{(2)})}{(\mu_{z_{ij}}^{(2)})^2 + (\eta_{z_{ij}}^{(2)})^2 + (1 - \nu_{z_{ij}}^{(2)})^2} \quad (6-5)$$

$$RP_{z_{ij}^{(1)}}(z_{ij}^{(2)}) = \frac{\mu_{z_{ij}}^{(1)}\mu_{z_{ij}}^{(2)} + \eta_{z_{ij}}^{(1)}\eta_{z_{ij}}^{(2)} + (1 - \nu_{z_{ij}}^{(1)})(1 - \nu_{z_{ij}}^{(2)})}{(\mu_{z_{ij}}^{(1)})^2 + (\eta_{z_{ij}}^{(1)})^2 + (1 - \nu_{z_{ij}}^{(1)})^2} \quad (6-6)$$

显而易见，$RP_{Z^{(2)}}(\boldsymbol{Z}^{(1)})$ [或 $RP_{Z^{(1)}}(\boldsymbol{Z}^{(2)})$] 的值越趋近于 1，$\boldsymbol{Z}^{(1)}$ [或 $\boldsymbol{Z}^{(2)}$] 与 $\boldsymbol{Z}^{(2)}$ [或 $\boldsymbol{Z}^{(1)}$] 的差异越小。

需要说明的是，考虑到定义 6-2 的出发点是“$RP_{z_{ij}^{(2)}}(z_{ij}^{(1)})$ 的值越趋近于 1，$z_{ij}^{(1)}$ 与 $z_{ij}^{(2)}$ 之间的差异越小”，本书通过求解 $|RP_{z_{ij}^{(2)}}(z_{ij}^{(1)}) - 1|$ 来确定决策群体 $D_{g^{(1)}}$ 与决策群体 $D_{g^{(2)}}$ 的决策意见对于方案 x_i 在准则 c_j 下的表现产生的分歧的程度，并衡量决策意见所产生差异的大小。进一步地，利用最小最大归一化方法使式（6-3）和式（6-4）成为无量纲表达式，将由此所得到的 $RP_{Z^{(2)}}(\boldsymbol{Z}^{(1)})$ 和 $RP_{Z^{(1)}}(\boldsymbol{Z}^{(2)})$ 的值统一映射到区间 [0,1] 上，即其取值满足 $RP_{Z^{(2)}}(\boldsymbol{Z}^{(1)}) \in [0,\ 1]$ 和 $RP_{Z^{(1)}}(\boldsymbol{Z}^{(2)}) \in [0,\ 1]$，进而使 $RP_{Z^{(2)}}(\boldsymbol{Z}^{(1)})$ 和 $RP_{(1)}(\boldsymbol{Z}^{(2)})$ 的值具有可比性。

基于定义 6-2，定义两个图片模糊决策矩阵的相似度测度如下。

定义 6-3　令 $\boldsymbol{Z}^{(K)} = (z_{ij}^{(K)})_{n\times m}(K = 1,2)$ 为任意两个图片模糊决策矩阵，定义 $\boldsymbol{Z}^{(1)}$ 和 $\boldsymbol{Z}^{(2)}$ 的相似度测度为

$$SD(\boldsymbol{Z}^{(1)},\boldsymbol{Z}^{(2)}) = \frac{1}{2}\{[1 - RP_{Z^{(2)}}(\boldsymbol{Z}^{(1)})] + [1 - RP_{Z^{(1)}}(\boldsymbol{Z}^{(2)})]\} \quad (6-7)$$

显然，$SD(\boldsymbol{Z}^{(1)},\boldsymbol{Z}^{(2)})$ 的值越大，图片模糊决策矩阵 $\boldsymbol{Z}^{(1)}$ 和图片模糊决策矩阵 $\boldsymbol{Z}^{(2)}$ 的差异越小。此外，由式（6-3）和式（6-4）易知，$SD(\boldsymbol{Z}^{(1)},\boldsymbol{Z}^{(2)})$ 和 $SD(\boldsymbol{Z}^{(2)},\boldsymbol{Z}^{(1)})$ 的取值分别满足 $SD(\boldsymbol{Z}^{(1)},\boldsymbol{Z}^{(2)}) \in [0,1]$、$SD(\boldsymbol{Z}^{(2)},$

$\boldsymbol{Z}^{(1)}) \in [0,1]$ 以及 $SD(\boldsymbol{Z}^{(1)},\boldsymbol{Z}^{(2)}) = SD(\boldsymbol{Z}^{(2)},\boldsymbol{Z}^{(1)})$。

进一步地，如果存在多个决策群体 $D_{g^{(K)}} = \{d_{g^{(K)}}^{(1)}, d_{g^{(K)}}^{(2)}, \cdots, d_{g^{(K)}}^{(\#g^{(K)})}\}$ $(K = 1,2,\cdots,Q)$，每个决策群体的决策意见与其他决策群体所给出的决策意见的差异可利用式（6-8）进行衡量：

$$SD(\boldsymbol{Z}^{(K)}) = \frac{\sum_{T=1,T\neq K}^{Q} SD(\boldsymbol{Z}^{(K)},\boldsymbol{Z}^{(T)})}{Q-1} \tag{6-8}$$

易知，在式（6-8）中，$SD(\boldsymbol{Z}^{(K)})$ 的值越大，决策群体 $D_{g^{(K)}}$ 所提供的决策意见的认可度越高。通常情况下，认可度越高的决策意见越重要。因此，该相似度测度能够为求解决策者权重未知情形下的群体决策问题提供理论支撑。

6.2.2　决策群体权重的确定

在现实生活决策过程中，决策者的权重信息往往是不完全的或完全未知的。根据“决策意见认可度越高的决策群体越重要”的理念，本小节基于前文对图片模糊决策矩阵相似度测度的研究，提出确定决策群体权重信息的方法。

令 $\boldsymbol{\omega} = (\omega^{o(1)},\omega^{o(2)},\cdots,\omega^{o(Q)})$ 为决策群体的权重向量，下文基于每个决策群体的决策意见与其他决策群体所给出的决策意见的差异，构建 $\omega^{o(K')}(K' = 1,2,\cdots,Q)$ 的求解模型为

$$\omega^{o(K')} = \begin{cases} F\left(\dfrac{SD(\boldsymbol{Z}^{o(1)})}{T}\right) \\ F\left(\dfrac{\sum_{K'=2}^{Q'} SD(\boldsymbol{Z}^{o(K')})}{T}\right) - \\ F\left(\dfrac{\sum_{K'=1}^{Q'-1} SD(\boldsymbol{Z}^{o(K')})}{T}\right), \quad Q' = 2,3,\cdots,Q \end{cases} \tag{6-9}$$

其中，$\omega^{o(K')}$ 满足 $\omega^{o(K')} \in [0,1]$ 和 $\sum_{K'=1}^{Q} \omega^{o(K')} = 1$。$SD(\boldsymbol{Z}^{(K)})$ 表示每个决策群体意见与其他决策群体意见的总体相似度，$SD(\boldsymbol{Z}^{o(K')})$ 表示按照从大到小的顺序对 $SD(\boldsymbol{Z}^{(K)})$ 的值进行排序，排在第 K' 位的个体图片模糊决策矩阵与其他所有个体图片模糊决策矩阵的相似度。相应地，与该相似度对应的个体图片模糊决策矩阵记为 $\boldsymbol{Z}^{o(K')} = (z_{ij}^{o(K')})_{n\times m}$。那么，就整体来看，集合 $\{SD(\boldsymbol{Z}^{o(1)}),SD(\boldsymbol{Z}^{o(2)}),\cdots,SD(\boldsymbol{Z}^{o(Q)})\}$ 是对集合 $\{SD(\boldsymbol{Z}^{(1)}),SD(\boldsymbol{Z}^{(2)}),\cdots,SD(\boldsymbol{Z}^{(Q)})\}$ 中的元素进行降序排列的结果。此外，T 表示所有单个决策群体意见与其他决策群体意见的相似度之和，即

$$T = \sum_{K=1}^{Q} SD(\boldsymbol{Z}^{(K)})$$

在式（6-9）中，函数 $F\left(\dfrac{\sum_{K'=1}^{Q'} SD(\boldsymbol{Z}^{o(K')})}{T}\right)(K' = 1,2,\cdots,Q)$ 源于美国爱纳大学教授 Yager 于 1996 年[178] 定义的一系列参数化的严格单调递增量词（Parametrized Regular Increasing Monotone Quantifiers）：$F(F = a^{\gamma})$，其中，$\gamma \geqslant 0$。由于函数 F 是单调不减的，且满足 $F:[0,1] \to [0,1]$、$F(0) = 0$ 和 $F(1) = 1$，可推导出 $\omega^{o(K')} \in [0,1]$ 以及 $\sum_{K'=1}^{Q} \omega^{o(K')} = 1$。为了避免所得权重值差别过大，本书拟采用函数 $F = a^{\gamma}(0 < \gamma < 1)$ 来获得每个决策群体的权重值。

6.2.3　图片模糊决策矩阵的融合

由于不同决策群体提供的个体评价意见之间存在差异，为了获得合理、统一的决策结果，需要集成个体评价信息，得到群体决策意见。集结算子是融合个体信息的有效工具之一，因此，下文通过结合图片模糊数的特征，将 IOWG 算子扩展至图片模糊环境。

定义 6-4　设 $p_l = (\mu_l,\eta_l,\nu_l)(l = 1,2,\cdots,n)$ 为一列图片模糊数，定义

$$PFIOWG(\langle \varepsilon_1,\mu_1\rangle,\langle \varepsilon_2,\mu_2\rangle,\cdots,\langle \varepsilon_n,\mu_n\rangle)=\prod_{l'=1}^{n}\mu_{o(l')}{}^{\omega_{l'}}=\mu \tag{6-10}$$

$$PFIOWG(\langle \varepsilon_1,\eta_1\rangle,\langle \varepsilon_2,\eta_2\rangle,\cdots,\langle \varepsilon_n,\eta_n\rangle)=\prod_{l'=1}^{n}\eta_{o(l')}{}^{\omega_{l'}}=\eta \tag{6-11}$$

$$\begin{aligned}
&\overline{PFIOWG}(\langle \varepsilon_1,\nu_1\rangle,\langle \varepsilon_2,\nu_2\rangle,\cdots,\langle \varepsilon_n,\nu_n\rangle)\\
&=Neg(PFIOWG(\langle \varepsilon_1,Neg(\nu_1)\rangle,\langle \varepsilon_2,Neg(\nu_2)\rangle,\cdots,\langle \varepsilon_n,Neg(\nu_n)\rangle))\\
&=Neg(PFIOWG(\langle \varepsilon_1,(1-\nu_1)\rangle,\langle \varepsilon_2,(1-\nu_2)\rangle,\cdots,\langle \varepsilon_n,(1-\nu_n)\rangle))\\
&=1-\prod_{l'=1}^{n}[1-\nu_{o(l')}]^{\omega_{l'}}=\nu
\end{aligned} \tag{6-12}$$

为集结 n 个图片模糊数的图片模糊诱导有序加权几何平均（Picture Fuzzy Induced Ordered Weighted Geometric，PFIOWG）算子。

其中，$\omega_{l'}(l=1,2,\cdots,n)$ 为与该算子相关联的权重，称为诱导有序加权几何权重，且其满足 $\omega_{l'}\in[0,1]$ 和 $\sum_{l'=1}^{n}\omega_{l'}=1$；$o:\{1,2,\cdots,n\}\rightarrow\{1,2,\cdots,n\}$ 是一个置换，使得对于所有的 $l'=1,2,\cdots,n-1$，均存在 $\varepsilon_{o(l')}\geqslant\varepsilon_{o(l'+1)}$。也就是说，$\langle \varepsilon_{o(l')},p_{o(l')}\rangle$ 是一个二元组，其中，$\varepsilon_{o(l')}$ 是 $\{\varepsilon_1,\varepsilon_2,\cdots,\varepsilon_n\}$ 中按照降序排列位于第 l' 位的变量，且分别称 $\varepsilon_{o(l')}$ 和 $p_{o(l')}$ 为序诱导变量和决策变量；$p_{o(l')}$ 的顺序是根据 $\varepsilon_{o(l')}$ 的大小确定的，$(p_{o(1)},p_{o(2)},\cdots,p_{o(n)})$ 是 $(p_1,p_2,\cdots,p_n)$ 的重新排序结果。

接下来讨论 PFIOWG 算子的性质。

性质 6-1　设 $p_l=(\mu_l,\eta_l,\nu_l)(l=1,2,\cdots,n)$ 为一列图片模糊数，由 PFIOWG 算子对其进行集结得到的结果仍为图片模糊数，即集结结果满足图片模糊数的基本条件：

$$\begin{cases} \prod_{l=1}^{n} {\mu_{o(l)}}^{\omega_l} \in [0,1] \\ \prod_{l=1}^{n} {\eta_{o(l)}}^{\omega_l} \in [0,1] \\ 1 - \prod_{l=1}^{n} [1 - \nu_{o(l)}]^{\omega_l} \in [0,1] \\ \prod_{l=1}^{n} {\mu_{o(l)}}^{\omega_l} + \prod_{l=1}^{n} {\eta_{o(l)}}^{\omega_l} + 1 - \prod_{l=1}^{n} [1 - \nu_{o(l)}]^{\omega_l} \in [0,1] \end{cases}$$

性质 6-2（幂等性）　设 $p_l = (\mu_l, \eta_l, \nu_l)(l = 1,2,\cdots,n)$ 为一列图片模糊数，若对于所有的 $l = 1,2,\cdots,n$，均存在 $p_l = p' = (\mu', \eta', \nu')$，则有

$$PFIOWG(\langle \varepsilon_1, \mu_1 \rangle, \langle \varepsilon_2, \mu_2 \rangle, \cdots, \langle \varepsilon_n, \mu_n \rangle) = \mu'$$

$$PFIOWG(\langle \varepsilon_1, \eta_1 \rangle, \langle \varepsilon_2, \eta_2 \rangle, \cdots, \langle \varepsilon_n, \eta_n \rangle) = \eta'$$

$$\widetilde{PFIOWG}(\langle \varepsilon_1, \nu_1 \rangle, \langle \varepsilon_2, \nu_2 \rangle, \cdots, \langle \varepsilon_n, \nu_n \rangle) = \nu'$$

性质 6-3（单调性）　设 $p_l = (\mu_l, \eta_l, \nu_l)(l = 1,2,\cdots,n)$ 和 $p_l'' = (\mu_l'', \eta_l'', \nu_l'')(l = 1,2,\cdots,n)$ 为两列图片模糊数，若对于所有的 $l = 1,2,\cdots,n$，均存在 $\mu_l \geqslant \mu_l''$、$\eta_l \geqslant \eta_l''$ 和 $\nu_l \leqslant \nu_l''$，则采用 PFIOWG 算子分别对两列图片模糊数进行集结，所得结果 $p = (\mu, \eta, \nu)$ 和 $p'' = (\mu'', \eta'', \nu'')$ 满足 $p \geqslant p''$。

性质 6-4（交换性）　设 $p_l = (\mu_l, \eta_l, \nu_l)$ 和 $p_l''' = (\mu_l''', \eta_l''', \nu_l''')(l = 1,2,\cdots,n)$ 为两列图片模糊数，且 $\{p_1''', p_2''', \cdots, p_n'''\}$ 是 $\{p_1, p_2, \cdots, p_n\}$ 的一种置换，那么

$$PFIOWG(\langle \varepsilon_1, \mu_1 \rangle, \langle \varepsilon_2, \mu_2 \rangle, \cdots, \langle \varepsilon_n, \mu_n \rangle) = PFIOWG(\langle \varepsilon_1''', \mu_1''' \rangle, \langle \varepsilon_2''', \mu_2''' \rangle, \cdots, \langle \varepsilon_n''', \mu_n''' \rangle)$$

$$PFIOWG(\langle \varepsilon_1, \eta_1 \rangle, \langle \varepsilon_2, \eta_2 \rangle, \cdots, \langle \varepsilon_n, \eta_n \rangle) = PFIOWG(\langle \varepsilon_1''', \eta_1''' \rangle, \langle \varepsilon_2''', \eta_2''' \rangle, \cdots, \langle \varepsilon_n''', \eta_n''' \rangle)$$

$$\widetilde{PFIOWG}(\langle \varepsilon_1, \nu_1 \rangle, \langle \varepsilon_2, \nu_2 \rangle, \cdots, \langle \varepsilon_n, \nu_n \rangle) =$$

$$\widetilde{PFIOWG}(\langle \varepsilon_1''', \nu_1''' \rangle, \langle \varepsilon_2''', \nu_2''' \rangle, \cdots, \langle \varepsilon_n''', \nu_n''' \rangle)$$

性质 6-5（有界性）　设 $p_l = (\mu_l, \eta_l, \nu_l)(l = 1,2,\cdots,n)$ 为一列图片模糊数，则

$$\min_{1 \leqslant l \leqslant n}(\mu_l) \leqslant PFIOWG(\langle \varepsilon_1, \mu_1 \rangle, \langle \varepsilon_2, \mu_2 \rangle, \cdots, \langle \varepsilon_n, \mu_n \rangle) \leqslant \max_{1 \leqslant l \leqslant n}(\mu_l)$$

$$\min_{1 \leqslant l \leqslant n}(\eta_l) \leqslant PFIOWG(\langle \varepsilon_1, \eta_1 \rangle, \langle \varepsilon_2, \eta_2 \rangle, \cdots, \langle \varepsilon_n, \eta_n \rangle) \leqslant \max_{1 \leqslant l \leqslant n}(\eta_l)$$

$$\min_{1 \leqslant l \leqslant n}(\nu_l) \leqslant \widetilde{PFIOWG}(\langle \varepsilon_1, \nu_1 \rangle, \langle \varepsilon_2, \nu_2 \rangle, \cdots, \langle \varepsilon_n, \nu_n \rangle) \leqslant \max_{1 \leqslant l \leqslant n}(\nu_l)$$

显然，上述 PFIOWG 算子的五个性质自然成立，因此本书在此处省略其证明过程。

一般情况下，序诱导变量通常是用来反映决策变量比较结果的一个指标。下文基于前文对图片模糊决策矩阵相似度的研究，将每一图片模糊决策矩阵与其他所有图片模糊决策矩阵间的相似度作为序诱导变量，定义基于图片模糊决策矩阵相似度的图片模糊诱导有序加权平均几何（SD-PFIOWG）算子。

定义 6-5　令 $\mathbf{Z}^{(K)} = (z_{ij}^{(K)})_{n \times m} = (\mu_{z_{ij}}^{(K)}, \eta_{z_{ij}}^{(K)}, \nu_{z_{ij}}^{(K)})_{n \times m}(K = 1,2,\cdots,Q)$ 为 Q 个图片模糊决策矩阵，$SD(\mathbf{Z}^{(K)})$ 为每个个体图片模糊决策矩阵 $\mathbf{Z}^{(K)}$ 与其他个体图片模糊决策矩阵 $\mathbf{Z}^{(T)}(T = 1,2,\cdots,Q; T \neq K)$ 的相似度，称

$$SD\text{-}PFIOWG(\langle SD(\mathbf{Z}^{(1)}), \mu_{z_{ij}}^{(1)} \rangle, \langle SD(\mathbf{Z}^{(2)}), \mu_{z_{ij}}^{(2)} \rangle, \cdots, \langle SD(\mathbf{Z}^{(Q)}), \mu_{z_{ij}}^{(Q)} \rangle)$$

$$= \prod_{K'=1}^{Q} [\mu_{z_{ij}}^{o(K')}]^{\omega^{o(K')}} = \mu_{z_{ij}} \tag{6-13}$$

$$SD\text{-}PFIOWG(\langle SD(\mathbf{Z}^{(1)}), \eta_{z_{ij}}^{(1)} \rangle, \langle SD(\mathbf{Z}^{(2)}), \eta_{z_{ij}}^{(2)} \rangle, \cdots, \langle SD(\mathbf{Z}^{(Q)}), \eta_{z_{ij}}^{(Q)} \rangle)$$

$$= \prod_{K'=1}^{Q} (\eta_{z_{ij}}^{o(K')})^{\omega^{o(K')}} = \eta_{z_{ij}} \tag{6-14}$$

$$\overline{SD\text{-}PFIOWG}(\langle SD(\mathbf{Z}^{(1)}),\nu_{z_{ij}}^{(1)}\rangle,\langle SD(\mathbf{Z}^{(2)}),\nu_{z_{ij}}^{(2)}\rangle,\cdots,\langle SD(\mathbf{Z}^{(Q)}),\nu_{z_{ij}}^{(Q)}\rangle)$$
$$= 1 - \prod_{K'=1}^{Q}[1 - \nu_{z_{ij}}^{o(K')}]^{\omega^{o(K')}} = \nu_{z_{ij}} \tag{6-15}$$

为 SD-PFIOWG 算子。其中，$\omega^{o(K')}$ 可由式（6-9）计算得到，表明 SD-PFIOWG 算子是由量词 F 引导的聚合（Quantifier Guided Aggregation）。$\mu_{z_{ij}}^{o(K')}$、$\eta_{z_{ij}}^{o(K')}$ 和 $\nu_{z_{ij}}^{o(K')}$ 指的是位于相似度排在第 K' 位的图片模糊决策矩阵 $\mathbf{Z}^{o(K')}$ 中第 i 行和第 j 列的元素 $z_{ij}^{o(K')}$ 的三个构成部分。

需要说明的是，SD-PFIOWG 算子是 PFIOWG 算子的一种扩展形式。因此，由 SD-PFIOWG 算子集结得到的结果仍可以构成图片模糊数，即对于所有的 $i=1,2,\cdots,n$ 和 $j=1,2,\cdots,m$，$\mu_{z_{ij}}$、$\eta_{z_{ij}}$ 和 $\nu_{z_{ij}}$ 满足 $\mu_{z_{ij}} \in [0,1]$、$\eta_{z_{ij}} \in [0,1]$、$\nu_{z_{ij}} \in [0,1]$ 和 $\mu_{z_{ij}} + \eta_{z_{ij}} + \nu_{z_{ij}} \in [0,1]$。同时，该算子也具有幂等性、单调性、交换性和有界性性质。由此可见，在求解实际决策问题时，可根据决策问题的需要，通过变换序诱导变量，对 PFIOWG 算子进行扩展，以融合互相矛盾的个体评价信息。

6.3　基于相似度和共识度的图片模糊群体共识决策方法

通常情况下，群体决策问题涉及两个重要过程：达成群体共识和选择最优方案。其中，达成群体共识是求解群体决策问题的首要和关键过程。群体共识达成过程是一个动态和迭代的需要决策委员会全程参与讨论的过程，通过对不同决策个体给出的存在分歧的原始个体决策意见进行修正，最终使决策委员会中所有个体的决策意见的相似度达到某种预先定义的程度。显然，群体共识达成过程必然涉及的一个问题是如何衡量不同决策个体意见之间的接近程度，以达到群体共识水平。为此，本节基于前文研究，通过构建基于图片模糊决策矩阵相对投影模型的共识度测度，给出两种视角下基于图片模糊决策矩阵的群体共识达成过程。在此基础上，提出在权重信息完全未知的情形下基于图片模糊决策矩阵的群体共识决策方法。

6.3.1 基于图片模糊决策矩阵相对投影模型的共识度测度

通过 SD-PFIOWG 算子，可获得表征所有决策者对各备选方案在不同准则下评价结果的综合图片模糊决策矩阵。但是，每个决策群体是否赞同该集结结果仍不得而知。为此，需要确认不同决策群体对集结结果的满意程度，进而使每位决策者的决策意见均得到充分考虑，最终形成公正无偏的决策结果。为了实现此目标，本小节通过测量表示每个决策群体决策意见的个体图片模糊决策矩阵和代表所有决策者决策意见的综合图片模糊决策矩阵的差异，来判断每个决策群体意见与综合决策意见的接近程度，即衡量个体评价信息与综合评价信息的共识度，以期为“个体—群体”视角下群体共识决策方法的构建提供理论支撑。

定义 6-6 设 $\mathbf{Z}^{(K)}=(z_{ij}^{(K)})_{n\times m}=(\mu_{z_{ij}}^{(K)},\eta_{z_{ij}}^{(K)},\nu_{z_{ij}}^{(K)})_{n\times m}(K=1,2,\cdots,Q)$ 为一列个体图片模糊决策矩阵，$\mathbf{Z}=(z_{ij})_{n\times m}=(\mu_{z_{ij}},\eta_{z_{ij}},\nu_{z_{ij}})_{n\times m}$ 为通过集结个体图片模糊决策矩阵得到的综合图片模糊决策矩阵，定义

$$CD(\mathbf{Z}^{(K)})=\frac{1}{nm}\sum_{i=1}^{n}\sum_{j=1}^{m}\frac{|RP_{z_{ij}}(z_{ij}^{(K)})-1|-\min\limits_{1\leqslant i\leqslant n,1\leqslant j\leqslant m}\{|RP_{z_{ij}}(z_{ij}^{(K)})-1|\}}{\max\limits_{1\leqslant i\leqslant n,1\leqslant j\leqslant m}\{|RP_{z_{ij}}(z_{ij}^{(K)})-1|\}-\min\limits_{1\leqslant i\leqslant n,1\leqslant j\leqslant m}\{|RP_{z_{ij}}(z_{ij}^{(K)})-1|\}} \tag{6-16}$$

为个体图片模糊决策矩阵 $\mathbf{Z}^{(K)}$ 与综合图片模糊决策矩阵 $\mathbf{Z}$ 的共识度测度。

显然，该共识度测度的定义是在图片模糊决策矩阵相对投影模型的基础上定义的，能够反映个体评判意见与群体评判意见的贴近程度。其中，$|RP_{z_{ij}}(z_{ij}^{(K)})-1|$ 的值越小，决策群体 $D_{g^{(K)}}$ 与决策委员会的全部成员对于

方案 x_i 在准则 c_j 下的表现越容易达成一致意见。显然，式（6-16）对 $|RP_{z_{ij}}(z_{ij}^{(K)})-1|$ 的值进行了归一化处理，由此可知，$CD(\boldsymbol{Z}^{(K)})\in[0,1]$，说明该共识度的取值范围符合现有文献对共识度的限制条件[120-121]。此外，根据相对投影模型可知，$CD(\boldsymbol{Z}^{(K)})$ 的值越小，决策群体 $D_{g(K)}$ 与决策委员会的所有成员对各方案在各准则下评价结果的共识度越高。

下文根据共识度测度的取值范围，引入图片模糊环境下共识度的相关概念。

定义 6-7　若 $CD(\boldsymbol{Z}^{(K)})=1$，则说明决策群体 $D_{g(K)}$ 与决策委员会所有成员之间不存在共识。

定义 6-8　若 $CD(\boldsymbol{Z}^{(K)})=0$，则说明决策群体 $D_{g(K)}$ 与决策委员会所有成员达成完美共识。

事实上，由于不同决策者的学术背景和实践经验之间均存在相似之处和区别，因此任意一个决策群体与决策委员会所有成员之间既不可能不存在共识，也难以达成完美共识。考虑到这一点，下文定义可接受的共识度，以确保最终得到的决策结果能够获得决策委员会所有成员的认可。

定义 6-9　若 $CD(\boldsymbol{Z}^{(K)})\leqslant\vartheta$，则说明决策群体 $D_{g(K)}$ 与决策委员会所有成员达成可接受的共识度。

其中，ϑ 表示可接受的共识度的阈值。易知，ϑ 值越小，说明决策委员会对整体意见一致性的要求越严格。显然，不同决策群体对共识度的要求可能存在比较大的差别。由此可知，针对本章所研究的基于图片模糊决策矩阵的群体共识决策问题，在确定可接受的共识度的阈值时，既要遵守合理、有效的原则，又要满足所有决策者的要求。

以下给出确定群体可接受的共识度的阈值的方法。首先，要求不同决策群体分别确定本组所期望的阈值，记为 $\vartheta^{(K)}(K=1,2,\cdots,Q)$；其次，取这 Q 个阈值中的最小值作为群体可接受的共识度的阈值。换句话说，对决策意见的整体一致性要求越高的决策群体间接决定群体可接受的共识度的阈值。毫无疑问，这种确定方法与现实决策环境相符。

6.3.2 “个体—群体”视角下图片模糊群体共识达成过程

基于本章前文所提出的模型与方法，本小节从“个体—群体”视角提出群体共识达成方法，通过测度表征每个决策群体的个体决策意见与代表决策委员会所有成员的群体决策意见的共识度，检验其是否达到可接受的水平，并进一步提升未达到可接受的共识水平的决策群体的共识度。

算法 6-1　“个体—群体”视角下基于图片模糊决策矩阵的群体共识达成过程

输入　每个准则下表征不同决策群体所提供的评价信息的原始个体图片模糊决策矩阵 $\mathbf{Z}^{(K)}=(z_{ij}^{(K)})_{n\times m}=(\mu_{z_{ij}}^{(K)},\eta_{z_{ij}}^{(K)},\nu_{z_{ij}}^{(K)})_{n\times m}$ $(K=1,2,\cdots,Q)$ 以及构建的原始综合图片模糊决策矩阵 $\mathbf{Z}=(z_{ij})_{n\times m}=(\mu_{z_{ij}},\eta_{z_{ij}},\nu_{z_{ij}})_{n\times m}$。

输出　与每个个体图片模糊决策矩阵（包括不需要修正的原始个体图片模糊决策矩阵和经过修正的个体图片模糊决策矩阵）均达到可接受的共识水平的综合图片模糊决策矩阵 $\tilde{\mathbf{Z}}=(\tilde{z}_{ij})_{n\times m}=(\mu_{\tilde{z}_{ij}},\eta_{\tilde{z}_{ij}},\nu_{\tilde{z}_{ij}})_{n\times m}$。

步骤 1　要求每个决策群体根据他们对最低共识水平的要求，给出其认可的群体共识度的阈值，记为 $\vartheta^{(K)}(K=1,2,\cdots,Q)$。

步骤 2　基于 $\vartheta^{(K)}(K=1,2,\cdots,Q)$，确定所有决策群体均认可的群体共识度的阈值 ϑ：$\vartheta=\min\{\vartheta^{(1)},\vartheta^{(2)},\cdots,\vartheta^{(Q)}\}$。

步骤 3　利用式（6-16）计算每个决策群体与决策委员会所有成员的共识度，记为 $CD(\mathbf{Z}^{(K)})(K=1,2,\cdots,Q)$。

步骤 4　根据定义 6-9，检验每个决策群体是否与决策委员会所有成员达到可接受的共识水平，即对于 $K=1,2,\cdots,Q$，依次比较 $CD(\mathbf{Z}^{(K)})$ 的值与阈值 ϑ。比较结果存在以下两种可能。

（1）若对于所有的 $K=1,2,\cdots,Q$，都有 $CD(\mathbf{Z}^{(K)})\leqslant\vartheta$，则说明所有决策群体均与决策委员会所有成员达成共识。那么，原始综合图片模糊决策矩阵 $\mathbf{Z}$ 亦为该算法的输出，即 $\tilde{\mathbf{Z}}=\mathbf{Z}$。

（2）若所有的共识度 $CD(\mathbf{Z}^{(K)})(K=1,2,\cdots,Q)$ 并不都满足

$CD(\mathbf{Z}^{(K)}) \leqslant \vartheta$，则说明存在至少一个决策群体未与决策委员会所有成员达成共识。那么，需要提升该决策群体的共识水平，转至步骤 5。

步骤 5　将与未达到可接受的共识水平的决策群体相对应的个体图片模糊决策矩阵和原始综合图片模糊决策矩阵返回至该决策群体，并要求其根据以下修正策略选定并重新提供图片模糊决策矩阵中的若干元素：

（1）若 $z_{ij}^{(K)} < z_{ij}$，则决策群体 $D_{g^{(K)}}$ 应增大其对方案 x_i 在准则 c_j 下的评价值；

（2）若 $z_{ij}^{(K)} > z_{ij}$，则决策群体 $D_{g^{(K)}}$ 应减小其对方案 x_i 在准则 c_j 下的评价值；

（3）若 $z_{ij}^{(K)} = z_{ij}$，则决策群体 $D_{g^{(K)}}$ 应保留其对方案 x_i 在准则 c_j 下的评价值。

步骤 6　利用 SD-PFIOWG 算子对个体图片模糊决策矩阵（包括修正过的个体图片模糊决策矩阵和不需要修正的原始个体图片模糊决策矩阵）进行融合，得到经过决策信息修正过程的综合图片模糊决策矩阵，转至步骤 3。重复循环该过程，直至对于所有的 $K = 1,2,\cdots,Q$，都有 $CD(\mathbf{Z}^{(K)}) \leqslant \vartheta$ 或者迭代次数已达预先定义的上限。

步骤 7　结束。

由上可知，“个体—群体”视角下基于图片模糊决策矩阵的群体共识达成过程是一个动态的迭代过程，旨在通过衡量每个决策群体与决策委员会所有成员的差异，来提高群体共识度。其中，步骤 1 和步骤 2 为确定群体共识度的阈值的过程。步骤 3 为测度每个决策群体与决策委员会的共识水平的过程。步骤 4 为检验决策群体与决策委员会是否达到最低共识水平的过程。步骤 5 针对未与决策委员会达成共识的决策群体，提供修正其原始个体评价信息的策略。步骤 6 对修正后的个体评价信息进行融合，以便进行下一轮共识度测量和检验过程。该算法的过程如图 6-1 所示。

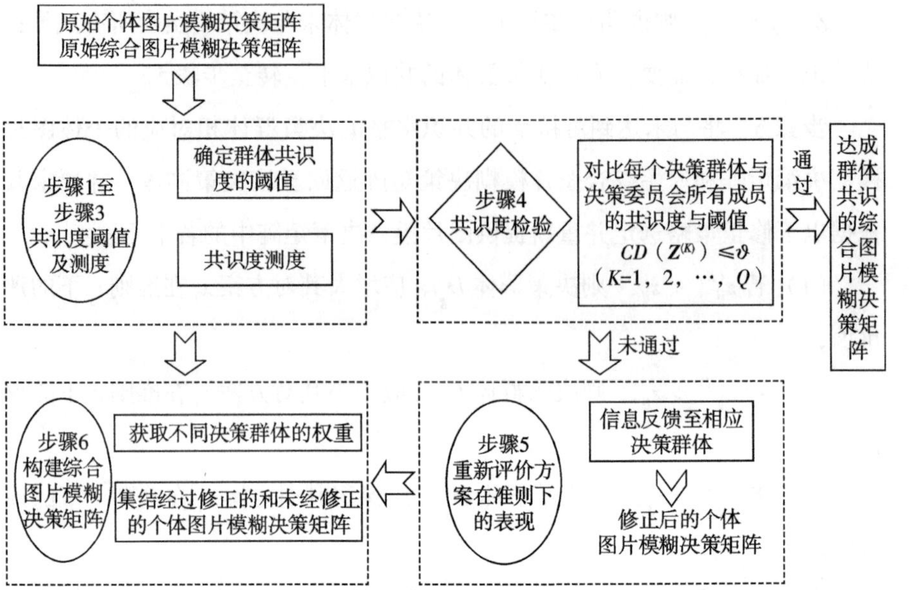

图 6-1 “个体—群体”视角下基于图片模糊决策矩阵的群体共识达成过程

6.3.3 “个体—个体”视角下图片模糊群体共识达成过程

基于本章前文所提出的模型与方法，本小节从“个体—个体”视角提出基于图片模糊决策矩阵的群体共识达成过程，从评价值、备选方案的综合评价值和图片模糊决策矩阵三个层次衡量任意两个决策群体的相似度以及整个决策委员会所有成员的共识度，并设计相应的反馈机制，提升群体共识水平至可接受的程度。

算法 6-2 “个体—个体”视角下基于图片模糊决策矩阵的群体共识达成过程

输入 每个准则下表征不同决策群体评价信息的原始个体图片模糊决策矩阵 $\mathbf{Z}^{(K)}=(z_{ij}^{(K)})_{n\times m}=(\mu_{z_{ij}}^{(K)},\eta_{z_{ij}}^{(K)},\nu_{z_{ij}}^{(K)})_{n\times m}$ $(K=1,2,\cdots,Q)$ 以及原始综合图片模糊决策矩阵 $\mathbf{Z}=(z_{ij})_{n\times m}=(\mu_{z_{ij}},\eta_{z_{ij}},\nu_{z_{ij}})_{n\times m}$。

输出 达成群体共识的综合图片模糊决策矩阵 $\tilde{\mathbf{Z}}=(\tilde{z}_{ij})_{n\times m}=(\mu_{\tilde{z}_{ij}},\eta_{\tilde{z}_{ij}},\nu_{\tilde{z}_{ij}})_{n\times m}$。

步骤 1 要求每个决策群体根据他们对共识水平的要求，提供他们认可的最低共识度的阈值，记为 $\vartheta^{(K)}$。

步骤2 基于 $\vartheta^{(K)}$，筛选并确定决策群体共识度的阈值 ϑ：$\vartheta = \max\{\vartheta^{(1)},\vartheta^{(2)},\cdots,\vartheta^{(Q)}\}$。

步骤3 衡量任意两个决策群体给出的对任一备选方案评价信息的相似度，获得代表这两个决策群体对所有备选方案评价结果的接近程度的相似度向量，记为 $\boldsymbol{SD}^{KT}=(SD(z_1^{(K)},z_1^{(T)}),SD(z_2^{(K)},z_2^{(T)}),\cdots,SD(z_n^{(K)},z_n^{(T)}))^T$。该过程需要基于式（6-5）和式（6-6）计算位于任意两个原始个体图片模糊决策矩阵相同位置的每行元素的整体相似度，记为 $SD(z_i^{(K)},z_i^{(T)})$，其中，$K,T=1,2,\cdots,Q$ 且 $T\neq K$。具体计算公式如下：

$$SD(z_i^{(K)},z_i^{(T)}) = \frac{1}{2}\{[1 - RP_{z_i^{(T)}}(z_i^{(K)})] + [1 - RP_{z_i^{(K)}}(z_i^{(T)})]\} \tag{6-17}$$

其中，$RP_{z_i^{(T)}}(z_i^{(K)})$ 和 $RP_{z_i^{(K)}}(z_i^{(T)})$ 分别为由决策群体 $D_{g^{(K)}}$ 对备选方案 x_i 在不同准则下表现的评价值构成的向量在由决策群体 $D_{g^{(T)}}$ 对备选方案 x_i 在不同准则下表现的评价值构成的向量上的投影，以及由决策群体 $D_{g^{(T)}}$ 对备选方案 x_i 在不同准则下表现的评价值构成的向量在由决策群体 $D_{g^{(K)}}$ 对备选方案 x_i 在不同准则下表现的评价值构成的向量上的投影，以计算二者对不同备选方案评价结果之间的差异，具体见式（6-18）和式（6-19）：

$$RP_{z_i^{(T)}}(z_i^{(K)}) = \frac{1}{m}\sum_{j=1}^{m}\frac{|RP_{z_{ij}^{(T)}}(z_{ij}^{(K)}) - 1| - \min\limits_{1\leq j\leq m}\{|RP_{z_{ij}^{(T)}}(z_{ij}^{(K)}) - 1|\}}{\max\limits_{1\leq j\leq m}\{|RP_{z_{ij}^{(T)}}(z_{ij}^{(K)}) - 1|\} - \min\limits_{1\leq j\leq m}\{|RP_{z_{ij}^{(T)}}(z_{ij}^{(K)}) - 1|\}} \tag{6-18}$$

$$RP_{z_i^{(K)}}(z_i^{(T)}) = \frac{1}{m}\sum_{j=1}^{m}\frac{|RP_{z_{ij}^{(K)}}(z_{ij}^{(T)}) - 1| - \min\limits_{1\leq j\leq m}\{|RP_{z_{ij}^{(K)}}(z_{ij}^{(T)}) - 1|\}}{\max\limits_{1\leq j\leq m}\{|RP_{z_{ij}^{(K)}}(z_{ij}^{(T)}) - 1|\} - \min\limits_{1\leq j\leq m}\{|RP_{z_{ij}^{(K)}}(z_{ij}^{(T)}) - 1|\}} \tag{6-19}$$

步骤 4　获得表征所有决策者对所有备选方案在不同准则下表现的评价结果的共识水平的向量，记为 $\boldsymbol{CD}(x) = (CD(x_1), CD(x_2), \cdots, CD(x_n))^{\mathrm{T}}$，其中，对于 $i=1,2,\cdots,n$，有

$$CD(x_i) = \frac{2}{Q(Q-1)} \sum_{K=1}^{Q-1} \sum_{T=K+1}^{Q} SD(z_i^{(K)}, z_i^{(T)}) \tag{6-20}$$

步骤 5　识别对群体共识贡献较小的备选方案，即选取需要修正的备选方案的原始评价信息，记为 RX。该识别规则见式（6-21）：

$$RX = \{x_i \mid CD(x_i) < \vartheta\} \tag{6-21}$$

需要说明的是，若对于所有的 $i = 1,2,\cdots,n$，不存在 $CD(x_i) < \vartheta$，即 $CD(x_i) \geqslant \vartheta$，则说明所有决策者给出的对备选方案的评价结果的共识度已达到可接受的水平，认为所有决策者认可最终决策结果。因此，原始综合图片模糊决策矩阵即为需要输出的达成群体共识的综合图片模糊决策矩阵。相反，若存在 $CD(x_i) < \vartheta$，则需进一步识别需要调整的原始个体评价信息，转至步骤 6。

步骤 6　识别对群体共识贡献较小的评价值。基于已选定的备选方案，识别需要修正的决策群体提供的备选方案在某一准则下的评价信息，记为 RZ_{ij}。该识别规则见式（6-22）：

$$RZ_{ij} = \left\{ (i,j) \,\middle|\, x_i \in RX \wedge \min_{1 \leqslant j \leqslant m} \left\{ \frac{2}{Q(Q-1)} \sum_{K=1}^{Q} \sum_{T=1, T \neq K}^{Q} SD(Z_{ij}^{(K)}, Z_{ij}^{(T)}) \right\} \right\} \tag{6-22}$$

其中，$SD(Z_{ij}^{(K)}, Z_{ij}^{(T)})$ 表示任意两个决策群体所给出的备选方案 x_i 在准则 c_j 下评价值的接近程度，由式（6-23）计算得到：

$$SD(Z_{ij}^{(K)},Z_{ij}^{(T)})=$$
$$\frac{1}{2}\left\{\begin{bmatrix}1-\dfrac{\left|RP_{z_{ij}^{(T)}}(z_{ij}^{(K)})-1\right|-\min\limits_{1\leqslant j\leqslant m}\{\left|RP_{z_{ij}^{(T)}}(z_{ij}^{(K)})-1\right|\}}{\max\limits_{1\leqslant j\leqslant m}\{\left|RP_{z_{ij}^{(T)}}(z_{ij}^{(K)})-1\right|\}-\min\limits_{1\leqslant j\leqslant m}\{\left|RP_{z_{ij}^{(T)}}(z_{ij}^{(K)})-1\right|\}}\end{bmatrix}+\begin{bmatrix}1-\dfrac{\left|RP_{z_{ij}^{(K)}}(z_{ij}^{(T)})-1\right|-\min\limits_{1\leqslant j\leqslant m}\{\left|RP_{z_{ij}^{(K)}}(z_{ij}^{(T)})-1\right|\}}{\max\limits_{1\leqslant j\leqslant m}\{\left|RP_{z_{ij}^{(K)}}(z_{ij}^{(T)})-1\right|\}-\min\limits_{1\leqslant j\leqslant m}\{\left|RP_{z_{ij}^{(K)}}(z_{ij}^{(T)})-1\right|\}}\end{bmatrix}\right\} \tag{6-23}$$

那么，通过筛选所有决策群体给出的备选方案 x_i 在准则 c_j 下评价值的相似度的最小值，即 $\min\limits_{1\leqslant j\leqslant m}\left\{\frac{1}{2}\sum\limits_{K=1}^{Q}\sum\limits_{T=1,T\neq K}^{Q}SD(Z_{ij}^{(K)},Z_{ij}^{(T)})\right\}$，可获得在决策群体间存在最大争议的评价信息。

步骤7　识别对群体共识贡献较小的决策群体。基于已选取的需要修正原始评价信息的备选方案和评价值，识别需要对原始个体评价信息进行讨论并修正的决策群体，记为 RD_{ij}。该识别规则见式（6-24）：

$$RD_{ij}=\{D_{g^{(K)}}\mid x_i\in RX\wedge(i,j)\in RZ_{ij}\wedge\min_{1\leqslant K\leqslant Q}\{SD(Z_{ij}^{(K)})\}\} \tag{6-24}$$

其中，$SD(Z_{ij}^{(K)})$ 表示决策群体 $D_{g^{(K)}}$ 给出的对已选定的原始评价信息与其余决策群体对已选定的评价信息的相似度，可由式（6-25）计算得到：

$$SD(Z_{ij}^{(K)})=\frac{\sum\limits_{K=1}^{Q}\sum\limits_{T=1,T\neq K}^{Q}SD(z_{ij}^{(K)},z_{ij}^{(T)})}{2(Q-1)} \tag{6-25}$$

由式（6-25）可知，$SD(Z_{ij}^{(K)})$ 的值越小，决策群体 $D_{g^{(K)}}$ 与其他决策群体对备选方案 x_i 在准则 c_j 下的评价结果的相似度越低。

步骤8　将选定的原始个体图片模糊评价信息返回至与其相对应的决策群体，要求其根据原始综合图片模糊决策矩阵对该评价信息进行讨论并调整，规则如下：

（1）若 $z_{ij}^{(K)}<z_{ij}$，则决策群体 $D_{g^{(K)}}$ 应增大其对方案 x_i 在准则 c_j 下的评

价值；

（2）若 $z_{ij}^{(K)} > z_{ij}$，则决策群体 $D_{g^{(K)}}$ 应减小其对方案 x_i 在准则 c_j 下的评价值；

（3）若 $z_{ij}^{(K)} = z_{ij}$，则决策群体 $D_{g^{(K)}}$ 应保留其对方案 x_i 在准则 c_j 下的评价值。

步骤 9　依据上述调整规则，构建经过第 h 轮修正的个体图片模糊决策矩阵，并将其表示为 $\tilde{\mathbf{Z}}^{(K)^{(h)}} = (\tilde{z}_{ij}^{(K)^{(h)}})_{n\times m} = (\mu_{\tilde{z}_{ij}}^{(K)^{(h)}}, \eta_{\tilde{z}_{ij}}^{(K)^{(h)}}, \nu_{\tilde{z}_{ij}}^{(K)^{(h)}})_{n\times m}$，再转至步骤 3。重复循环该过程，直至对于所有的 $i = 1,2,\cdots,n$，不存在 $CD(x_i) < \vartheta$ 或者迭代次数已达预先定义的上限。

步骤 10　利用 SD-PFIOWG 算子对个体图片模糊决策矩阵（包括经过最后一轮决策信息修正的个体图片模糊决策矩阵和不需要修正的原始个体图片模糊决策矩阵）进行融合，得到达成群体共识的综合图片模糊决策矩阵 $\tilde{\mathbf{Z}}$，输出该矩阵以选择最优方案。

步骤 11　结束。

该算法的过程如图 6-2 所示。

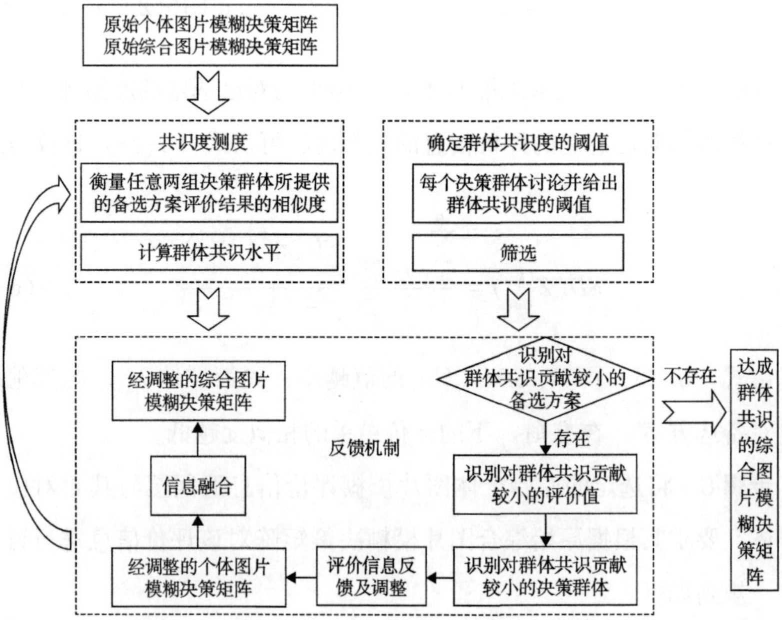

图 6-2　"个体—个体"视角下基于图片模糊决策矩阵的群体共识达成过程

由图6-2可知，“个体—个体”视角下基于图片模糊决策矩阵的群体共识达成过程是一个动态的迭代过程，旨在通过衡量任意一个决策群体与其他决策群体的差异，测量并提升群体共识水平至可接受的程度。其中，步骤1和步骤2用于确定群体共识度的阈值。步骤3用于衡量任意两个决策群体给出的每个备选方案评价结果（个体图片模糊决策矩阵的每行元素）的相似度。步骤4用于测度所有决策者提供的每个备选方案评价结果的共识度。步骤5至步骤7用于识别需要进行调整的原始个体决策信息（即选定的决策群体对某一方案在某一准则下表现的评价结果），该识别规则能够在每轮信息调整过程中最大限度地降低原始评价信息的调整量。步骤8制定了如何调整选定的原始个体决策信息的规则。步骤9旨在构建调整后的个体图片模糊决策矩阵，以便进行下一轮共识度测量和个体评价信息调整过程。步骤10旨在利用前文所提出的方法对经过最后一轮修正后的个体决策信息进行融合，输出达成群体共识的综合图片模糊决策矩阵。

6.3.4 群体共识决策方法的步骤

通过结合前述研究成果，本小节针对图片模糊环境下权重信息未知的群体决策问题，给出基于图片模糊决策矩阵的群体共识决策过程。

算法6-3 基于图片模糊决策矩阵的群体共识决策过程

输入 决策者对备选方案的评价信息。

输出 最优方案。

步骤1 数据预处理。根据表6-1记录的每个决策群体中每位决策者对备选方案在不同准则下的表现的态度，统计该决策群体对各备选方案的评价结果，并将其表示为图片模糊数，进而构成Q个原始个体图片模糊决策矩阵，记为$\boldsymbol{Z}^{(K)}=(z_{ij}^{(K)})_{n\times m}=(\mu_{z_{ij}}^{(K)},\eta_{z_{ij}}^{(K)},\nu_{z_{ij}}^{(K)})$（$K=1,2,\cdots,Q$）。

步骤2 确定决策群体权重。首先，根据式（6-3）~式（6-8）求解每个决策群体的决策意见与其他决策群体的决策意见的相似度$SD(\boldsymbol{Z}^{(K)})$。

其次，利用式（6-9）算出每个决策群体的权重 $\omega^{o(K')}$。

步骤 3　融合个体信息。利用 SD-PFIOWG 算子融合原始个体图片模糊决策矩阵，得到原始综合图片模糊决策矩阵 **Z**。

步骤 4　达成群体共识。采用算法 6-1 或算法 6-2 检验并确保每个决策群体与决策委员会其他决策者对所有备选方案评价结果的共识度均达到可接受的程度，使所有决策者均认可达成共识的综合图片模糊决策矩阵所表征的评价结果且认为其个体意见得到了充分考虑。

步骤 5　选取最优方案。针对不同类型的群体决策问题，结合算法 4-1、算法 4-2 或算法 4-3 的特点，选取其中一种算法对备选方案进行排序并择优。

步骤 6　结束。

该算法的过程如图 6-3 所示。

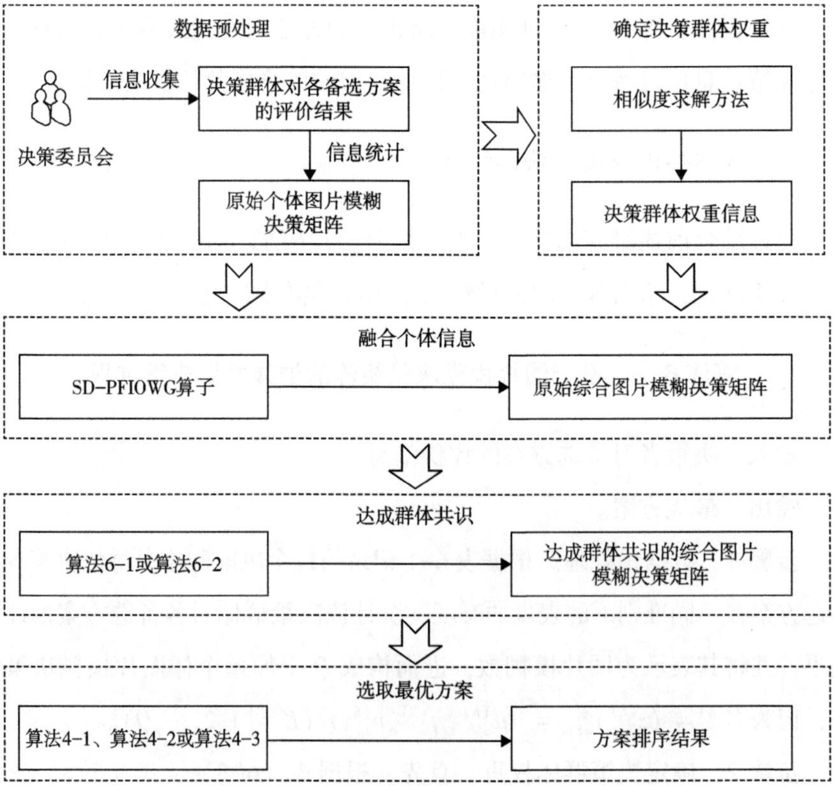

图 6-3　基于图片模糊决策矩阵的群体共识决策过程

6.4　算例分析

海上风电场选址是海上风电发展的重要问题之一。为了验证本章所提出的群体共识决策方法的实用性和可行性，本节将其应用于求解关于海上风电场选址的实际问题[179]。

山东省计划建设一座 100 兆瓦的海上风电场，以支持我国的国家能源计划。鉴于山东省有为数不少的沿海城市，国网山东省电力公司电力科学研究院特地邀请一些专家和研究分析师组成一个调查和评估委员会，参与不同海岸的评估程序，以选择最适合的海岸。可见，该问题为本章所研究的群体决策问题，相应地，每位专家和研究分析师为决策者，调查和评估委员会为决策委员会。该委员会包括两个群体：在风电行业有经验的职业群体和研究如何选择潜在场址的专业群体。在此决策过程中，主要由专业群体根据若干准则对备选方案（不同海岸）进行评估，该群体由 15 位专家和研究分析师组成，记为 $D = \{d^{(1)}, d^{(2)}, \cdots, d^{(15)}\}$ 。考虑到这些专家和研究分析师的知识背景和学术水平存在差异，现将 15 位专家和研究分析师平均分为 3 个决策群体，记为 $\{D_{g^{(1)}}, D_{g^{(2)}}, D_{g^{(3)}}\}$ ，其中，每个小群体包括 5 位成员，记为 $\{d_{g^{(K)}}^{(1)}, d_{g^{(K)}}^{(2)}, d_{g^{(K)}}^{(3)}, d_{g^{(K)}}^{(4)}, d_{g^{(K)}}^{(5)}\}$ 。

不同于常见的群体决策问题，该群体决策问题涉及两层准则：否决准则（Veto Criteria）和评估准则（Evaluation Criteria）。首先，鉴于海洋功能区规划的复杂性，存在很多无法建造海上风电场的敏感海域，因此需要根据否决准则识别敏感海域，以避免可能出现的海洋功能区规划冲突。否决准则为：军事活动区、港口和通道区、自然反向区和工程基础设施。根据实地调查和相关文件，决策委员会最初确定了 7 个可行的地点，其中 2 个由于不符合所有否决标准而被初步淘汰。因此，选择 5 个海岸作为需要评估的备选方案：滨州海岸（ x_1 ）、河口海岸（ x_2 ）、莱州至东营的海岸（ x_3 ）、莱州至烟台的海岸（ x_4 ）和长岛海岸（ x_5 ）。其次，根据现有文献对评估准则的研究[180-182]，决策委员会选定了 6 个评估准则：风源（c_1）、建设和维护条件（c_2）、陆上支持条件（c_3）、环境影响（c_4）、经济（c_5）以及社会效益（c_6）。要求每位决策者根据表 4-1 表明其对各方案在不同准则下的表现的态度，并将每个决策群体的评价结果分别统计在表 6-1 中。若任一决策者认为方案 x_i 在准则 c_j 下的表现很好，则他需要在表 6-1 的相应位置勾选“赞同”选项；若任一决策者认为方案 x_i 在准则 c_j 下的表现不好，则他需要在表 6-1 的相应位置勾选“反对”选项；若任一决策者认为方案 x_i 在准则 c_j 下的表现相当一般，则他需要在表 6-1 的相应位置勾选“不置可否”选项；若任一决策者认为他的能力有限，不能够对方案 x_i 在准则 c_j 下的表现进行判断，则他需要在表 6-1 的相应位置勾选“无法判断”选项。经统计，3 个决策群体给出的评价信息见表 6-2～表 6-4。

表 6-2 决策群体 $D_{g(1)}$ 对备选方案的评价结果

决策者	方案	准则					
		c_1	c_2	c_3	c_4	c_5	c_6
$d_{g(1)}^{(1)}$	x_1	不置可否	不置可否	不置可否	赞同	无法判断	无法判断
	x_2	反对	赞同	无法判断	反对	不置可否	赞同
	x_3	赞同	不置可否	赞同	反对	不置可否	赞同
	x_4	无法判断	赞同	赞同	反对	无法判断	不置可否
	x_5	赞同	不置可否	赞同	不置可否	不置可否	反对
$d_{g(1)}^{(2)}$	x_1	赞同	赞同	反对	无法判断	赞同	赞同
	x_2	反对	赞同	不置可否	反对	不置可否	反对
	x_3	赞同	无法判断	不置可否	反对	赞同	赞同
	x_4	无法判断	不置可否	反对	赞同	赞同	不置可否
	x_5	反对	赞同	不置可否	不置可否	不置可否	反对
$d_{g(1)}^{(3)}$	x_1	无法判断	赞同	赞同	反对	赞同	赞同
	x_2	赞同	无法判断	赞同	赞同	赞同	赞同
	x_3	赞同	不置可否	无法判断	反对	赞同	赞同
	x_4	不置可否	不置可否	反对	反对	无法判断	赞同
	x_5	反对	反对	无法判断	不置可否	无法判断	赞同

续表

决策者	方案	准则					
		c_1	c_2	c_3	c_4	c_5	c_6
$d_{g(1)}^{(4)}$	x_1	不置可否	反对	无法判断	赞同	赞同	赞同
	x_2	赞同	无法判断	赞同	赞同	不置可否	赞同
	x_3	赞同	无法判断	不置可否	赞同	赞同	赞同
	x_4	赞同	不置可否	反对	不置可否	无法判断	赞同
	x_5	反对	反对	无法判断	赞同	无法判断	不置可否
$d_{g(1)}^{(5)}$	x_1	无法判断	反对	反对	赞同	赞同	无法判断
	x_2	无法判断	无法判断	不置可否	赞同	赞同	赞同
	x_3	赞同	赞同	反对	不置可否	不置可否	赞同
	x_4	反对	不置可否	不置可否	反对	不置可否	赞同
	x_5	不置可否	反对	无法判断	无法判断	赞同	不置可否

表 6-3　决策群体 $D_{g(2)}$ 对备选方案的评价结果

决策者	方案	准则					
		c_1	c_2	c_3	c_4	c_5	c_6
$d_{g(2)}^{(1)}$	x_1	赞同	反对	赞同	不置可否	不置可否	无法判断
	x_2	不置可否	不置可否	反对	赞同	无法判断	赞同
	x_3	赞同	无法判断	无法判断	反对	不置可否	赞同
	x_4	赞同	不置可否	赞同	反对	赞同	赞同
	x_5	反对	赞同	反对	不置可否	反对	反对
$d_{g(2)}^{(2)}$	x_1	赞同	赞同	不置可否	反对	无法判断	赞同
	x_2	反对	赞同	不置可否	无法判断	不置可否	反对
	x_3	无法判断	无法判断	不置可否	反对	反对	赞同
	x_4	无法判断	反对	反对	不置可否	无法判断	赞同
	x_5	不置可否	反对	赞同	反对	不置可否	赞同
$d_{g(2)}^{(3)}$	x_1	赞同	赞同	无法判断	无法判断	无法判断	反对
	x_2	无法判断	无法判断	赞同	反对	反对	不置可否
	x_3	赞同	不置可否	赞同	赞同	不置可否	无法判断
	x_4	无法判断	赞同	不置可否	不置可否	无法判断	反对
	x_5	反对	反对	反对	赞同	赞同	不置可否

续表

决策者	方案	准则					
		c_1	c_2	c_3	c_4	c_5	c_6
$d_{g(2)}^{(4)}$	x_1	反对	不置可否	无法判断	赞同	赞同	赞同
	x_2	赞同	不置可否	无法判断	不置可否	赞同	赞同
	x_3	不置可否	不置可否	赞同	赞同	赞同	赞同
	x_4	无法判断	赞同	无法判断	赞同	不置可否	反对
	x_5	赞同	无法判断	不置可否	反对	反对	反对
$d_{g(2)}^{(5)}$	x_1	无法判断	赞同	无法判断	不置可否	不置可否	不置可否
	x_2	赞同	不置可否	无法判断	赞同	无法判断	赞同
	x_3	赞同	赞同	赞同	赞同	赞同	赞同
	x_4	赞同	赞同	无法判断	无法判断	无法判断	无法判断
	x_5	反对	无法判断	反对	无法判断	无法判断	反对

表 6-4 决策群体 $D_{g(3)}$ 对备选方案的评价结果

决策者	方案	准则					
		c_1	c_2	c_3	c_4	c_5	c_6
$d_{g(3)}^{(1)}$	x_1	赞同	反对	赞同	不置可否	不置可否	赞同
	x_2	无法判断	无法判断	赞同	赞同	赞同	反对
	x_3	赞同	赞同	赞同	赞同	赞同	赞同
	x_4	赞同	不置可否	赞同	无法判断	无法判断	赞同
	x_5	反对	不置可否	反对	反对	反对	无法判断
$d_{g(3)}^{(2)}$	x_1	不置可否	不置可否	赞同	无法判断	无法判断	不置可否
	x_2	反对	无法判断	赞同	无法判断	赞同	赞同
	x_3	赞同	反对	无法判断	赞同	赞同	赞同
	x_4	无法判断	赞同	无法判断	赞同	不置可否	反对
	x_5	反对	赞同	反对	反对	赞同	赞同
$d_{g(3)}^{(3)}$	x_1	无法判断	赞同	不置可否	不置可否	不置可否	不置可否
	x_2	反对	无法判断	赞同	赞同	不置可否	赞同
	x_3	赞同	赞同	无法判断	赞同	反对	赞同
	x_4	不置可否	不置可否	赞同	无法判断	赞同	不置可否
	x_5	反对	反对	反对	赞同	无法判断	反对

续表

决策者	方案	准则					
		c_1	c_2	c_3	c_4	c_5	c_6
$d_{g(3)}^{(4)}$	x_1	反对	反对	无法判断	赞同	赞同	不置可否
	x_2	不置可否	赞同	反对	赞同	不置可否	无法判断
	x_3	赞同	赞同	赞同	无法判断	反对	赞同
	x_4	赞同	无法判断	无法判断	赞同	不置可否	反对
	x_5	赞同	反对	反对	不置可否	反对	不置可否
$d_{g(3)}^{(5)}$	x_1	反对	反对	赞同	无法判断	无法判断	无法判断
	x_2	赞同	赞同	不置可否	不置可否	反对	不置可否
	x_3	赞同	无法判断	赞同	无法判断	不置可否	赞同
	x_4	赞同	不置可否	无法判断	不置可否	反对	反对
	x_5	反对	反对	赞同	无法判断	反对	反对

为了更清晰地了解海上风电场选址问题与前文所研究的群体共识决策问题的联系，下面展示了该问题的描述，如图 6-4 所示。

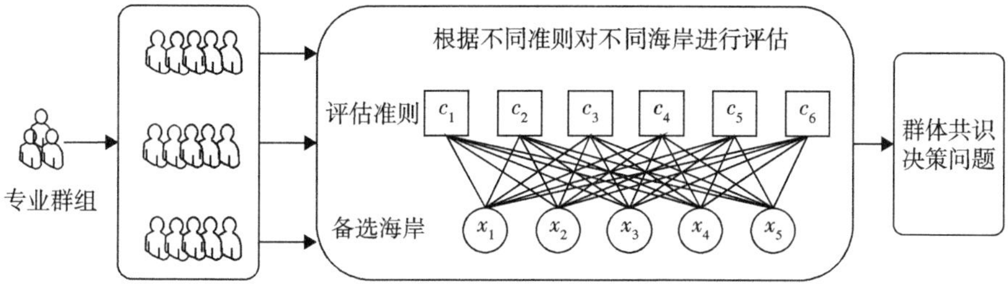

图 6-4　海上风电场选址问题描述

考虑到海上风电场选址问题与群体共识决策问题的契合性，下文选用算法 6-3 对该实际问题进行求解。该问题的求解过程可划分为如下四个阶段。

阶段一　个体评价信息预处理

通过计算表 6-2~表 6-4 中每个备选方案在不同评估准则下四种评价结果的数量所占总数的比例，将每个决策群体对不同备选方案在所有评估准则下的语言评价结果分别表示为图片模糊数，构建如下三个图片模糊决策矩阵：

$$Z^{(1)}=\begin{bmatrix}(0.2,0.4,0) & (0.4,0.2,0.4) & (0.2,0.2,0.4) & (0.6,0,0.2) & (0.8,0,0) & (0.6,0,0)\\(0.4,0,0.4) & (0.4,0,0) & (0.4,0.4,0) & (0.6,0,0.4) & (0.4,0.6,0) & (0.8,0,0.2)\\(1,0,0) & (0.2,0.4,0) & (0.2,0.4,0.2) & (0.2,0.2,0.6) & (0.6,0.4,0) & (1,0,0)\\(0.2,0.2,0.2) & (0.2,0.8,0) & (0.2,0.2,0.6) & (0.2,0.2,0.6) & (0.2,0.2,0) & (0.6,0.4,0)\\(0.2,0.2,0.6) & (0.2,0.2,0.6) & (0.2,0.2,0) & (0.2,0.6,0) & (0.2,0.4,0) & (0.2,0.4,0.4)\end{bmatrix}$$

$$Z^{(2)}=\begin{bmatrix}(0.6,0,0.2) & (0.6,0.2,0.2) & (0.2,0.2,0) & (0.2,0.4,0.2) & (0.2,0.4,0) & (0.4,0.2,0.2)\\(0.4,0.2,0.2) & (0.2,0.6,0) & (0.2,0.2,0.2) & (0.4,0.2,0.2) & (0.2,0.2,0.2) & (0.6,0.2,0.2)\\(0.6,0.2,0) & (0.2,0.4,0) & (0.6,0.2,0) & (0.6,0,0.4) & (0.4,0.4,0.2) & (0.8,0,0)\\(0.4,0,0) & (0.6,0.2,0.2) & (0.2,0.2,0.2) & (0.2,0.4,0.2) & (0.2,0.2,0) & (0.4,0,0.4)\\(0.2,0.2,0.6) & (0.2,0,0.4) & (0.2,0.2,0.6) & (0.2,0.2,0.4) & (0.2,0.2,0.4) & (0.2,0.2,0.6)\end{bmatrix}$$

$$Z^{(3)}=\begin{bmatrix}(0.2,0.2,0.4) & (0.2,0.2,0.6) & (0.6,0.2,0) & (0.2,0.4,0) & (0.2,0.4,0) & (0.2,0.6,0)\\(0.2,0.2,0.4) & (0.4,0,0) & (0.6,0.2,0.2) & (0.6,0.2,0) & (0.4,0.4,0.2) & (0.4,0.2,0.2)\\(1,0,0) & (0.6,0,0.2) & (0.6,0,0) & (0.6,0,0) & (0.4,0.2,0.4) & (1,0,0)\\(0.6,0.2,0) & (0.2,0.6,0) & (0.4,0,0) & (0.4,0.2,0) & (0.2,0.4,0.2) & (0.2,0.2,0.6)\\(0.2,0,0.8) & (0.2,0.2,0.6) & (0.2,0,0.8) & (0.2,0.2,0.4) & (0.2,0,0.6) & (0.2,0.2,0.4)\end{bmatrix}$$

阶段二 确定权重信息和获取群体决策信息

为了获得最终决策意见，需要对表示每个决策群体决策意见的个体图片模糊决策矩阵进行融合。由于决策群体的权重信息是未知的，需要确定决策群体权重值。根据式（6-3）~式（6-8），可求解每个决策群体给出的决策意见与其他决策群体给出的决策意见之间的相似度，结果见表 6-5。

表 6-5 各决策群体决策意见之间的相似度计算结果

决策群体	$D_{g^{(1)}}$	$D_{g^{(2)}}$	$D_{g^{(3)}}$	总计
$D_{g^{(1)}}$	—	0.7006	0.7563	0.7285
$D_{g^{(2)}}$	0.7006	—	0.6904	0.6955
$D_{g^{(3)}}$	0.7563	0.6904	—	0.7234

由表 6-5 可知每个决策群体决策意见与决策委员会所有成员决策意见的相似度，依据相似度的值的大小对其重新排序可得

$SD(\boldsymbol{Z}^{o(1)}) = SD(\boldsymbol{Z}^{(1)}), SD(\boldsymbol{Z}^{o(2)}) = SD(\boldsymbol{Z}^{(3)}), SD(\boldsymbol{Z}^{o(3)}) = SD(\boldsymbol{Z}^{(2)})$

利用式（6-9）得到每个决策群体的权重（令 $\gamma = 0.9$）：

$$\omega^{o(1)} = F\left(\frac{SD(\boldsymbol{Z}^{o(1)})}{\sum_{K=1}^{3} SD(\boldsymbol{Z}^{(K)})}\right) = \left(\frac{SD(\boldsymbol{Z}^{(3)})}{\sum_{K=1}^{3} SD(\boldsymbol{Z}^{(K)})}\right)^{0.9} = 0.3780$$

$$\omega^{o(2)} = F\left(\frac{\sum_{K'=1}^{2} SD(\boldsymbol{Z}^{o(K')})}{T}\right) - F\left(\frac{SD(\boldsymbol{Z}^{o(1)})}{\sum_{K=1}^{3} SD(\boldsymbol{Z}^{(K)})}\right)$$

$$= \left[\frac{SD(\boldsymbol{Z}^{(3)}) + SD(\boldsymbol{Z}^{(1)})}{\sum_{K=1}^{3} SD(\boldsymbol{Z}^{(K)})}\right]^{0.9} - \omega^{o(1)} = 0.3251$$

$$\omega^{o(3)} = F\left(\frac{\sum_{K'=1}^{3} SD(\boldsymbol{Z}^{o(K')})}{T}\right) - F\left(\frac{\sum_{K'=1}^{2} SD(\boldsymbol{Z}^{o(K')})}{T}\right)$$

$$= 1 - \omega^{o(1)} - \omega^{o(2)} = 0.2969$$

随后，采用 SD-PFIOWG 算子融合原始个体图片模糊决策矩阵，得到表示决策委员会所有成员决策意见的原始综合图片模糊决策矩阵：

$$\boldsymbol{Z} = \begin{bmatrix} (0.28,0,0.21) & (0.36,0.20,0.43) & (0.29,0.20,0.18) & (0.30,0,0.14) & (0.34,0,0) & (0.37,0,0.06) \\ (0.32,0,0.35) & (0.33,0,0) & (0.37,0.26,0.13) & (0.53,0,0.23) & (0.33,0.38,0.13) & (0.59,0,0.20) \\ (0.86,0,0) & (0.29,0,0.07) & (0.40,0,0.08) & (0.40,0,0.39) & (0.47,0.32,0.21) & (0.94,0,0) \\ (0.35,0,0.08) & (0.28,0.48,0.06) & (0.25,0,0.34) & (0.25,0.25,0.34) & (0.20,0.25,0.07) & (0.37,0,0.36) \\ (0.20,0,0.68) & (0.20,0,0.55) & (0.20,0,0.55) & (0.20,0.30,0.27) & (0.20,0,0.36) & (0.20,0.26,0.47) \end{bmatrix}$$

阶段三　达成群体共识

实际上，不同专家或者研究分析师的要求往往存在差异，为了保证每位决策者的意见均得到充分考虑，需要在不同决策群体之间寻求平衡，以达到预先定义的共识水平。下面分别采用算法 6-1 和算法 6-2 检验并确保每个决策群体与决策委员会其他决策者对所有备选方案评价结果的共识度均达到可接受的程度。

（1）若选择“个体—群体”视角下群体共识达成过程检验每个决策群

体与决策委员会所有成员是否达到可接受的共识水平，则根据算法 6-1 易得

$$CD(\mathbf{Z}^{(1)})=0.20,\ CD(\mathbf{Z}^{(2)})=0.29,\ CD(\mathbf{Z}^{(3)})=0.29$$

在该群体共识达成过程中，假设三个决策群体对共识度的要求分别为 $\vartheta^{(1)}=0.3$、$\vartheta^{(2)}=0.4$ 和 $\vartheta^{(3)}=0.3$，则“个体—群体”视角下群体共识达成过程中可接受的共识度的阈值为 $\vartheta=\min\{\vartheta^{(1)},\vartheta^{(2)},\vartheta^{(3)}\}=0.3$。

显然，通过简单比较，可得 $CD(\mathbf{Z}^{(1)})<0.3$、$CD(\mathbf{Z}^{(2)})<0.3$ 和 $CD(\mathbf{Z}^{(3)})<0.3$，说明三个决策群体均与决策委员会所有成员达到了可接受的共识程度，此处不存在需要调整的原始评价信息。

（2）若选择“个体—个体”视角下群体共识达成过程衡量并检验群体共识水平，则应用算法 6-2 求解海上风电场选址过程所涉及的群体共识问题。

在该群体共识达成过程中，假设三个决策群体对共识度的要求分别为 $\vartheta^{(1)}=0.7$、$\vartheta^{(2)}=0.6$ 和 $\vartheta^{(3)}=0.7$，则“个体—个体”视角下群体共识达成过程中可接受的共识度的阈值为 $\vartheta=\max\{\vartheta^{(1)},\vartheta^{(2)},\vartheta^{(3)}\}=0.7$。该共识达成过程需完成六轮信息调整，具体如下。

利用式（6-17）~式（6-19）计算任意两个决策群体对任一海岸的评价结果的相似度，结果见表 6-6。

表 6-6 不同决策群体对各海岸评价值之间的相似度

海岸	决策群体	$D_{g^{(1)}}$	$D_{g^{(2)}}$	$D_{g^{(3)}}$
x_1	$D_{g^{(1)}}$	—	0.6463	0.5429
	$D_{g^{(2)}}$	0.6463	—	0.6187
	$D_{g^{(3)}}$	0.5429	0.6187	—
x_2	$D_{g^{(1)}}$	—	0.4938	0.5173
	$D_{g^{(2)}}$	0.4938	—	0.5659
	$D_{g^{(3)}}$	0.5173	0.5659	—

续表

海岸	决策群体	$D_{g(1)}$	$D_{g(2)}$	$D_{g(3)}$
x_3	$D_{g(1)}$	—	0.5871	0.6493
	$D_{g(2)}$	0.5871	—	0.4781
	$D_{g(3)}$	0.6493	0.4781	—
x_4	$D_{g(1)}$	—	0.5014	0.6288
	$D_{g(2)}$	0.5014	—	0.5560
	$D_{g(3)}$	0.6288	0.5560	—
x_5	$D_{g(1)}$	—	0.4459	0.5427
	$D_{g(2)}$	0.4459	—	0.3606
	$D_{g(3)}$	0.5427	0.3606	—

由表 6-6 可获得表示任意两个决策群体对所有海岸评价结果的接近程度的相似度向量为

$$\boldsymbol{SD}^{12}=(0.6463,0.4938,0.5871,0.5014,0.4459)^{\mathrm{T}}$$

$$\boldsymbol{SD}^{13}=(0.5429,0.5173,0.6493,0.6288,0.5427)^{\mathrm{T}}$$

$$\boldsymbol{SD}^{23}=(0.6187,0.5659,0.4781,0.5560,0.3606)^{\mathrm{T}}$$

利用式（6-20）合成所有相似度向量，可获得表征所有专家和研究分析师对所有海岸在不同评估准则下评价结果的共识度向量：

$$\boldsymbol{CD}(x)=(0.6026,0.5257,0.5715,0.5621,0.4497)^{\mathrm{T}}$$

显然，通过简单比较，可知对于所有的 $i=1,2,3,4,5$，均有 $CD(x_i)<0.7$，说明三个决策群体依据六个评估准则对五个海岸进行评价时，对彼此提供的评价结果存在异议。由此可知，五个海岸的原始评价信息均需要调整。因此，将需要调整原始评价信息的备选方案集记为 $RX^{(1)}=\{x_i \mid i=1,2,3,4,5\}$。基于该备选方案集，依据式（6-22）可识别需要进行第一轮原始个体评价信息调整的元素集合为：$RZ_{ij}^{(1)}=\{(1,2),(2,5),(3,4),(4,6),(5,3)\}$。在此基础上，根据选定的需要修正原始评价信息的备选方案集和元素集，应用式（6-24）可识别第一轮对原始个体评价信息进行讨论并修正的决策群体集分别为：$RD_{12}^{(1)}=\{D_{g(3)}\}$、$RD_{25}^{(1)}=$

$\{D_{g^{(1)}}\}$、$RD_{34}^{(1)}=\{D_{g^{(2)}}\}$、$RD_{46}^{(1)}=\{D_{g^{(2)}}\}$ 和 $RD_{53}^{(1)}=\{D_{g^{(2)}},D_{g^{(3)}}\}$。

随后，将以上识别结果分别反馈给三个决策群体，要求其根据原始综合图片模糊决策矩阵对其需要调整的评价信息进行讨论并修正。由经过第一轮信息修正后的个体评价信息构成的个体图片模糊决策矩阵如下：

$$\tilde{Z}^{(1)^{(1)}}=$$
$$\begin{bmatrix} (0.2,0.4,0) & (0.4,0.2,0.4) & (0.2,0.2,0.4) & (0.6,0,0.2) & (0.8,0,0) & (0.6,0,0) \\ (0.4,0,0.4) & (0.4,0,0) & (0.4,0.4,0) & (0.6,0,0.4) & \overset{\text{修正值（第一轮）}}{(0.4,0.2,0.2)} & (0.8,0,0.2) \\ (1,0,0) & (0.2,0.4,0) & (0.2,0.4,0.2) & (0.2,0.2,0.6) & (0.6,0.4,0) & (1,0,0) \\ (0.2,0.2,0.2) & (0.2,0.8,0) & (0.2,0.2,0.6) & (0.2,0.2,0.6) & (0.2,0.2,0) & (0.6,0.4,0) \\ (0.2,0.2,0.6) & (0.2,0.2,0.6) & (0.2,0.2,0) & (0.2,0.6,0) & (0.2,0.4,0) & (0.2,0.4,0.4) \end{bmatrix}$$

$$\tilde{Z}^{(2)^{(1)}}=$$
$$\begin{bmatrix} (0.6,0,0.2) & (0.6,0.2,0.2) & (0.2,0.2,0) & (0.2,0.4,0.2) & (0.2,0.4,0) & (0.4,0.2,0.2) \\ (0.4,0.2,0.2) & (0.2,0.6,0) & (0.2,0.2,0.2) & (0.4,0.2,0.2) & (0.2,0.2,0.2) & (0.6,0.2,0.2) \\ (0.6,0.2,0) & (0.2,0.4,0) & (0.6,0.2,0) & \overset{\text{修正值（第一轮）}}{(0,0,0.6)} & (0.4,0.4,0.2) & (0.8,0,0) \\ (0.4,0,0) & (0.6,0.2,0.2) & (0.2,0.2,0.2) & (0.2,0.4,0.2) & (0.2,0.2,0) & \overset{\text{修正值（第一轮）}}{(0.6,0.4,0)} \\ (0.2,0.2,0.6) & (0.2,0,0.4) & \overset{\text{修正值（第一轮）}}{(0.2,0.2,0)} & (0.2,0.2,0.4) & (0.2,0.2,0.4) & (0.2,0.2,0.6) \end{bmatrix}$$

$$\tilde{Z}^{(3)^{(1)}}=$$
$$\begin{bmatrix} (0.2,0.2,0.4) & \overset{\text{修正值（第一轮）}}{(0.4,0.2,0.2)} & (0.6,0.2,0) & (0.2,0.4,0) & (0.2,0.4,0) & (0.2,0.6,0) \\ (0.2,0.2,0.4) & (0.4,0,0) & (0.6,0.2,0.2) & (0.6,0.2,0) & (0.4,0.4,0.2) & (0.4,0.2,0.2) \\ (1,0,0) & (0.6,0,0.2) & (0.6,0,0) & (0.6,0,0) & (0.4,0.2,0.4) & (1,0,0) \\ (0.6,0.2,0) & (0.2,0.6,0) & (0.4,0,0) & (0.4,0.2,0) & (0.2,0.4,0.2) & (0.2,0.2,0.6) \\ (0.2,0,0.8) & (0.2,0.2,0.6) & \overset{\text{修正值（第一轮）}}{(0.2,0.2,0)} & (0.2,0.2,0.4) & (0.2,0,0.6) & (0.2,0.2,0.4) \end{bmatrix}$$

接下来，需要重新衡量经过第一轮信息修正后的个体评价信息的群体共识水平，并进一步检验其是否达到可接受的程度。

根据算法 6-3 中的步骤 2 可算出经过第一轮信息修正的个体决策意见之间的相似度，结果见表 6-7。

表 6-7　第一轮信息调整后不同决策群体对各海岸的评价值之间的相似度

海岸	决策群体	$D_{g^{(1)}}$	$D_{g^{(2)}}$	$D_{g^{(3)}}$
x_1	$D_{g^{(1)}}$	—	0.6463	0.6041
	$D_{g^{(2)}}$	0.6463	—	0.5497
	$D_{g^{(3)}}$	0.6041	0.5497	—
x_2	$D_{g^{(1)}}$	—	0.5352	0.6022
	$D_{g^{(2)}}$	0.5352	—	0.5659
	$D_{g^{(3)}}$	0.6022	0.5659	—
x_3	$D_{g^{(1)}}$	—	0.5150	0.6493
	$D_{g^{(2)}}$	0.5150	—	0.7202
	$D_{g^{(3)}}$	0.6493	0.7202	—
x_4	$D_{g^{(1)}}$	—	0.5820	0.6288
	$D_{g^{(2)}}$	0.5820	—	0.7276
	$D_{g^{(3)}}$	0.6288	0.7276	—
x_5	$D_{g^{(1)}}$	—	0.5003	0.5971
	$D_{g^{(2)}}$	0.5003	—	0.5273
	$D_{g^{(3)}}$	0.5971	0.5273	—

由表 6-7 可获得表示任意两个决策群体对所有海岸评价结果的接近程度的相似度向量为

$$\boldsymbol{SD}^{12^{(1)}}=(0.6463,0.5352,0.5150,0.5820,0.5003)^{\mathrm{T}}$$

$$\boldsymbol{SD}^{13^{(1)}}=(0.6041,0.6022,0.6493,0.6288,0.5971)^{\mathrm{T}}$$

$$\boldsymbol{SD}^{23^{(1)}}=(0.5497,0.5659,0.7202,0.7276,0.5273)^{\mathrm{T}}$$

利用式（6-20）合成所有相似度向量，可获得表征所有专家和研究分析师对所有海岸在不同评估准则下评价结果的共识水平的向量：

$$\boldsymbol{CD}^{(1)}(x)=(0.6000,0.5678,0.6282,0.6461,0.5416)^{\mathrm{T}}$$

显然，通过再次比较，可知对于所有的 $i=1,2,3,4,5$，仍有 $CD^{(1)}(x_i)<0.7$，说明三个决策群体在对五个海岸进行评价时，对彼此提供的评价结果仍然存在较大异议。因此，需要进行第二轮信息识别和调整。那么，依照

算法 6-2 的步骤 5 至步骤 7，易知需要进行第二轮信息调整的备选方案集、评价信息集和决策群体集依次分别表示为：$RX^{(2)}=\{x_i \mid i=1,2,3,4,5\}$，$RZ_{ij}^{(2)}=\{(1,3),(2,1),(3,4),(4,4),(5,5)\}$，$RD_{13}^{(2)}=\{D_{g^{(1)}}\}$、$RD_{21}^{(2)}=\{D_{g^{(2)}}\}$、$RD_{34}^{(2)}=\{D_{g^{(3)}}\}$、$RD_{44}^{(2)}=\{D_{g^{(1)}}\}$ 和 $RD_{55}^{(2)}=\{D_{g^{(1)}}\}$。

经过第二轮信息调整后的个体图片模糊决策矩阵分别为

$$\tilde{Z}^{(1)^{(2)}}=$$

$$\begin{bmatrix} (0.2,0.4,0) & (0.4,0.2,0.4) & \overset{\text{修正值（第二轮）}}{(0.8,0,0)} & (0.6,0,0.2) & (0.8,0,0) & (0.6,0,0) \\ (0.4,0,0.4) & (0.4,0,0) & (0.4,0.4,0) & (0.6,0,0.4) & (0.4,0.2,0.2) & (0.8,0,0.2) \\ (1,0,0) & (0.2,0.4,0) & (0.2,0.4,0.2) & (0.2,0.2,0.6) & (0.6,0.4,0) & (1,0,0) \\ (0.2,0.2,0.2) & (0.2,0.8,0) & (0.2,0.2,0.6) & \overset{\text{修正值（第二轮）}}{(0.4,0.2,0.2)} & (0.2,0.2,0) & (0.6,0.4,0) \\ (0.2,0.2,0.6) & (0.2,0.2,0.6) & (0.2,0.2,0) & (0.2,0.6,0) & \overset{\text{修正值（第二轮）}}{(0.2,0,0)} & (0.2,0.4,0.4) \end{bmatrix}$$

$$\tilde{Z}^{(2)^{(2)}}=$$

$$\begin{bmatrix} (0.6,0,0.2) & (0.6,0.2,0.2) & (0.2,0.2,0) & (0.2,0.4,0.2) & (0.2,0.4,0) & (0.4,0.2,0.2) \\ \overset{\text{修正值（第二轮）}}{(0,0,0.8)} & (0.2,0.6,0) & (0.2,0.2,0.2) & (0.4,0.2,0.2) & (0.2,0.2,0.2) & (0.6,0.2,0.2) \\ (0.6,0.2,0) & (0.2,0.4,0) & (0.6,0.2,0) & (0,0,0.6) & (0.4,0.4,0.2) & (0.8,0,0) \\ (0.4,0,0) & (0.6,0.2,0.2) & (0.2,0.2,0.2) & (0.2,0.4,0.2) & (0.2,0.2,0) & (0.6,0.4,0) \\ (0.2,0.2,0.6) & (0.2,0,0.4) & (0.2,0.2,0) & (0.2,0.2,0.4) & (0.2,0.2,0.4) & (0.2,0.2,0.6) \end{bmatrix}$$

$$\tilde{Z}^{(3)^{(2)}}=$$

$$\begin{bmatrix} (0.2,0.2,0.4) & (0.4,0.2,0.2) & (0.6,0.2,0) & (0.2,0.4,0) & (0.2,0.4,0) & (0.2,0.6,0) \\ (0.2,0.2,0.4) & (0.4,0,0) & (0.6,0.2,0.2) & (0.6,0.2,0) & (0.4,0.4,0.2) & (0.4,0.2,0.2) \\ (1,0,0) & (0.6,0,0.2) & (0.6,0,0) & \overset{\text{修正值（第二轮）}}{(0,0,0.6)} & (0.4,0.2,0.4) & (1,0,0) \\ (0.6,0.2,0) & (0.2,0.6,0) & (0.4,0,0) & (0.4,0.2,0) & (0.2,0.4,0.2) & (0.2,0.2,0.6) \\ (0.2,0,0.8) & (0.2,0.2,0.6) & (0.2,0.2,0) & (0.2,0.2,0.4) & (0.2,0,0.6) & (0.2,0.2,0.4) \end{bmatrix}$$

表征所有专家和研究分析师对所有海岸在不同评估准则下评价结果的共识水平的向量为

$$CD^{(2)}(x)=(0.6033,0.7049,0.5705,0.7079,0.5447)^{\mathrm{T}}$$

显而易见，对于 $i=1,3,5$，存在 $CD^{(2)}(x_i)<0.7$。因此，第三轮需要修正原始评价信息的备选方案集为 $RX^{(3)}=\{x_i \mid i=1,3,5\}$。基于已选定的备选方案集，依据式（6-22）可识别需要修正的评价信息集为 $RZ_{ij}^{(3)}=\{(1,1),(3,5),(5,5)\}$。基于已选取的需要修正原始评价信息的海岸和评

价值，根据式（6-24）可识别需要对原始个体评价信息进行讨论并修正的决策群体集分别为：$RD_{11}^{(3)}=\{D_{g(3)}\}$、$RD_{35}^{(3)}=\{D_{g(3)}\}$ 和 $RD_{55}^{(3)}=\{D_{g(3)}\}$。决策群体 $D_{g(3)}$ 经过第三轮讨论，给出的修正意见构成的个体图片模糊决策矩阵为

$$\tilde{Z}^{(3)^{(3)}}=\begin{bmatrix} \overset{\text{修正值（第三轮）}}{(0.2,0,0.8)} & (0.4,0.2,0.2) & (0.6,0.2,0) & (0.2,0.4,0) & (0.2,0.4,0) & (0.2,0.6,0) \\ (0.2,0.2,0.4) & (0.4,0,0) & (0.6,0.2,0.2) & (0.6,0.2,0) & (0.4,0.4,0.2) & (0.4,0.2,0.2) \\ (1,0,0) & (0.6,0,0.2) & (0.6,0,0) & (0,0,0.6) & \overset{\text{修正值（第三轮）}}{(0.6,0,0)} & (1,0,0) \\ (0.6,0.2,0) & (0.2,0.6,0) & (0.4,0,0) & (0.4,0.2,0) & (0.2,0.4,0.2) & (0.2,0.2,0.6) \\ (0.2,0,0.8) & (0.2,0.2,0.6) & (0.2,0.2,0) & (0.2,0.2,0.4) & \overset{\text{修正值（第三轮）}}{(0.4,0.2,0)} & (0.2,0.2,0.4) \end{bmatrix}$$

经过第三轮信息调整后，表征所有专家和研究分析师对所有海岸在不同评估准则下评价结果的共识水平的向量为

$$\boldsymbol{CD}^{(3)}(x)=(0.7076,0.7049,0.6096,0.7079,0.5723)^{\mathrm{T}}$$

通过简单比较，易知对于 $i=3,5$，均有 $CD^{(3)}(x_i)<0.7$，说明第四轮需要调整原始评价信息的备选方案集为 $RX^{(4)}=\{x_i \mid i=3,5\}$。基于已选定的备选方案集，依据式（6-22）识别需要修正的评价信息集为 $RZ_{ij}^{(4)}=\{(3,5),(5,4)\}$。基于已选取的需要修正原始评价信息的海岸和评价值，应用式（6-24）可识别需要对原始个体评价信息进行讨论并修正的决策群体集分别为：$RD_{35}^{(4)}=\{D_{g(2)}\}$ 和 $RD_{54}^{(4)}=\{D_{g(1)}\}$。通过结合决策群体 $D_{g(1)}$ 和 $D_{g(2)}$ 的讨论结果以及相应的原始个体评价信息，得到经过第四轮信息修正后的个体图片模糊决策矩阵为

$$\tilde{Z}^{(1)^{(4)}}=\begin{bmatrix} (0.2,0.4,0) & (0.4,0.2,0.4) & (0.8,0,0) & (0.6,0,0.2) & (0.8,0,0) & (0.6,0,0) \\ (0.4,0,0.4) & (0.4,0,0) & (0.4,0.4,0) & (0.6,0,0.4) & (0.4,0.2,0.2) & (0.8,0,0.2) \\ (1,0,0) & (0.2,0.4,0) & (0.2,0.4,0.2) & (0.2,0.2,0.6) & (0.6,0.4,0) & (1,0,0) \\ (0.2,0.2,0.2) & (0.2,0.8,0) & (0.2,0.2,0.6) & (0.4,0.2,0.2) & (0.2,0.2,0) & (0.6,0.4,0) \\ (0.2,0.2,0.6) & (0.2,0.2,0.6) & (0.2,0.2,0) & \overset{\text{修正值（第四轮）}}{(0.2,0,0.4)} & (0.2,0,0) & (0.2,0.4,0.4) \end{bmatrix}$$

$$\tilde{Z}^{(2)^{(4)}} = \begin{bmatrix} (0.6,0,0.2) & (0.6,0.2,0.2) & (0.2,0.2,0) & (0.2,0.4,0.2) & (0.2,0.4,0) & (0.4,0.2,0.2) \\ (0,0,0.8) & (0.2,0.6,0) & (0.2,0.2,0.2) & (0.4,0.2,0.2) & (0.2,0.2,0.2) & (0.6,0.2,0.2) \\ (0.6,0.2,0) & (0.2,0.4,0) & (0.6,0.2,0) & (0,0,0.6) & \overset{\text{修正值（第四轮）}}{(0.6,0,0)} & (0.8,0,0) \\ (0.4,0,0) & (0.6,0.2,0.2) & (0.2,0.2,0.2) & (0.2,0.4,0.2) & (0.2,0.2,0) & (0.6,0.4,0) \\ (0.2,0.2,0.6) & (0.2,0,0.4) & (0.2,0.2,0) & (0.2,0.2,0.4) & (0.2,0.2,0.4) & (0.2,0.2,0.6) \end{bmatrix}$$

经过第四轮信息调整后，表征所有专家和研究分析师对所有海岸在不同评估准则下评价结果的共识水平的向量为

$$\boldsymbol{CD}^{(4)}(x) = (0.7076,\ 0.7049,\ 0.6603,\ 0.7079,\ 0.6267)^{\mathrm{T}}$$

显然，对于 $i = 3,\ 5$，存在 $CD^{(4)}(x_i) < 0.7$，说明第五轮需要修正原始评价信息的备选方案集为 $RX^{(5)} = \{x_i \mid i = 3,\ 5\}$。基于已选定的备选方案集，识别需要修正的评价信息集为 $RZ_{ij}^{(5)} = \{(3,\ 3),\ (5,\ 5)\}$。在此基础上，识别需要对原始个体评价信息进行讨论并修正的决策群体集分别为：$RD_{33}^{(5)} = \{D_{g^{(1)}}\}$ 和 $RD_{55}^{(5)} = \{D_{g^{(2)}}\}$。

经过第五轮信息修正后的个体图片模糊决策矩阵为

$$\tilde{Z}^{(1)^{(5)}} = \begin{bmatrix} (0.2,0.4,0) & (0.4,0.2,0.4) & (0.8,0,0) & (0.6,0,0.2) & (0.8,0,0) & (0.6,0,0) \\ (0.4,0,0.4) & (0.4,0,0) & (0.4,0.4,0) & (0.6,0,0.4) & (0.4,0.2,0.2) & (0.8,0,0.2) \\ (1,0,0) & (0.2,0.4,0) & \overset{\text{修正值（第五轮）}}{(0.6,0.2,0)} & (0.2,0.2,0.6) & (0.6,0.4,0) & (1,0,0) \\ (0.2,0.2,0.2) & (0.2,0.8,0) & (0.2,0.2,0.6) & (0.4,0.2,0.2) & (0.2,0.2,0) & (0.6,0.4,0) \\ (0.2,0.2,0.6) & (0.2,0.2,0.6) & (0.2,0.2,0) & (0.2,0,0.4) & (0.2,0,0) & (0.2,0.4,0.4) \end{bmatrix}$$

$$\tilde{Z}^{(2)^{(5)}} = \begin{bmatrix} (0.6,0,0.2) & (0.6,0.2,0.2) & (0.2,0.2,0) & (0.2,0.4,0.2) & (0.2,0.4,0) & (0.4,0.2,0.2) \\ (0,0,0.8) & (0.2,0.6,0) & (0.2,0.2,0.2) & (0.4,0.2,0.2) & (0.2,0.2,0.2) & (0.6,0.2,0.2) \\ (0.6,0.2,0) & (0.2,0.4,0) & (0.6,0.2,0) & (0,0,0.6) & (0.6,0,0) & (0.8,0,0) \\ (0.4,0,0) & (0.6,0.2,0.2) & (0.2,0.2,0.2) & (0.2,0.4,0.2) & (0.2,0.2,0) & (0.6,0.4,0) \\ (0.2,0.2,0.6) & (0.2,0,0.4) & (0.2,0.2,0) & (0.2,0.2,0.4) & \overset{\text{修正值（第五轮）}}{(0.2,0.2,0)} & (0.2,0.2,0.6) \end{bmatrix}$$

经过第五轮信息调整后，表征所有专家和研究分析师对所有海岸在不同评估准则下评价结果的共识水平的向量为

$$\boldsymbol{CD}^{(5)}(x) = (0.7076,\ 0.7049,\ 0.6930,\ 0.7079,\ 0.7006)^{\mathrm{T}}$$

显然，通过简单比较，可知 $CD^{(5)}(x_3) < 0.7$，说明需要进行第六轮

信息调整。根据算法 6-2 的步骤 5 至步骤 7 的识别规则，易得备选方案集为 $RX^{(6)}=\{x_i \mid i=3\}$ ，评价信息集为 $RZ_{ij}^{(6)}=\{(3,\ 1)\}$ ，以及需要对原始个体评价信息进行讨论并修正的决策群体集为 $RD_{31}^{(5)}=\{D_{g(2)}\}$ 。经过第六轮信息修正后的个体图片模糊决策矩阵为

$$\tilde{Z}^{(2)^{(6)}}=$$

$$\begin{bmatrix} (0.6,0,0.2) & (0.6,0.2,0.2) & (0.2,0.2,0) & (0.2,0.4,0.2) & (0.2,0.4,0) & (0.4,0.2,0.2) \\ (0,0,0.8) & (0.2,0.6,0) & (0.2,0.2,0.2) & (0.4,0.2,0.2) & (0.2,0.2,0.2) & (0.6,0.2,0.2) \\ \overset{\text{修正值（第六轮）}}{(0.6,0,0.2)} & (0.2,0.4,0) & (0.6,0.2,0) & (0,0,0.6) & (0.6,0,0) & (0.8,0,0) \\ (0.4,0,0) & (0.6,0.2,0.2) & (0.2,0.2,0.2) & (0.2,0.4,0.2) & (0.2,0.2,0) & (0.6,0.4,0) \\ (0.2,0.2,0.6) & (0.2,0,0.4) & (0.2,0.2,0) & (0.2,0.2,0.4) & (0.2,0.2,0) & (0.2,0.2,0.6) \end{bmatrix}$$

经过第六轮信息调整后，表征所有专家和研究分析师对所有海岸在不同评估准则下评价结果的共识水平的向量为

$$\boldsymbol{CD}^{(6)}(x)=(0.7076,\ 0.7049,\ 0.7122,\ 0.7079,\ 0.7006)^{\mathrm{T}}$$

显而易见，对于所有的 $i=1,\ 2,\ 3,\ 4,\ 5$，均有 $CD^{(6)}(x_i)>0.7$。因此，经过第六轮评价信息修正后，所有专家和研究分析师对五个海岸在不同评估准则下的评价结果达成共识。

由上述“个体—个体”视角下群体共识达成过程易知，经过反馈机制形成的表征三个决策群体对五个海岸在不同评估准则下表现的最终评价结果的个体图片模糊决策矩阵分别为：$\tilde{\boldsymbol{Z}}^{(1)^{(5)}}$、$\tilde{\boldsymbol{Z}}^{(2)^{(6)}}$ 和 $\tilde{\boldsymbol{Z}}^{(3)^{(3)}}$。为了评选出最优海岸，需要对最终形成的个体决策信息进行融合。下文根据算法 6-2 的步骤 10，利用 LINGO11.0 软件，得到达成群体共识的综合图片模糊决策矩阵为

$$\tilde{Z}=$$

$$\begin{bmatrix} (0.28,0,0.45) & (0.45,0.20,0.28) & (0.48,0,0) & (0.30,0,0.14) & (0.34,0,0) & (0.37,0,0.06) \\ (0,0,0.57) & (0.33,0,0) & (0.37,0.26,0.13) & (0.53,0,0.23) & (0.33,0.25,0.20) & (0.59,0,0.20) \\ (0.86,0,0.06) & (0.29,0,0.07) & (0.60,0,0) & (0,0,0.60) & (0.60,0,0) & (0.94,0,0) \\ (0.35,0,0.08) & (0.28,0.48,0.06) & (0.25,0,0.34) & (0.33,0.25,0.14) & (0.20,0.25,0.07) & (0.42,0.32,0.26) \\ (0.20,0,0.68) & (0.20,0,0.55) & (0.20,0.20,0) & (0.20,0,0.40) & (0.25,0,0) & (0.20,0.26,0.47) \end{bmatrix}$$

阶段四　选择最优方案

根据达成群体共识的综合图片模糊决策矩阵中的评价信息，应用算法

4-1、算法 4-2 或算法 4-3 即可对五个海岸进行排序，本算例选取算法 4-1。如前所述，本算例选取图片模糊数中的绝对最大值和绝对最小值作为最优解（正理想解）和最劣解（负理想解），分别为

$$SP = \{(1,0,0),(1,0,0),(1,0,0),(1,0,0),(1,0,0),(1,0,0)\}$$

$$SN = \{(0,0,1),(0,0,1),(0,0,1),(0,0,1),(0,0,1),(0,0,1)\}$$

根据基于“个体—群体”视角下群体共识达成过程的综合决策结果和基于“个体—个体”视角下群体共识达成过程的综合决策结果，依次利用式（4-3）~式（4-5）可求得每个海岸的综合评价值靠近正理想解和远离负理想解的程度，以及各海岸的综合评价值相对于正、负理想解的贴近系数。所得计算结果分别见表 6-8 和表 6-9。

表 6-8　各海岸的评价值与正、负理想解的差异及贴近系数

（基于“个体—群体”视角下群体共识达成过程）

海岸	差异		贴近系数
	正理想解	负理想解	
x_1	0.2901	0.4068	0.5837
x_2	0.2992	0.4481	0.5996
x_3	0.2557	0.4949	0.6594
x_4	0.3486	0.4126	0.5421
x_5	0.4246	0.2712	0.3898

表 6-9　各海岸的评价值与正、负理想解的差异及贴近系数

（基于“个体—个体”视角下群体共识达成过程）

海岸	差异		贴近系数
	正理想解	负理想解	
x_1	0.2585	0.4162	0.6169
x_2	0.3260	0.4070	0.5553
x_3	0.2403	0.4748	0.6640
x_4	0.3480	0.4540	0.5661
x_5	0.3726	0.3118	0.4556

依据表 6-8 和表 6-9 中贴近系数的值可分别对五个备选海岸进行排

序，其排序结果为：$x_3 \succ x_2 \succ x_1 \succ x_4 \succ x_5$ 和 $x_3 \succ x_1 \succ x_4 \succ x_2 \succ x_5$。由此可知，莱州至东营的海岸（$x_3$）是决策委员会所有成员均认可的海上风电场的最优场址。

对排序结果进行分析可知，两种视角下群体共识达成过程所得决策结果基本一致，即山东省建设海上风电场的最优场址为莱州至东营的海岸。为了更好地理解如何将基于相似度和共识度的图片模糊群体共识决策方法应用于求解海上风电场选址问题，图 6-5 展示了该求解过程的具体流程。

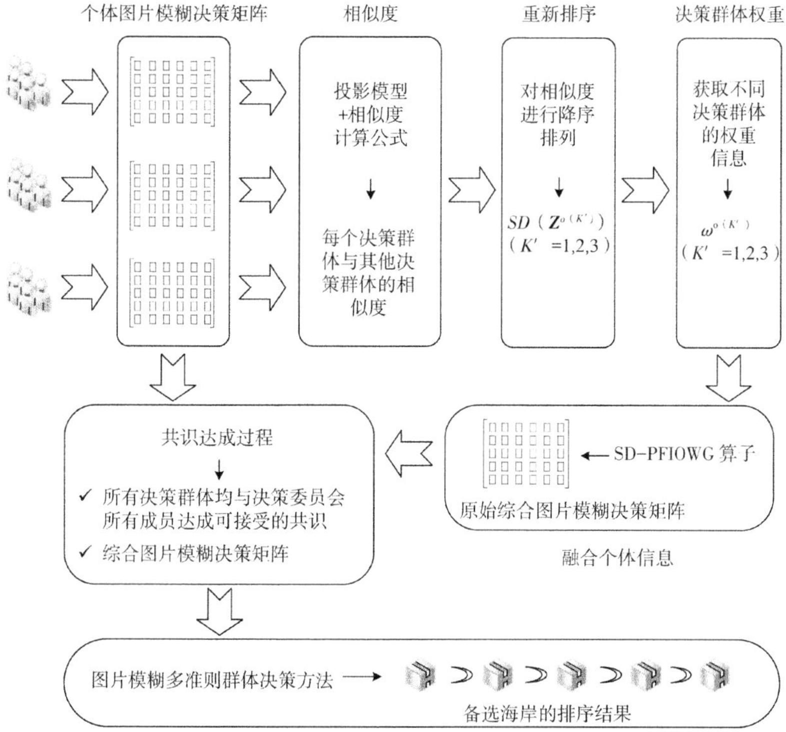

图 6-5　海上风电场选址问题的求解过程

图 6-5 以选择最优海上风电场场址为例，系统且清晰地描述了如何应用所提出的群体共识决策方法解决现实生活中的选择问题。第一，采用图片模糊数描述评价信息，可以同时刻画 15 位专家和研究分析师对不同备选海岸在不同评估准则下表现出的四种矛盾的态度（积极、中立、消极和拒绝），使得所有专家和研究分析师的原始评价信息可以得到充分考虑；利

用图片模糊决策矩阵刻画不同决策群体对备选海岸在不同评估准则下的评价信息可以完整地保留所有原始决策信息，避免信息冗杂和丢失。第二，合理利用投影模型和相似度测度衡量任一决策群体提供的评价信息与其他决策群体给出的评价信息的相似度，并进一步权衡每个决策群体的重要程度。该过程允许每个决策群体的重要性权重由他们各自给出的决策信息客观决定，反映了“某决策群体与其他决策群体的意见越一致，该决策群体的意见就越重要”的事实，既避免了因主观赋予决策群体权重引起的决策群体对不公正结果的抱怨，又可以从数学的角度反映每个决策群体对海上风电场选址结果的影响程度。第三，信息融合过程可以在不引起冲突的前提下，有效地集结海上风电场选址过程中的个体评价信息。第四，共识达成过程允许每个决策群体参照群体意见对其个体意见进行修改，以防止少数决策者因其决策意见会被忽略而不愿真实地表达其意见的情况发生，进而能够确保每个决策群体认可最终群体决策意见，使最终决策结果可以得到每个决策群体的支持。该过程避免了决策者之间的意见冲突，可使决策结果更加客观、有效。

6.5 进一步讨论

依据现有文献对群体共识决策的研究，不同的集结算子、共识度量、反馈机制可以形成不同的共识决策理论，也是共识达成过程的关键影响因素。通常情况下，共识度量主要分为两个类别：一是基于个体决策信息与群体决策信息之间的差异，二是基于个体决策信息之间的差异。从本质上讲，这两种度量是一致的，但是，相比之下，后者较为严格。反馈机制则主要通过识别需要修改的个体决策信息，并为决策个体提供修改建议。如果共识度量发生了变化，反馈机制也会随之改变。显然，本章是从共识度量和反馈机制的区别出发，设计了两种视角下的群体共识达成方法。一方面，基于“个体—群体”视角，通过利用基于图片模糊决策矩阵相对投影模型的共识度测度衡量个体图片模糊决策矩阵与综合图片模糊决策矩阵之间的差异，设置阈值判断每个决策群体是否与决策委员会达成可接受的共识，识别对未达成群体共识的决策个体的共识贡献较小的元素，以综合决策意见为参考点，对相关元素进行修改。另一方面，基于“个体—个体”视角，通过利用基于图片模糊决策矩阵相对投影模型的相似度测度衡量个体图片模糊决策矩阵之间的差异，从方案、评价值、决策群体三个层面制定识别规则，根据综合决策意见，调整对群体共识贡献较小的个体图片模糊决策信息。

通过将本章所提出的基于图片模糊决策矩阵的群体共识决策方法和本章算例结果与参考文献［179］中的相关内容进行分析和对比，可从三个方面阐述本章所提出的方法的实用性和优势。

（1）本章所提出的决策方法可有效地用于处理不同领域涉及的选择问题，如海上风电场的选址问题。

将本章所得到的对海岸的两种排序结果与参考文献［179］所得到的对海岸的排序结果（$x_3 > x_2 > x_4 > x_1 > x_5$）进行比较，可观察到三者并不完全一致。但是，考虑到三者所得排名第一的海岸均为莱州至东营的海岸，且海上风电场选址问题的目标在于选出最优海岸，其他海岸的排列顺序不一致并不会对最终决策结果产生实质性影响。因此，本章所提出的图片模糊群体共识决策方法在解决实际决策问题时具有实用性和可靠性。

（2）代表不同决策群体重要性的权重信息是基于各决策群体给出的个体评价信息客观确定的，以避免由主观赋权引起的不公平现象。

在实际生活中，人们往往会抱怨其遭受到的不公平待遇。在群体决策问题中，这种不公平现象可能体现在决策者被直接赋予权重值的过程中。针对这一问题，本章所提出的群体共识决策方法中基于图片模糊决策矩阵相似度的权重系数获得过程能够客观地确定决策群体的权重信息，以防止通过主观分配权重来操纵决策结果的现象发生。此外，相似度是能够反映一个群体与其他群体的决策意见之间接近程度的有效指标之一，利用相似度确定不同群体的权重可以保证结果的可靠性，进而避免决策者对权重求解结果的不满与抱怨。

(3) 针对海上风电场选址过程中普遍存在的共识问题，本章给出了两种群体共识达成过程，以避免不同决策群体因教育背景和实践经验的差异而产生的对不同海岸评价结果的冲突。

一般而言，由于决策群体之间社会经验、教育背景及学术研究的差异，不同群体在评估备选方案时给出的决策意见可能存在较大冲突。为了得到令所有决策者满意的决定，需要各群体之间达成共识。然而，参考文献［179］中所提出的群体决策方法并未考虑到这一点。因此，本章所提出的群体共识决策方法的一个独特之处在于第 6.3 节设计的基于图片模糊决策矩阵的群体共识达成过程。该过程能够确保不同决策群体给出的互相矛盾的评价信息得到充分、合理的考虑，使得所有决策者在实际群体决策过程中愿意真实地表达他们对各备选方案在不同评估准则下的评价意见。

总体而言，针对权重信息完全未知情形下具有大量自相矛盾的决策信息的群体共识决策问题，如海上风电场选址问题，所提出的基于图片模糊决策矩阵的群体共识决策方法具有可行性和实用性。

需要说明的是，本章研究只考虑了图片模糊群体共识决策过程中决策群体间的共识问题，并未对任何决策群体内不同决策者之间的共识问题进行探讨。此外，考虑到本章所提出的基于图片模糊决策矩阵的群体共识决策方法包括多个子过程，处理这些子过程涉及的决策问题所采用的方法和模型也可应用于解决其他领域中的类似问题。

6.6　本章小结

在实际决策环境中，直接赋予决策个体权重值的主观性较易引起决策个体的不满。为了得到公正且能够令所有决策者满意的决策结果，本章提出了权重信息完全未知情形下基于图片模糊决策矩阵的群体共识决策方法，并将其应用于求解海上风电场选址问题。第 6. 1 节根据现实生活中的决策环境，描述了权重信息完全未知情形下基于图片模糊决策矩阵的群体共识决策问题。第 6. 2 节构建了图片模糊决策矩阵的相对投影模型，弥补了本书第 1. 2 节所描述的现有基于图片模糊数的投影模型的缺陷；定义了基于图片模糊决策矩阵相对投影模型的相似度测度，并在此基础上给出了决策群体权重的确定方法和图片模糊决策矩阵的融合方法。第 6. 3 节定义了基于图片模糊决策矩阵相对投影模型的共识度测度，描述了两种视角下基于图片模糊决策矩阵的群体共识达成过程；针对权重信息完全未知情形下基于图片模糊决策信息的群体共识决策问题，给出了基于相似度和共识度的图片模糊群体共识决策方法。第 6. 4 节将所提出的群体决策方法应用于求解海上风电场选址问题，详细地展示了如何应用该方法求解实际群体共识决策问题，进而验证了该方法的可行性和有效性。第 6. 5 节进一步地通过与现有研究进行对比分析，阐述了该方法的实用性和优势之处。总之，本章对具有图片模糊评价信息的群体共识决策方法进行了初探，适用于某一决策环节含有多个决策群体以及不同决策环节含有不同决策群体的实际决策问题，可以为求解包含互相矛盾的决策信息的实际问题提供理论指导。

第7章　总结与展望

本书以图片模糊集为研究对象，定义了新的图片模糊数的运算规则、比较规则和测度等，引入了图片模糊偏好关系的概念。在此基础上，从图片模糊环境下两种常见的决策信息表达形式出发，研究了基于图片模糊偏好关系的多准则决策方法和群体共识决策方法，以及基于图片模糊决策矩阵的多准则决策方法和群体共识决策方法。本章旨在对本书的主要工作以及目前所取得的研究成果进行分析与总结，并指出需要进一步探索的科学问题。

7.1　主要工作和研究成果

本书对图片模糊环境下群体决策问题进行了系统、深入的研究，所做的主要工作及取得的研究成果可概括为以下几个方面。

（1）充分考虑到图片模糊集的运算规则主要来源于直觉模糊集运算规则的扩展形式，然而现有直觉模糊集的运算规则并未对犹豫度进行充分利用[183]，对现有图片模糊集的运算规则、比较规则以及测度的定义进行了探讨和分析，并定义了新的图片模糊集的加法运算规则、比较规则及相对投影模型。

（2）利用图片模糊集的特性，完整地记录现实生活中不同决策者提供的有差异的决策信息，构建基于图片模糊偏好关系的群体决策框架和群体共识决策框架，以及基于图片模糊决策矩阵的多准则决策框架和群体共识决策框架。

（3）将模糊偏好关系的概念拓展至图片模糊环境，定义了图片模糊偏好关系，以完整地描述决策者通过对方案进行两两对比所给出的不同判断结果。通过研究图片模糊偏好关系的几种传递性性质，探讨并定义了图片模糊偏好关系的次序一致性和加型一致性。考虑到实际决策环境下可能出现的不同情形，从快速决策和精准决策两个方向出发，提出了两种基于图片模糊偏好关系一致性的多准则决策方法。

（4）基于广义图片模糊距离测度，结合经典 TOPSIS 法，提出了基于图片模糊决策矩阵的 TOPSIS 法；基于图片模糊数的累积期望函数、记分函数以及积极隶属度，定义了基于图片模糊决策矩阵的优序关系以及基于图片模糊决策矩阵的优先函数，借鉴传统 ELECTRE-Ⅱ法和 PROMETHEE-Ⅱ法的思想，提出了基于图片模糊决策矩阵的 ELECTRE-Ⅱ法和 PROMETHEE-Ⅱ法。

（5）针对多个决策群体共同参与决策的问题，考虑到不同决策群体知识背景及实践经验的差异，从准则层和目标层两个层次衡量群体共识水平。与此同时，根据个体图片模糊偏好关系的一致性指数和群体图片模糊偏好关系的群体共识指数，构建了决策群体权重求解模型和准则权重求解模型，给出了不同阶段的信息融合方法及群体共识达成过程。在此基础上，提出了基于图片模糊偏好关系的群体共识决策方法，用于求解决策信息由图片模糊偏好关系刻画的复杂群体决策问题。

（6）考虑需要由不同领域专家共同参与的复杂群体决策问题，研究了该决策过程中不同阶段涉及的各种问题。为了衡量不同决策群体决策意见的差异，定义了基于图片模糊决策矩阵相对投影模型的相似度和共识度测度。利用每个决策群体与其他决策群体的相似度构造了求解决策群体权重的模型，并提出了基于相似度的集结算子。进一步地，从“个体—群体”和“个体—个体”两个视角给出了两种基于图片模糊决策矩阵的群体共识达成过程。基于以上研究，提出了基于相似度和共识度的图片模糊群体共识决策方法，用于处理决策意见参差不齐的实际群体决策问题。

（7）将所提出的群体决策方法应用于求解可再生能源领域中的相关决策问题，并与现有决策方法进行对比分析，说明了所提出的方法的可行性及优势。

7.2 展望

本书针对基于图片模糊信息的群体决策问题进行了深入的研究。这些研究虽然在一定程度上对图片模糊环境下的群体决策研究做出了贡献，但对于庞大的图片模糊群体决策体系而言，其只是沧海一粟。因此，仍需对图片模糊群体决策问题进行进一步研究。

（1）对衡量信息差异的测度研究而言，本书研究仅聚焦于距离测度和投影模型，并未考虑可用于测度信息的熵，因此未对现有基于图片模糊信息的熵的定义和公式[184-187] 进行比较与分析，后续研究有必要结合图片模糊数的一些特性[188]，深入探讨适用于图片模糊数的基本运算规则，进而对上述不足进行进一步分析，以期丰富图片模糊集理论研究。

（2）在信息融合方面，本书仅对图片模糊诱导有序加权平均算子和图片模糊诱导有序加权几何平均算子进行了研究，这两种算子主要适用于具有序诱导变量的群体决策问题。不同算子可以从不同的角度对个体信息进行集结。因此，可以尝试定义其他基于图片模糊信息的集结算子，以集结各种类型群体决策问题中的个体信息，完善基于图片模糊信息的信息融合方法。

（3）对于具有残缺信息的图片模糊群体决策问题，本书的群体决策方法不具有可行性。因此，需要对基于残缺图片模糊决策矩阵的群体决策方法和基于残缺图片模糊偏好关系的群体决策方法进行探索。

（4）本书未对同时存在图片模糊偏好信息和图片模糊评价信息的群体决策问题进行研究。因此，可尝试结合本书所提出的群体决策方法的优点，研究基于图片模糊偏好关系和图片模糊决策矩阵的群体决策方法，以求解相关复杂群体决策问题。

（5）利用图片模糊集可以完整、有效地刻画决策者之间具有较大差异的评价信息和偏好信息，因此，图片模糊集是描述实际决策问题中决策信息的有效工具，可以尝试将本书所提出的方法应用于处理其他领域的实际决策问题。

（6）本书借鉴经典多准则决策方法，结合图片模糊集的特征，对基于图片模糊决策信息的多准则决策方法和群体共识决策方法进行了初探。然而，面对愈加复杂的决策环境，本书的研究成果可能不足以求解含有多维度决策数据的实际问题。因此，未来有必要进一步结合人工智能等新技术，通过利用深度学习等技术，对复杂结构和大样本的高维数据进行学习，用与人类智能相似的方式做出智能反应，以期实现对信息模糊情况下复杂群体决策的评价和预测。

参考文献

[1] ZADEH L A. Fuzzy Sets [J]. Information and Control, 1965, 8 (3): 338-353.

[2] ATANASSOV K T. Intuitionistic Fuzzy Sets [J]. Fuzzy Sets and Systems, 1986, 20 (1): 87-96.

[3] CUONG B C, KREINOVICH V. Picture Fuzzy Sets: A New Concept for Computational Intelligence [C]. Third World Congress on Information and Communication Technologies (WICT), 2013: 1-6.

[4] XU Z S, CAI X Q. Intuitionistic Fuzzy Information Aggregation: Theory and Applications [M]. New York: Springer, 2012.

[5] ATANASSOV K T. Intuitionistic Fuzzy Sets: Theory and Applications [M]. Berlin: Physica-Verlag, 1999.

[6] XU Z S. Intuitionistic Preference Modeling and Interactive Decision Making [M]. New York: Springer, 2014.

[7] XU Y J, WEI C P, SUN H. Distance-Based Nonlinear Programming Models to Identify and Adjust Inconsistencies for Linguistic Preference Relations [J]. Soft Computing, 2018, 22 (14): 1-17.

[8] TANINO T. Fuzzy Preference Orderings in Group Decision Making [J]. Fuzzy Sets and Systems, 1984, 12 (2): 117-131.

[9] AGUARON J, MORENO J M. The Geometric Consistency Index: Approximated Thresholds [J]. European Journal of Operational Research, 2003, 147 (1):

137-145.

[10] XU Y J, PATNAYAKUNI R, WANG H M. The Ordinal Consistency of A Fuzzy Preference Relation [J]. Information Sciences, 2013, 224 (1): 152-164.

[11] XU Z S. Intuitionistic Preference Relations and Their Application in Group Decision Making [J]. Information Sciences, 2007, 177 (11): 2363-2379.

[12] XU Z S. Approaches to Multiple Attribute Decision Making with Intuitionistic Fuzzy Preference Information [J]. Systems Engineering-Theory & Practice, 2007, 27 (11): 62-71.

[13] GONG Z W, LI L S, FORREST J, et al. The Optimal Priority Models of the Intuitionistic Fuzzy Preference Relation and Their Application in Selecting Industries with Higher Meteorological Sensitivity [J]. Expert Systems with Applications, 2011, 38 (4): 4394-4402.

[14] WANG Z J. Derivation of Intuitionistic Fuzzy Weights Based on Intuitionistic Fuzzy Preference Relations [J]. Applied Mathematical Modelling, 2013, 37 (9): 6377-6388.

[15] GONG Z W, LI L S, ZHOU F X, et al. Goal Programming Approaches to Obtain the Priority Vectors from the Intuitionistic Fuzzy Preference Relations [J]. Computers & Industrial Engineering, 2009, 57 (4): 1187-1193.

[16] XU Z S, CAI X Q, SZMIDT E. Algorithms for Estimating Missing Elements of Incomplete Intuitionistic Preference Relations [J]. International Journal of Intelligent Systems, 2011, 26 (9): 787-813.

[17] XU Z S, LIAO H C. Intuitionistic Fuzzy Analytic Hierarchy Process [J]. IEEE Transactions on Fuzzy Systems, 2014, 22 (4): 749-761.

[18] LIAO H C, XU Z S, ZENG X J, et al. Framework of Group Decision Making with Intuitionistic Fuzzy Preference Information [J]. IEEE Transactions on Fuzzy Systems, 2015, 23 (4): 1211-1227.

[19] BEHRET H. Group Decision Making with Intuitionistic Fuzzy Preference Relations [J]. Knowledge-Based Systems, 2014, 70: 33-43.

[20] XU Z S. An Error-Analysis-Based Method for the Priority of an Intuitionistic Prefer-

ence Relation in Decision Making [J]. Knowledge-Based Systems, 2012, 33: 173-179.

[21] LIAO H C, XU Z S. Priorities of Intuitionistic Fuzzy Preference Relation Based on Multiplicative Consistency [J]. IEEE Transactions on Fuzzy Systems, 2014, 22 (6): 1669-1681.

[22] LIAO H C, XU Z S. Some Algorithms for Group Decision Making with Intuitionistic Fuzzy Preference Information [J]. International Journal of Uncertainty, Fuzziness and Knowledge-Based Systems, 2014, 22 (4): 505-529.

[23] YOU X S, CHEN T, YANG Q. Approach to Multi-Criteria Group Decision-Making Problems Based on the Best-Worst-Method and ELECTRE Method [J]. Symmetry, 2016 (8): 95.

[24] XU Z S. Intuitionistic Fuzzy Aggregation Operations [J]. IEEE Transactions on Fuzzy Systems, 2007, 15: 1179-1187.

[25] XU Z S, YAGER R R. Some Geometric Aggregation Operators Based on Intuitionistic Fuzzy Sets [J]. International Journal of General Systems, 2006, 35: 417-433.

[26] XU Y J, WANG H M. The Induced Generalized Aggregation Operators for Intuitionistic Fuzzy Sets and Their Application in Group Decision Making [J]. Applied Soft Computing, 2012, 12 (3): 1168-1179.

[27] WEI G W. Some Induced Geometric Aggregation Operators with Intuitionistic Fuzzy Information and Their Application to Group Decision Making [J]. Applied Soft Computing, 2010, 10 (2): 423-431.

[28] ZENG S Z, SU W H. Intuitionistic Fuzzy Ordered Weighted Distance Operator [J]. Knowledge-Based Systems, 2011, 24 (8): 1224-1232.

[29] XIA M M, XU Z S, ZHU B. Generalized Intuitionistic Fuzzy Bonferroni Means [J]. International Journal of Intelligent Systems, 2012, 27: 23-47.

[30] XIA M M, XU Z S, ZHU B. Geometric Bonferroni Means with Their Application in Multi-Criteria Decision Making [J]. Knowledge-Based Systems, 2013, 40: 88-100.

[31] YU D J. Multiattribute Decision Making Based on Intuitionistic Fuzzy Interaction Average Operators: A Comparison [J]. International Transactions in Operational Research, 2015, 22 (6): 1017-1032.

[32] CHEN S M, CHANG C H. A Novel Similarity Measure between Atanassov's Intuitionistic Fuzzy Sets Based on Transformation Techniques with Applications to Pattern Recognition [J]. Information Sciences, 2015, 291: 96-114.

[33] ZENG S Z. Some Intuitionistic Fuzzy Weighted Distance Measures and Their Application to Group Decision Making [J]. Group Decision and Negotiation, 2013, 22: 281-298.

[34] SZMIDT E, KACPRZYK J, BUJNOWSKI P. How to Measure the Amount of Knowledge Conveyed by Atanassov's Intuitionistic Fuzzy Sets [J]. Information Sciences, 2014, 257: 276-285.

[35] DEVI K, YADAV S P. A Multicriteria Intuitionistic Fuzzy Group Decision Making for Plant Location Selection with ELECTRE Method [J]. The International Journal of Advanced Manufacturing Technology, 2012, 66 (9-12): 1219-1229.

[36] ROY B. Classement et choix en présence de points de vue multiples [J]. Revue Française d'informatique et de Recherche Opérationnelle, 1968, 2: 57-75.

[37] KRISHANKUMAR R, RAVICHANDRAN K S, SAEID A B. A New Extension to PROMETHEE under Intuitionistic Fuzzy Environment for Solving Supplier Selection Problem with Linguistic Preferences [J]. Applied Soft Computing, 2017, 60: 564-576.

[38] BRANS J P. L'ingenierie de la decision, l'laboration d'instruments d'aidea la decision [M]. Colloque sur l'Aidea la Decision, Faculte des Sciences de l'Administration, Universite Laval, 1982.

[39] YUE Z L. TOPSIS-Based Group Decision-Making Methodology in Intuitionistic Fuzzy Setting [J]. Information Sciences, 2014, 277: 141-153.

[40] LOURENZUTTI R, KROHLING R A. A Study of TODIM in a Intuitionistic Fuzzy and Random Environment [J]. Expert Systems with Applications, 2013, 40 (16): 6459-6468.

[41] WANG J Q, ZHANG H Y. Multicriteria Decision-Making Approach Based on Atanassov's Intuitionistic Fuzzy Sets with Incomplete Certain Information on Weights [J]. IEEE Transactions on Fuzzy Systems, 2013, 21 (3): 510-515.

[42] LIU B S, SHEN Y H, CHEN X C, et al. A Partial Binary Tree DEA-DA Cyclic Classification Model for Decision Makers in Complex Multi-Attribute Large-Group Interval-Valued Intuitionistic Fuzzy Decision-Making Problems [J]. Information Fusion, 2014, 18 (1): 119-130.

[43] WANG Y, XI C Y, ZHANG S, et al. Combined Approach for Government E-Tendering Using GA and TOPSIS with Intuitionistic Fuzzy Information [J]. PLoS One, 2015, 10: e0130767.

[44] SHEN F, XU J P, XU Z S. An Automatic Ranking Approach for Multi-Criteria Group Decision Making under Intuitionistic Fuzzy Environment [J]. Fuzzy Optimization and Decision Making, 2015, 14 (3): 311-334.

[45] LIU Y, BI J W, FAN Z P. Ranking Products through Online Reviews: A Method Based on Sentiment Analysis Technique and Intuitionistic Fuzzy Set Theory [J]. Information Fusion, 2017, 36 (4): 149-161.

[46] HASHEMI H, MOUSAVI S, ZAVADSKAS E, et al. A New Group Decision Model Based on Grey-Intuitionistic Fuzzy-ELECTRE and VIKOR for Contractor Assessment Problem [J]. Sustainability, 2018, 10 (5): 1635.

[47] QU G H, QU W H, WANG J M, et al. Factorial-Quality Scalar and an Extension of ELECTRE in Intuitionistic Fuzzy Sets [J]. International Journal of Information Technology & Decision Making, 2018, 17 (1): 183-207.

[48] MONTAJABIHA M. An Extended PROMETHE II Multi-Criteria Group Decision Making Technique Based on Intuitionistic Fuzzy Logic for Sustainable Energy Planning [J]. Group Decision and Negotiation, 2016, 25 (2): 221-244.

[49] LIU P D, ZHANG X H. A Novel Picture Fuzzy Linguistic Aggregation Operator and Its Application to Group Decision-Making [J]. Cognitive Computation, 2018, 10 (2): 242-259.

[50] WEI G W. Picture 2-Tuple Linguistic Bonferroni Mean Operators and Their Appli-

cation to Multiple Attribute Decision Making [J]. International Journal of Fuzzy Systems, 2017, 19: 997-1010.

[51] NIE R X, WANG J Q, LI L. A Shareholder Voting Method for Proxy Advisory Firm Selection Based on 2-Tuple Linguistic Picture Preference Relation [J]. Applied Soft Computing, 2017, 60: 520-539.

[52] YANG Y, LIANG C C, JI S W, et al. Adjustable Soft Discernibility Matrix Based on Picture Fuzzy Soft Sets and Its Applications in Decision Making [J]. Journal of Intelligent & Fuzzy Systems, 2015, 29 (4): 1711-1722.

[53] SON L H, VAN VIET P, VAN HAI P. Picture Inference System: A New Fuzzy Inference System on Picture Fuzzy Set [J]. Applied Intelligence, 2017, 46 (3): 652-669.

[54] SON L H. Generalized Picture Distance Measure and Applications to Picture Fuzzy Clustering [J]. Applied Soft Computing, 2016, 46: 284-295.

[55] SON L H. Measuring Analogousness in Picture Fuzzy Sets: From Picture Distance Measures to Picture Association Measures [J]. Fuzzy Optimization and Decision Making, 2017, 16 (3): 359-378.

[56] THONG P H, SON L H. Picture Fuzzy Clustering for Complex Data [J]. Engineering Applications of Artificial Intelligence, 2016, 56: 121-130.

[57] WANG C Y, ZHOU X Q, TU H N, et al. Some Geometric Aggregation Operators Based on Picture Fuzzy Sets and Their Application in Multiple Attribute Decision Making [J]. Italian Journal of Pure and Applied Mathematics, 2017, 37: 477-492.

[58] JU Y B, JU D W, GONZALEZ E D R S, et al. Study of Site Selection of Electric Vehicle Charging Station Based on Extended GRP Method under Picture Fuzzy Environment [J]. Computers & Industrial Engineering, 2019, 135: 1271-1285.

[59] WEI G W. Picture Fuzzy Hamacher Aggregation Operators and Their Application to Multiple Attribute Decision Making [J]. Fundamenta Informaticae, 2018, 157 (3): 271-320.

[60] HAMACHER H. Über logische verknüpfungen unscharfer Aussagen und deren

Zugehörige Bewertungsfunktionen [J]. Progress in Cybernetics and Systems Research, 1979 (3): 276-288.

[61] WEI G W. Picture Fuzzy Aggregation Operators and Their Application to Multiple Attribute Decision Making [J]. Journal of Intelligent & Fuzzy Systems, 2017, 33: 713-724.

[62] GARG H. Some Picture Fuzzy Aggregation Operators and Their Applications to Multicriteria Decision-Making [J]. Arabian Journal for Science and Engineering, 2017, 42: 5275-5290.

[63] JANA C, SENAPATI T, PAL M, et al. Picture Fuzzy Dombi Aggregation Operators: Application to MADM Process [J]. Applied Soft Computing, 2019, 74: 99-109.

[64] DOMBI J. A General Class of Fuzzy Operators, the Demorgan Class of Fuzzy Operators and Fuzziness Measures Induced by Fuzzy Operators [J]. Fuzzy Sets and Systems, 1982, 8 (2): 149-163.

[65] 王春勇. 犹豫模糊集和 Picture 模糊集理论与应用研究 [D]. 长沙: 湖南大学, 2015.

[66] ZHANG X Y, WANG J Q, HU J H. On Novel Operational Laws and Aggregation Operators of Picture 2-Tuple Linguistic Information for MCDM Problems [J]. International Journal of Fuzzy Systems, 2018, 20: 958-969.

[67] WEI G W. Some Cosine Similarity Measures for Picture Fuzzy Sets and Their Applications to Strategic Decision Making [J]. Informatica, 2017, 28 (3): 547-564.

[68] WEI G W. Picture Fuzzy Cross-Entropy for Multiple Attribute Decision Making Problems [J]. Journal of Business Economics and Management, 2016, 17 (4): 491-502.

[69] SINGH P. Correlation Coefficients for Picture Fuzzy Sets [J]. Journal of Intelligent & Fuzzy Systems, 2015, 28 (2): 591-604.

[70] WEI G W, GAO H. The Generalized Dice Similarity Measures for Picture Fuzzy Sets and Their Applications [J]. Informatica, 2018, 29 (1): 107-124.

[71] YE J. The Generalized Dice Measures for Multiple Attribute Decision Making under

Simplified Neutrosophic Environments [J]. Journal of Intelligent & Fuzzy Systems, 2016, 31: 663-671.

[72] WANG L, ZHANG H Y, WANG J Q, et al. Picture Fuzzy Normalized Projection-Based VIKOR Method for the Risk Evaluation of Construction Project [J]. Applied Soft Computing, 2018, 64: 216-226.

[73] WEI G W, ALSAADI F E, HAYAT T, et al. Projection Models for Multiple Attribute Decision Making with Picture Fuzzy Information [J]. International Journal of Machine Learning and Cybernetics, 2018, 9 (4): 713-719.

[74] ZHANG X Y, WANG X K, YU S M, et al. Location Selection of Offshore Wind Power Station by Consensus Decision Framework Using Picture Fuzzy Modelling [J]. Journal of Cleaner Production, 2018, 202: 980-992.

[75] CHEN S J, HWANG C L. Fuzzy Multiple Attribute Decision Making: Theory and Its Applications [M]. Berlin: Springer, 1992.

[76] BUTLER C T, ROTHSTEIN A. On Conflict and Consensus: A Handbook on Formal Consensus Decision Making [M]. Takoma Park, 2006.

[77] ZHANG B W, LIANG H M, ZHANG G Q. Reaching A Consensus with Minimum Adjustment in MAGDM with Hesitant Fuzzy Linguistic Term Sets [J]. Information Fusion, 2018, 42 (2): 12-23.

[78] ZHANG H J, DONG Y C, CHICLANA F, et al. Consensus Efficiency in Group Decision Making: A Comprehensive Comparative Study and Its Optimal Design [J]. European Journal of Operational Research, 2019, 275 (5): 580-598.

[79] ROUBENS M. Fuzzy Sets and Decision Analysis [J]. Fuzzy Sets and Systems, 1997, 90 (2): 199-206.

[80] DEL MORAL M J, CHICLANA F, TAPIA J M, et al. A Comparative Study on Consensus Measures in Group Decision Making [J]. International Journal of Intelligent Systems, 2018, 33 (8): 1624-1638.

[81] WU Z B, XU J P. A Consistency and Consensus Based Decision Support Model for Group Decision Making with Multiplicative Preference Relations [J]. Decision Support Systems, 2012, 52 (3): 757-767.

[82] CABRERIZO F J, MORENO J M, PÉREZ I J, et al. Analyzing Consensus Approaches in Fuzzy Group Decision Making: Advantages and Drawbacks [J]. Soft Computing, 2010, 14 (5): 451-463.

[83] DONG Y C, ZHANG H J, HERRERA-VIEDMA E. Consensus Reaching Model in the Complex and Dynamic MAGDM Problem [J]. Knowledge-Based Systems, 2016, 106 (15): 206-219.

[84] XU Z S, CAI X Q. Group Consensus Algorithms Based on Preference Relations [J]. Information Sciences, 2011, 181 (1): 150-162.

[85] ZHANG X L, XU Z S. Soft Computing Based on Maximizing Consensus and Fuzzy TOPSIS Approach to Interval-Valued Intuitionistic Fuzzy Group Decision Making [J]. Applied Soft Computing, 2015, 26: 42-56.

[86] AGUARÓN J, ESCOBAR M T, MORENO-JIMÉNEZ J M. The Precise Consistency Consensus Matrix in a Local AHP-Group Decision Making Context [J]. Annals of Operations Research, 2016, 245: 245-259.

[87] MENG F Y, AN Q X, TAN C Q, et al. An Approach for Group Decision Making with Interval Fuzzy Preference Relations Based on Additive Consistency and Consensus Analysis [J]. IEEE Transactions on Systems, Man and Cybernetics: Systems, 2017, 47: 2069-2082.

[88] ZHANG X Y, WANG J Q, HU J H. A Consensus Approach to Multi-Granular Linguistic MCGDM with Hesitant Fuzzy Linguistic Information by Using Projection [J]. Journal of Intelligent & Fuzzy Systems, 2018, 34: 1959-1974.

[89] XIA M M, CHEN J. Consistency and Consensus Improving Methods for Pairwise Comparison Matrices Based on Abelian Linearly Ordered Group [J]. Fuzzy Sets and Systems, 2015, 266: 1-32.

[90] XU Y J, RUI D, WANG H M. A Dynamically Weight Adjustment in the Consensus Reaching Process for Group Decision-Making with Hesitant Fuzzy Preference Relations [J]. International Journal of Systems Science, 2016, 48: 1311-1321.

[91] WU Z B, HUANG S, XU J P. Multi-Stage Optimization Models for Individual Consistency and Group Consensus with Preference Relations [J]. European Journal

of Operational Research, 2019, 275 (1): 182-194.

[92] HOU F J, TRIANTAPHYLLOU E. An Iterative Approach for Achieving Consensus When Ranking a Finite Set of Alternatives by a Group of Experts [J]. European Journal of Operational Research, 2019, 275 (2): 570-579.

[93] HERRERA-VIEDMA E, CABRERIZO F J, KACPRZYK J, et al. A Review of Soft Consensus Models in a Fuzzy Environment [J]. Information Fusion, 2014, 17 (1): 4-13.

[94] BEZEK J C, SPILLMAN B, SPILLMAN R. A Fuzzy Relation Space for Group Decision Theory [J]. Fuzzy Sets and Systems, 1978, 1 (4): 255-268.

[95] KACPRZYK J, FEDRIZZI M. "Soft" Consensus Measures for Monitoring Real Consensus Reaching Processes under Fuzzy Preferences [J]. Control and Cybernetics, 1986, 15: 309-323.

[96] EKLUND P, RUSINOWSKA A, DE SWART H. Consensus Reaching in Committees [J]. European Journal of Operational Research, 2007, 178 (1): 185-193.

[97] KACPRZYK J, NURMI H. Group Decision Making under Fuzziness [M] // SLOWINSKI R. Fuzzy Sets in Decision Analysis, Operations Research and Statistics. Berlin: Springer, 1998.

[98] KACPRZYK J, FEDRIZZI M. A "soft" Measure of Consensus in the Setting of Partial (Fuzzy) Preferences [J]. European Journal of Operational Research, 1988, 34 (3): 316-325.

[99] CARLSSON C, EHRENBERG D, EKLUND P, et al. Consensus in Distributed Soft Environments [J]. European Journal of Operational Research, 1992, 61 (1): 165-185.

[100] FEDRIZZI M, KACPRZYK J, ZADROZNY S. An Interactive Multi-User Decision Support System for Consensus Reaching Processes Using Fuzzy Logic with Linguistic Quantifiers [J]. Decision Support Systems, 1988, 4 (3): 313-327.

[101] KACPRZYK J, FEDRIZZI M. A "Human-Consistent" Degree of Consensus Based on Fuzzy Login with Linguistic Quantifiers [J]. Mathematical Social Sciences, 1989, 18 (3): 275-290.

[102] HERRERA F, HERRERA-VIEDMA E. A Model of Consensus in Group Decision Making under Linguistic Assessments [J]. Fuzzy Sets and Systems, 1996, 78: 73-87.

[103] HERRERA F, HERRERA-VIEDMA E, VERDEGAY J L. A Rational Consensus Model in Group Decision Making Using Linguistic Assessments [J]. Fuzzy Sets and Systems, 1997, 88: 31-49.

[104] CABRERIZO F J, HERADIO R, PÉREZ I J, et al. A Selection Process Based on Additive Consistency to Deal with Incomplete Fuzzy Linguistic Information [J]. Journal of Universal Computer Science, 2010, 16 (1): 62-81.

[105] HERRERA-VIEDMA E, ALONSO S, CHICLANA F, et al. A Consensus Model for Group Decision Making with Incomplete Fuzzy Preference Relations [J]. IEEE Transactions on Fuzzy Systems, 2007, 15 (5): 863-877.

[106] CABRERIZO F J, ALONSO S, HERRERA-VIEDMA E. A Consensus Model for Group Decision Making Problems with Unbalanced Fuzzy Linguistic Information [J]. International Journal of Information Technology & Decision Making, 2009, 8 (1): 109-131.

[107] HERRERA-VIEDMA E, MARTINEZ L, MATA F, et al. A Consensus Support-System Model for Group Decision-Making Problems with Multigranular Linguistic Preference Relations [J]. IEEE Transactions on Fuzzy Systems, 2005, 13 (5): 644-658.

[108] KACPRZYK J, FEDRIZZI M, NURMI H. Group Decision Making and Consensus under Fuzzy Preferences and Fuzzy Majority [J]. Fuzzy Sets and Systems, 1992, 49 (1): 21-31.

[109] FEDRIZZI M, KACPRZYK J, NURMI H. Consensus Degrees under Fuzzy Majorities and Fuzzy Preferences Using OWA (Ordered Weighted Average) Operators [J]. Control and Cybernetics, 1993, 22: 71-80.

[110] HERRERA-VIEDMA E, HERRERA F, CHICLANA F. A Consensus Model for Multiperson Decision Making with Different Preference Structures [J]. IEEE Transactions on Systems Man and Cybernetics-Part A: Systems and Humans,

2002, 32 (3): 394-402.

[111] BORDOGNA G, FEDRIZZI M, PASI G. A Linguistic Modeling of Consensus in Group Decision Making based on OWA Operators [J]. IEEE Transactions on Systems Man and Cybernetics-Part A: Systems and Humans, 1997, 27 (1): 126-133.

[112] BEN-ARIEH D, CHEN Z F. Linguistic-Labels Aggregation and Consensus Measure for Autocratic Decision Making Using Group Recommendations [J]. IEEE Transactions on Systems Man and Cybernetics-Part A: Systems and Humans, 2006, 36 (3): 558-568.

[113] CABRERIZO F J, PÉREZ I J, HERRERA-VIEDMA E. Managing the Consensus in Group Decision Making in an Unbalanced Fuzzy Linguistic Context with Incomplete Information [J]. Knowledge-Based Systems, 2010, 23 (2): 169-181.

[114] KACPRZYK J, ZADROZNY S, RAS Z W. How to Support Consensus Reaching Using Action Rules: A Novel Approach [J]. International Journal of Uncertainty, Fuzziness and Knowledge-Based Systems, 2010, 18: 451-470.

[115] ALONSO S, HERRERA-VIEDMA E, CHICLANA F, et al. A Web Based Consensus Support System for Group Decision Making Problems and Incomplete Preferences [J]. Information Sciences, 2010, 180: 4477-4495.

[116] ALONSO S, PÉREZ I J, CABRERIZO F J, et al. A Linguistic Consensus Model for Web 2.0 Communities [J]. Applied Soft Computing, 2013, 13 (1): 149-157.

[117] WU Z B, XU J P. A Consistency and Consensus Based Decision Support Model for Group Decision Making with Multiplicative Preference Relations [J]. Decision Support Systems, 2012, 52 (3): 757-767.

[118] PALOMARES I, ESTRELLA F J, MARTÍNEZ L, et al. Consensus under a Fuzzy Context: Taxonomy, Analysis Framework AFRYCA and Experimental Case of Study [J]. Information Fusion, 2014, 20 (1): 252-271.

[119] CHU J F, LIU X W, WANG Y M, et al. A Group Decision Making Model Considering Both the Additive Consistency and Group Consensus of Intuitionistic Fuzzy Preference Relations [J]. Computers & Industrial Engineering, 2016, 101:

227-242.

[120] WU J, DAI L F, CHICLANA F, et al. A Minimum Adjustment Cost Feedback Mechanism Based Consensus Model for Group Decision Making under Social Network with Distributed Linguistic Trust [J]. Information Fusion, 2018, 41: 232-242.

[121] LIAO H C, XU Z S, ZENG X J, et al. An Enhanced Consensus Reaching Process in Group Decision Making with Intuitionistic Fuzzy Preference Relations [J]. Information Sciences, 2016, 329: 274-286.

[122] ZHANG H J, DONG Y C, CHEN X. The 2-Rank Consensus Reaching Model in the Multigranular Linguistic Multiple-Attribute Group Decision-Making [J]. IEEE Transactions on Systems, Man and Cybernetics: Systems, 2018, 48 (12): 2080-2094.

[123] LEE H S. Optimal Consensus of Fuzzy Opinions under Group Decision Making Environment [J]. Fuzzy Sets and Systems, 2002, 132 (3): 303-315.

[124] CHEN S M, LEE L W. Autocratic Decision Making Using Group Recommendations Based on the ILLOWA Operator and Likelihood-Based Comparison Relations [J]. IEEE Transactions on Systems, Man and Cybernetics-Part A: Systems and Humans, 2012, 42: 115-129.

[125] ZHANG G Q, DONG Y C, XU Y F. Linear Optimization Modeling of Consistency Issues in Group Decision Making Based on Fuzzy Preference Relations [J]. Expert Systems with Applications, 2012, 39 (3): 2415-2420.

[126] PALOMARES I, MARTÍNEZ L. A Semisupervised Multiagent System Model to Support Consensus-Reaching Processes [J]. IEEE Transactions on Fuzzy Systems, 2014, 22 (4): 762-777.

[127] XIE W Y, REN Z L, XU Z S, et al. The Consensus of Probabilistic Uncertain Linguistic Preference Relations and the Application on the Virtual Reality Industry [J]. Knowledge-Based Systems, 2018, 162 (15): 14-28.

[128] TANG J, MENG F Y. Ranking Objects from Group Decision Making with Interval-Valued Hesitant Fuzzy Preference Relations in View of Additive Consistency and

Consensus [J]. Knowledge-Based Systems, 2018, 162 (15): 46-61.

[129] LI G X, KOU G, PENG Y. A Group Decision Making Model for Integrating Heterogeneous Information [J]. IEEE Transactions on Systems, Man and Cybernetics: Systems, 2018, 48: 982-992.

[130] DONG Q X, ZHU K Y, COOPER O. Gaining Consensus in a Moderated Group: A Model with a Twofold Feedback Mechanism [J]. Expert Systems with Applications, 2017, 71: 87-97.

[131] SHI Z J, WANG X Q, PALOMARES I, et al. A Novel Consensus Model for Multi-Attribute Large-Scale Group Decision Making Based on Comprehensive Behavior Classification and Adaptive Weight Updating [J]. Knowledge-Based Systems, 2018, 158 (15): 196-208.

[132] ZHANG Z M, PEDRYCZ W. Goal Programming Approaches to Managing Consistency and Consensus for Intuitionistic Multiplicative Preference Relations in Group Decision Making [J]. IEEE Transactions on Fuzzy Systems, 2018, 26 (6): 3261-3275.

[133] WU P, WU Q, ZHOU L G, et al. A Consensus Model for Group Decision Making under Trapezoidal Fuzzy Numbers Environment [J]. Neural Computing and Applications, 2019, 31: 377-394.

[134] XU Y J, WEN X W, ZHANG W C. A Two-Stage Consensus Method for Large-Scale Multi-Attribute Group Decision Making with an Application to Earthquake Shelter Selection [J]. Computers & Industrial Engineering, 2018, 116: 113-129.

[135] UREÑA R, CHICLANA F, MELANÇON G, et al. A Social Network Based Approach for Consensus Achievement in Multiperson Decision Making [J]. Information Fusion, 2018, 47: 72-87.

[136] ZHOU X Y, WANG L Q, LIAO H C, et al. A Prospect Theory-Based Group Decision Approach Considering Consensus for Portfolio Selection with Hesitant Fuzzy Information [J]. Knowledge-Based Systems, 2019, 168: 28-38.

[137] WU X L, LIAO H C. A Consensus-Based Probabilistic Linguistic Gained and Lost Dominance Score Method [J]. European Journal of Operational Research, 2019,

272 (3): 1017-1027.

[138] SAATY T L. The Analytic Hierarchy Process [M]. New York: McGraw-Hill, 1980.

[139] XU Z S. A Practical Method for Priority of Interval Number Complementary Judgment Matrix [J]. Operations Research and Management Science, 2002, 10: 16-19.

[140] SAATY T L, VARGAS L G. Uncertainty and Rank Order in the Analytic Hierarchy Process [J]. European Journal of Operational Research, 1987, 32 (1): 107-117.

[141] XU Z S. A Method for Priorities of Triangular Fuzzy Number Complementary Judgment Matrix [J]. Fuzzy Systems and Mathematics, 2002, 16: 47-50.

[142] VAN LAARHOVEN P J M, PEDRYCZ W. A Fuzzy Extension of Saaty's Priority Theory [J]. Fuzzy Sets and Systems, 1983, 11 (1-3): 229-241.

[143] CHANG D Y. Applications of the Extent Analysis Method on Fuzzy AHP [J]. European Journal of Operational Research, 1996, 95 (3): 649-655.

[144] XU Z S. Deviation Measures of Linguistic Preference Relations in Group Decision Making [J]. Omega, 2005, 33 (3): 249-254.

[145] ORLOVSKY S A. Decision-Making with A Fuzzy Preference Relation [J]. Fuzzy Sets and Systems, 1978 (1): 155-167.

[146] SENGUPTA A, PAL T K. On Comparing Interval Numbers [J]. European Journal of Operational Research, 2000, 127 (1): 28-43.

[147] ZADEH L A. The Concept of a Linguistic Variable and Its Application to Approximate Reasoning-II [J]. Information Sciences, 1975, 8 (4): 301-357.

[148] 高岩. 基于模糊决策矩阵的多属性决策方法研究 [D]. 南京: 南京航空航天大学, 2010.

[149] 陈侠, 樊治平. 基于区间数决策矩阵的评判专家水平的研究 [J]. 系统工程与电子技术, 2006, 28 (11): 1688-1716.

[150] 丁勇. 语言型多属性群决策方法及其应用研究 [D]. 合肥: 合肥工业大学, 2011.

[151] PANG Q, WANG H, XU Z S. Probabilistic Linguistic Term Sets in Multi-Attrib-

ute Group Decision Making [J]. Information Sciences, 2016, 369: 128-143.

[152] BAI C Z, ZHANG R, QIAN L X, et al. Comparisons of Probabilistic Linguistic Term Sets for Multi-Criteria Decision Making [J]. Knowledge-Based Systems, 2017, 119: 284-291.

[153] CUONG B C. Picture Fuzzy Sets [J]. Journal of Computer Science and Cybernetics, 2014, 30 (4): 409-420.

[154] YAGER R R. On Ordered Weighted Averaging Aggregation Operators in Multicriteria Decision Making [J]. IEEE Transactions on Systems, Man and Cybernetics, 1988, 18 (1): 183-190.

[155] YAGER R R, FILEV D P. Induced Ordered Weighted Averaging Operators [J]. IEEE Transactions on Systems, Man and Cybernetics-Part B: Cybernetics, 1999, 29 (2): 141-150.

[156] CHICLANA F, HERRERA F, HERRERA-VIEDMA E. The Ordered Weighted Geometric Operator: Properties and Application in MCDM Problems [J]. Technologies for Constructing Intelligent Systems 2, 2002: 173-183.

[157] CHICLANA F, HERRERA-VIEDMA E, HERRERA F, et al. Induced Ordered Weighted Geometric Operators and Their Use in the Aggregation of Multiplicative Preference Relations [J]. International Journal of Intelligent Systems, 2004, 19 (3): 233-255.

[158] VAIDYA O S, KUMAR S. Analytic Hierarchy Process: An Overview of Applications [J]. European Journal of Operational Research, 2006, 169 (1): 1-29.

[159] HWANG C L, YOON K. Multiple Attributes Decision Making Methods and Applications [M]. Berlin: Springer, 1981.

[160] BEHZADIAN M, OTAGHSARA K S, YAZDANI M, et al. A State-of-the-Art Survey of TOPSIS Applications [J]. Expert Systems with Applications, 2012, 39 (17): 13051-13069.

[161] GOVINDAN K, JEPSEN M B. ELECTRE: A Comprehensive Literature Review on Methodologies and Applications [J]. European Journal of Operational Research, 2016, 250 (1): 1-29.

[162] ROY B, BERTIER P. La méthode ELECTRE Ⅱ [M]. Note de travail 142 SEMA-METRA Metra-International, 1971.

[163] ROY B. ELECTRE Ⅲ: Un algorithme de classements fondé sur une représentation floue des préférences en présence de critères multiples [J]. Cahiers du Centre d'Etudes de Recherche Opérationnelle, 1978, 20: 3-24.

[164] ROY B, HUGONNARD J C. Ranking of Suburban Line Extension Projects on the Paris Metro System by a Multicriteria Method [J]. Transportation Research Part A: General, 1982, 16: 301-312.

[165] YU W. ELECTRE TRI: Aspects méthodologiques et manuel d'utilisation [D]. Document du LAMSADE 74, Université-Paris-Dauphine, 1992.

[166] FIGUEIRA J R, GRECO S, ROY B, et al. ELECTRE Methods: Main Features and Recent Developments [M]. Berlin: Springer, 2010.

[167] ALMEIDA-DIAS J, FIGUEIRA J R, ROY B. Electre TRI-C: A Multiple Criteria Sorting Method Based on Characteristic Reference Actions [J]. European Journal of Operational Research, 2010, 204 (3): 565-580.

[168] ALMEIDA-DIAS J, FIGUEIRA J R, ROY B. A Multiple Criteria Sorting Method Where Each Category Is Characterized by Several Reference Actions: The ELECTRE TRE-NC Method [J]. European Journal of Operational Research, 2012, 217 (3): 567-579.

[169] ROY B, BOUYSSOU D. Aide multicritère à la déCision: Méthodes et cas [M]. Paris: Economica, 1993.

[170] BRANS J P, VINCKE P, MARESCHAL B. How to Select and How to Rank Projects: The Promethee Method [J]. European Journal of Operational Research, 1986, 24 (2): 228-238.

[171] CAVALCANTE C A V, DE ALMEIDA A T. A Multi-Criteria Decision-Aiding Model Using PROMETHEE Ⅲ for Preventive Maintenance Planning under Uncertain Conditions [J]. Journal of Quality in Maintenance Engineering, 2007, 13: 385-394.

[172] BRANS J P, MARESCHAL B. PROMETHEE Ⅴ: MCDM Problems with Seg-

mentation Constraints [J]. INFOR: Information Systems and Operational Research, 2016, 30: 85-96.

[173] BRANS J P, MARESCHAL B. The PROMETHEE Ⅵ Procedure: How to Differentiate Hard from Soft Multicriteria Problems [J]. Journal of Decision Systems, 2012 (4): 213-223.

[174] DIAZ S, MONTES S, DE BAETS B. Transitivity Bounds in Additive Fuzzy Preference Structures [J]. IEEE Transactions on Fuzzy Systems, 2007, 15 (2): 275-286.

[175] TOMASHEVSKII I L. Eigenvector Ranking Method as a Measuring Tool: Formulas for Errors [J]. European Journal of Operational Research, 2015, 240 (3): 774-780.

[176] HOCHBAUM D S, LEVIN A. Methedologies and Algorithms for Group-Rankings Decision [J]. Management Science, 2006, 52 (9): 1394-1408.

[177] REN J Z. Sustainability Prioritization of Energy Storage Technologies for Promoting the Development of Renewable Energy: A Novel Intuitionistic Fuzzy Combinative Distance-Based Assessment Approach [J]. Renewable Energy, 2018, 121: 666-676.

[178] YAGER R R. Quantifier Guided Aggregation Using OWA Operators [J]. International Journal of Intelligent Systems, 1996, 11 (1): 49-73.

[179] WU Y N, ZHANG J Y, YUAN J P, et al. Study of Decision Framework of Offshore Wind Power Station Site Selection Based on ELECTRE-Ⅲ under Intuitionistic Fuzzy Environment: A Case of China [J]. Energy Conversion and Management, 2016, 113: 66-81.

[180] KIM J Y, OH K Y, KANG K S, et al. Site Selection of Offshore Wind Farms around the Korean Peninsula through Economic Evaluation [J]. Renewable Energy, 2013, 54: 189-195.

[181] WU Y N, GENG S, XU H, et al. Study of Decision Framework of Wind Farm Project Plan Selection under Intuitionistic Fuzzy Set and Fuzzy Measure Environment [J]. Energy Conversion and Management, 2014, 87: 274-284.

[182] FETANAT A, KHORASANINEJAD E. A Novel Hybrid MCDM Approach for Offshore Wind Farm Site Selection: A Case Study of Iran [J]. Ocean & Coastal Management, 2015, 109: 17-28.

[183] WANG Z J. A Representable Uninorm-Based Intuitionistic Fuzzy Analytic Hierarchy Process [J]. IEEE Transactions on Fuzzy Systems, 2020, 28 (10): 2555-2569.

[184] ARYA V, KUMAR S. A New Picture Fuzzy Information Measure Based on Shannon Entropy with Applications in Opinion Polls Using Extended VIKOR-TODIM Approach [J]. Computational & Applied Mathematics, 2020, 39 (3): 197.

[185] JOSHI R. A Novel Decision-Making Method Using R-Norm Concept and VIKOR Approach under Picture Fuzzy Environment [J]. Expert Systems With Applications, 2020, 147: 113228.1-113228.12.

[186] ARYA A, KUMAR S. A Novel TODIM-VIKOR Approach Based on Entropy and Jensen-Tsalli Divergence Measure for Picture Fuzzy Sets in A Decision-Making Problem [J]. International Journal of Intelligent Systems, 2020, 35 (12): 2140-2180.

[187] ARYA A, KUMAR S. A Picture Fuzzy Multiple Criteria Decision-Making Approach Based on the Combined TODIM-VIKOR and Entropy Weighted Method [J]. Cognitive Computation, 2021, 13 (5): 1172-1184.

[188] PHU N D, HUNG N N, AHMADIAN A, et al. Limit Properties in the Metric Semi-Linear Space of Picture Fuzzy Numbers [J]. Soft Computing, 2022, 26 (12): 5481-5496.